眉间藏云月　眼底尽长安

INDULGE IN AN EVERLASTING JOURNEY IN CHANG'AN

张君升　主编

西北大学出版社

·西安·

图书在版编目（CIP）数据

常来长安：不可错过的十五张陕西名片 / 张君升主编.—西安 ：西北大学出版社, 2023.7

ISBN 978-7-5604-5176-3

Ⅰ. ①常… Ⅱ. ①张… Ⅲ. ①名胜古迹 - 介绍 - 西安 Ⅳ. ①K928.704.11

中国版本图书馆CIP数据核字(2023)第128374号

常来长安——不可错过的十五张陕西名片

CHANGLAI CHANG AN BUKE CUOGUO DE SHIWUZHANG SHAANXI MINGPIAN

张君升 主编

出版发行 西北大学出版社

(西北大学校内 邮编：710069）

电话：029-88302590 http：//nwupress.edu.cn

E-mail：xdprsee@nwu.edu.cn

经 销 全国新华书店

印 装 西安雁展印务有限公司

规 格 720mm × 1000mm 1/16

印 张 39.25

字 数 546千字

版 次 2023年7月第 1 版

印 次 2023年7月第 1 次印刷

书 号 ISBN 978-7-5604-5176-3

定 价 198．00元

主编简介

张君升

副教授

中国职业技术教育学会

智慧文旅专委会副秘书长

1993年毕业于陕西师范大学教育系，2014年中共中央党校研究生毕业。研究专长为旅游管理、旅游规划、教育管理、经济学。

历任陕西省旅游学校校长、党委书记，陕西工商职业学院中瑞旅游与酒店管理学院院长、党总支副书记。现任渭南技师学院党委副书记、院长，渭南市政协常委。国家文化和旅游部中高级导游考试命题专家，全国高等院校导游服务技能大赛裁判。陕西旅游饭店协会副会长，陕西旅游住宿业协会副秘书长，陕西省书法教育研究会副会长，陕西省导游资格考试命题专家、口试考官。多次参与国家文化和旅游部人教司全国导游师资培训项目，作为特邀专家进行授课。荣获“陕西省职教名师”称号。2017年被授予“陕西省教书育人楷模”荣誉称号。荣获“国家级教学成果奖二等奖”。

多年来在旅游教育领域笔耕不辍，著作颇丰。参编《学校卫生学》《中国经典菜谱》，陕西省导游人员资格考试系列统编教材《陕西导游》《导游基础》及考试指南。承担教育部面向21世纪国家规划教材《中国民族民俗》。参编《陕西导游词》《陕西趣闻》《行游曲江》《中国旅游城市怪闻顺口溜》《旅游法规教程》等教材。主编《调酒与酒水知识》《旅行社经营管理》等国家规划教材。主编《西安实用导游》是目前陕西最权威、最翔实的导游专业工具书。审定西安市文旅局《西安旅游宣传册》，主审曲江文旅局《乐游曲江——西安曲江导游词》等大型旅游丛书。著《在博物馆里富养孩子》（分周礼天下、秦皇帝国、大汉雄风、盛唐气度)，荣获“2023年陕西省优秀科普作品三等奖”。

人生座右铭:

读书博而精，做事正与诚，待人宽和敬，律己慎更严。

电子邮箱:1071952505@qq. com

常来長安

陳建貢題

《常来長安》编委会

前言

西安，古称长安，是中华民族和中华文明最重要的发祥地之一，曾引领中国迈入周秦汉唐盛世。作为丝路起点，西安成为了万邦崇仰、八方辐凑的国际大都市，其灿烂光华举世无双、闻名天下。

“山河千里国，城阙九重门”。长安至今仍是海内外无数中华儿女、华人华侨魂牵梦萦的地方！据不完全统计，全国与长安有关的地名约有四千余处，与长安有关的品牌约有三千多个。千百年来的诗词歌赋中，长安更是被千万次吟唱传颂。

唯有长安，常来长安！

本书作者致力于为海内外游客朋友们甄选出长安地区最具代表性的十五个历史、自然人文景点。从时间纬度上覆盖周、秦、汉、唐；从文化看点上覆盖通史类博物馆、主题性博物馆；从游览路线上向西安东西方向均有延伸，既有人文景观也有自然奇观；从文娱审美上既有文化历史名胜古迹，更有潮流打卡风向标。作者用通俗易懂的语言、明媚清新的风格、精美绝伦的图画，向读者次第呈现这十五张“陕西名片”，二十一种长安美食。让你未到长安就“一日看尽长安美”；踏入长安时“宝马雕车香满路”，留连长安处处“沉醉不知归路”；离开长安时，情深意浓，长忆长安，归去还思来兮！

习近平总书记指出，旅游是修身养性之道，中华民族自古就把旅游和读书结合在一起，崇尚“读万卷书，行万里路”。世界各国特别是世界文化大国在发展现代旅游业中，除了将旅游作为一种生活方式外，更将旅游视为一种重要的学习方式和成长方式。

愿您与家人常来长安，长安常伴！

目录

虞山吴历画

目录

01

长相思
在长安
络纬秋啼金井阑
微霜凄凄簟色寒
孤灯不明思欲绝
卷帷望月空长叹
美人如花隔云端
上有青冥之长天
下有渌水之波澜
天长路远魂飞苦
梦魂不到关山难
长相思
摧心肝

国家宝藏　华夏宝库

陕西历史博物馆

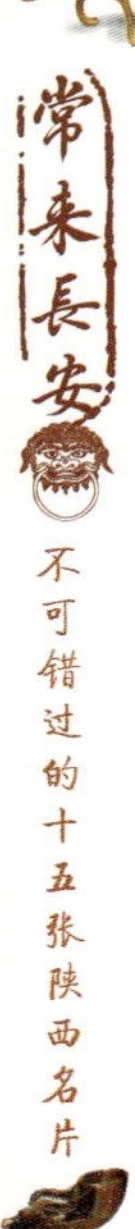

走进陕西历史博物馆

——周总理的指示和心愿

1973年
周恩来总理来陕西视察时
有感于陕西丰富的文物资源和已有博物馆小而简陋的状况
作出应在陕西建一座新博物馆的指示
1983年，陕西历史博物馆开始筹建
馆舍设计由中国工程院院士、著名建筑设计大师张锦秋担纲
1991年6月20日正式对外开放
建筑面积5.6万平方米、展览面积1.1万平方米

拥有各类馆藏文物171万件（组）
以神秘瑰丽的商周青铜器
千姿百态的历代陶俑
富丽堂皇的唐代金银器
举世无双的唐墓壁画最具特色
其中以18件（组）国宝、762件（组）一级文物
最受观众青睐

陕西历史博物馆的展出陈列特色

陕西历史博物馆是综合性历史博物馆，陈列体系以一个基本陈列和两个专题陈列为主，临时展览为补充，彼此支撑、交相辉映。

长安自古帝王都
历史上先后有周、秦、汉、隋、唐等
十三个封建王朝在此建都
具有丰富的地上地下文物
形成了陕西独特的历史文化风貌

陕西历史博物馆
是中国第一座大型现代化国家级博物馆
首批“AAAA”级旅游景点
被誉为“古都明珠，华夏宝库”
馆藏文物上起远古人类初始阶段使用的简单石器
下至1840年前社会生活中的各类器物
时间跨度长达一百多万年
文物不仅数量多、种类全，而且品位高、价值广
被联合国教科文组织确认为世界一流博物馆

陕西历史博物馆建筑的外观着意突出了盛唐风采
2008年，陕西历史博物馆被评为国家一级博物馆
2009年，被确定为中央地方共建国家级重点博物馆
2016年，陕西历史博物馆被中国文物学会
中国建筑学会评选为“中国20世纪建筑遗产”

序言大厅——此时无声胜有声

现在，请大家随我进入序言大厅。这里没有一个文字，此时无声胜有声的“无言之序”由大厅中央默默矗立的这尊高大威猛的石刻走狮来精准地诠释博物馆的精神主题：古朴厚重、雄浑博大、开放多元、兼容并蓄。

这尊石狮来自武则天母亲杨氏的顺陵。当年武则天为了抬高出身，先后三次对自己的母亲进行追封，直至“孝高明皇后”。

气势磅礴的石狮雕刻生动精美，其形象昂首屹立，阔步向前，头披鬃毛，隆鼻怒目，狮口大张，盛气凌人，静中寓动，具有震撼群山、慑服百兽的声威，显示了泱泱大唐雄视天下的非凡气概，被誉为“唐陵石刻之冠”“东方第一狮”。

狮子被称作“百兽之王”，代表神勇、力量、王者威仪。但狮子并不是我国原产，而是由西亚和印度中南部地区等地传入的，同时传入的还有石狮雕刻艺术。据史书记载，东汉时安息国王献狮，才有了狮子出现在中国的土地上。由于佛经对狮子的推崇，在人们的心目中，狮子便成了高贵的“灵兽”，用于镇守陵墓“驱魔避邪”。这尊石狮把中亚的浪漫奇特与东亚的博大精深完美地融合于一体，是陕西文明的基本格调，也是中外文明交流的产物。

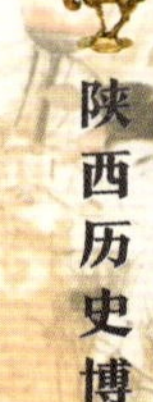

石狮身后是依据唐懿德太子墓出土的《阙楼仪仗图》创作的大型彩绘壁画。《阙楼仪仗图》展现的是唐代三军仪仗的浩大阵容以及代表皇家威仪的三出阙，是唐代壁画中场面最大的传世之作。这幅壁画让我们感受到中华文明的传承和高度的文化自信。

第一单元 文明摇篮

史前时期（115万年前—公元前21世纪）

史前史是指有文字记载以前的人类历史。这个时期漫长而又黑暗，原始先民开始在敲打抛磨中制作简单的工具捕鱼狩猎，在刀耕火种中开始原始的农业，在改造自然中开始原始的制陶……一步步，一行行，人类前进的脚步蹒跚却坚实有力，他们抛却野蛮和蒙昧，用那份执着和坚韧不拔与强大的大自然顽强地斗争，又用自己活跃的灵感创造着属于自己的生活和文明。

蓝田猿人——已知亚洲北部最早的直立人

1964年春天，考古学家在今天西安以东的蓝田县公王岭和陈家窝分别发现了一具头盖骨化石和一具下颌骨化石，依据这些化石我们复原了蓝田猿人头像。这是一位30岁左右的女性。根据古地磁测年结果，生存年代距今约115万年，是目前已知亚洲北部最早的直立人。蓝田人的相貌特征比较原始，前额低平，眉骨粗壮，吻部凸出，脑容量约780毫升，是现代人的一半，这标志着当时人类智力水平较低，体质形

西安市雁塔区小寨东路91号

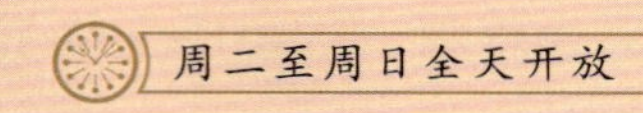

态上还具有不少原始特征，这对研究人类进化有着特别重大的意义。与人类化石同时出土的41种哺乳动物化石中有许多热带森林动物，由此可知当时的蓝田一带乃至整个亚洲北部的气候比现在温暖、湿润。

蓝田猿人

毛泽东的《贺新郎·读史》词中道：“人猿相揖别。只几个石头磨过，小儿时节。”蓝田猿人的石器虽然原始，但正是他们打击石器的声音叩响了人类黎明的钟声。这种声音唤醒了苍穹万物，创造了一个崭新的世界。考古学上把使用这种简单粗糙打制石器作为生产和生活用具的史前阶段称为“旧石器时代”。

尖底瓶——半坡人的聪明才智

尖底瓶是半坡人发明的，是仰韶文化中代表性器物之一。特点是：口小腹大，腹部两侧各有一耳，便于穿绳背挎和手提。最初专家认为尖底瓶是一种汲水器。汲水时，瓶身接触到水面后就会自然倒下，水注满瓶时自然立起，这种奇妙的现象恰是近代物理学重心原理和定倾中心法则的最早运用。用其盛水有三大优点：口小，装满水后不易溢出；腹大，装水较多；底呈尖形，便于汲水途中休息时将瓶插入泥沙中。

还有学者认为尖底瓶是一种

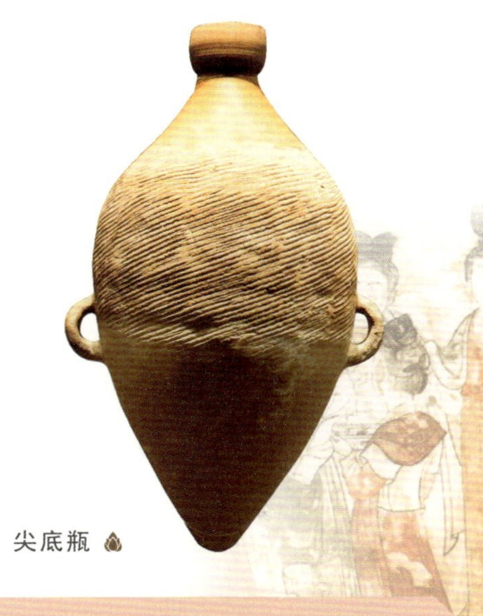

尖底瓶

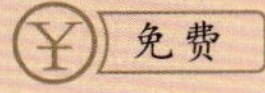

免费

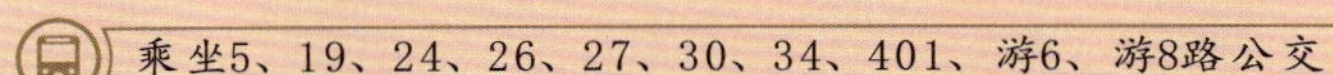

乘坐5、19、24、26、27、30、34、401、游6、游8路公交

人面鱼纹盆

1974年陕西省临潼县姜寨遗址出土

酿酒的器具。在距今9000～7000年的贾湖遗址已经出现了先民酿酒的直接证据。而属于仰韶中期的杨官寨遗址中还出土了与酿酒有关的小口尖底瓶、小口平底瓶、移动灶等。

通过对这些器物中的遗存进行淀粉粒和植硅体分析，发现谷物壳上特有的植硅体，有些专家认为它们应该是酿造谷芽酒（类似今天的醪糟）的器具。

人面鱼纹盆——人与鱼的情缘

人面鱼纹盆是半坡出土的彩陶中最具代表性的作品。彩陶是用一种含铁量较高的矿物颜料在陶器的内、外壁绘制各种图案烧制而成。发达的彩陶工艺是仰韶文化的鲜明特征，因此，仰韶文化也称“彩陶文化”。彩陶的纹饰主要有两种：动物纹和不明意图的几何纹。“人面鱼纹”图由人头和鱼身两部分组成。人面上有倒钉形的鼻子和眯成一条线的双眼，耳旁和嘴边各有两个对称的鱼纹图案。头顶上戴有类似鱼体变形的装饰物。图像抽象神秘，沿盆一周还有奇特的符号，这可能与原始信仰有关。

人面鱼纹盆与陶瓮扣合起来叫作瓮棺，里面放置夭折的婴儿，盆底有孔，可能是供死者的灵魂出入的。由此推断人面鱼纹是护佑灵魂再生的部族图腾。同时，人面和鱼纹巧妙地结合为一体，反映了在浐河畔生活的半坡人和鱼之间的亲密关系。

第二单元 赫赫宗周

西周（前1046—前771）

周族是龙山文化晚期生活在陕西泾河流域的民族。周人善于农耕，奠定了我国古代“以农立国”的基本国策。周族经过几百年的发展逐渐壮大强盛。从出土的建筑材料、成批的青铜器、17000多件甲骨片等文物中，我们不难推测当时的繁荣状况。

西周是中国早期国家的重要发展阶段。其政治制度、经济形态，尤其是伦理精神对后世影响极其深远。孔子由衷推崇并赞叹道：“郁郁乎文哉，吾从周。”陕西是西周王朝的发祥地，也是西周时政治、经济、文化的活动中心，丰富的遗迹、遗物再现了璀璨的西周文明。

青铜之乡——周原

按照《史记·周本纪》等文献的记载，自后稷传至周文王，先周时期的世系共经历十五代（后稷—不窋—鞠—公刘—庆节—皇仆—差弗—毁隃—公非—高圉—亚圉—公叔祖类—古公亶父—季历—昌。后稷被舜帝封于邰地经营农业，不窋时带领部分族人“自窜于戎狄之间”（一般认为在咸阳以北陕甘交界区域），周的四世祖公刘迁至豳（音bīn，今旬邑县、彬州市一带），在这里开垦田地，营建房屋，并确立了一套举行祭祀、宴会的礼仪。我们今天所说的“京”“京师”就源于公刘时代对国都的称谓（见《诗经·公刘》）。在商王武丁时期，周成了商的封国。古公亶父（后尊为周太王）时，为避西北戎狄部落的滋扰，率领周族渡过漆水（今陕西横水河），翻越梁山（今陕西永寿梁），来到岐山的南面，找到一大片土地肥沃的平原安居下来，即“周原”（今陕西省岐山县、扶风县一带）。周人善于农耕，奠定了我国古代“以农立国”的基本国策。

卜骨——吉凶祸福由它定

古人对一些自然现象无法进行合理解释，认为冥冥之中有神灵主宰一切，凡事必先占卜，由专门的“贞人”负责。贞人事先在龟的腹甲或牛、羊的肩胛骨上凿出圆坑，占卜时先将所问之事向神灵祷告，然后将艾草捻成绒条点燃后贴近小坑的背面熏烤，根据骨受热后裂缝的不同方向而判断吉凶。最后贞人把占卜的结果用文字记录下来，便是今天见到的中国最早的成形文字——甲骨文。

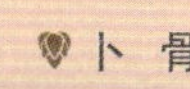
卜骨

陕西历史博物馆

五祀卫鼎

1975年陕西省岐山县董家村出土

五祀卫鼎——西周中期的土地交易

展柜里是国宝级文物五祀卫鼎，简单大方的造型内铸铭文207字，记录了西周中期的土地交易事件：西周共王（前922—前900）五年正月，一个叫裘卫的人想与他的邻居邦君厉交易土地，把这件事报告给邢伯、伯邑父、定伯等大臣。经过询问，邦君厉表示同意并立下誓言，三有司（司徒、司马、司空）以及内史实地勘察、划定界限并办理了手续。铭文反映了西周中期部分土地实际上已经私有，但土地转让、交换和买卖，仍需通过王朝重臣的审核和批准。这件青铜器铭文为研究西周中期社会经济和土地制度提供了宝贵的资料。因有明确纪年，是断代的标准器。

这组五鼎四簋组合实物是西周礼制制度的体现。西周王朝为了巩固王权统治，加强对分封国的控制，从政治到文化制定了一套完整的典章制度。武王之弟周公姬旦制礼作乐。礼乐制度其实就是为了维护统治阶级秩序、巩固王室权力的有效手段。礼器和乐器成为“别上下、明尊卑”的礼乐制度的物化体现。《礼记》记载：“天子九鼎八簋，诸侯七鼎六簋，大夫五鼎四簋，元士三鼎二簋。”展柜陈列的五鼎四簋是“卿，采邑主”一级的列鼎配享食。

五鼎四簋

陕西历史博物馆

牛 尊

1967年陕西省岐山县贺家村出土

牛尊——仿生和实用完美结合

牛尊是用来盛酒祭祀的一种器皿，是国家一级文物。这件器物模仿牛的形状铸造，为高等级的礼器。牛膘肥体壮，蹄腿柱立，引颈翘首呈吼叫状。商周时期天子祭祀时，把牛、羊、猪三牲放在鼎内，曰“太牢”，太牢是祭祀礼仪中的最高等级。三牲之首就是牛，诸侯以下只能用羊、猪祭祀。牛身上的纹饰非常生动优美，其设计也非常生动巧妙：牛身中空，背上开口作盖，盖钮呈虎形，虎的整个身体略微前倾，呈欲扑之状，造型别致。引牛舌为流，牛尾为手鋬。这件器物把仿生与实用巧妙地结合在一起，富于美感，是众多西周青铜器中制作工艺最精湛的一件，显示出西周青铜文化的高超工艺水平。

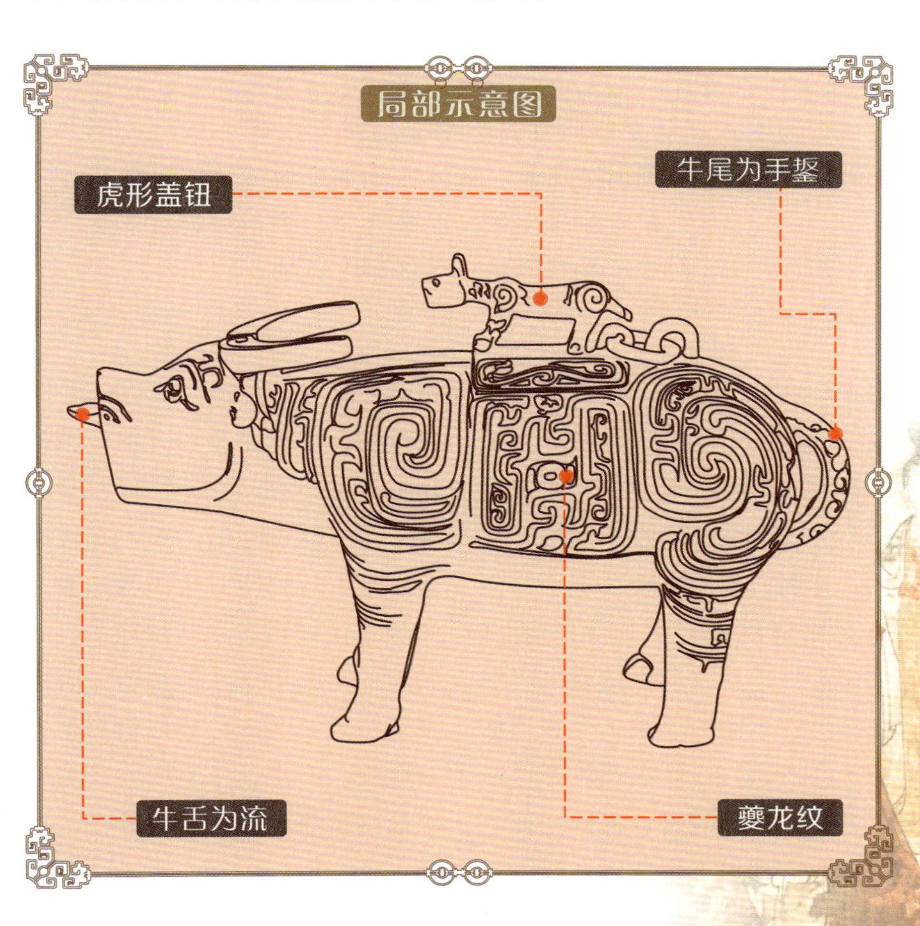

第三单元 东方帝国

秦（前770—前207）

秦人是华夏族的一支，曾活动于今甘肃天水地区。周平王东迁后，秦人以陕西为根据地迅速发展壮大。公元前221年，秦始皇统一中国，建立起历史上第一个统一的中央集权制国家，其政治、经济、军事诸制度影响后世。以兵马俑为代表的秦代文物，以磅礴的气势和鲜明的军事特征，显示出秦人强烈的开拓意识和进取精神。

挺进关中的秦人，一方面保留固有文化，同时“收周余民”，创造性地吸收融汇周文化。称霸西戎的秦穆公有了强烈的文化自信，将“滋水”改名“灞水”，新建的宫殿取名“霸城宫”。不断地“东扩”和“称霸天下”成为秦人的理想和追求。经过九次战略意义的迁都，从西戎迁到周王室故地，最终定都咸阳。雍城是先秦时期秦国使用时间最长的都城（前677—前383），历时294年。经十九代国君建设，成为当时中国西部最大的城市，规模和建制超过了权力式微的周天子所在的洛阳。后秦灵公虽迁都泾阳，雍城仍然是当时政治、经济、军事中心，高等级的国家祭祀还在这里进行，是秦人心中的“圣城”。

青铜龙——秦代青铜重器

1993年冬，西安市公安局在打击盗窃机动车犯罪行动中，查获一辆非法机动车，在其后备厢发现包裹严实的青铜残件。这些残件铜锈斑驳，共8块，重92.5公斤。经陕西历史博物馆文物专家反复研究，仔细拼对，发现是件令人叹为观止的秦代青铜重器。整体长83厘米，宽20.1厘米，壁厚0.4～0.6厘米，两条龙交缠，呈中空锥体。专家判断盘缠青铜龙应该是一对，只可惜其他残件已不知在何处。这件青铜龙是战国时期秦国或秦代的遗物，具体用途是什么呢？专家给出以下三种意见：

（1）祭祀礼器，有10条龙，两条一组，代表五个方向；

（2）冥器，至少8条以上，复原后与中山王墓出土的鸟柱青铜盆上的龙体相似；

（3）巨型乐器的底座。

专家先后在《礼记集解》《考工记》《史记·秦始皇本纪》《三辅黄图》等典籍中找到佐证：秦始皇建立大秦帝国后，收天下之兵器，聚之咸阳，铸编钟，置宫廷中，高三丈，钟小者皆千石也。因此多数专家持第三种意见。

青铜龙

石鼓文

唐代初年发现于岐州雍县三畤原

石鼓文——书法史上的珍品

石鼓文是我国现存最早的石刻文字，为中国九大“镇国之宝”之一。因刻在上圆下平似鼓形的石头上而得名，为战国中期秦人作品。唐初在天兴也就是今陕西宝鸡三畤原被发现，引起轰动，杜甫、韩愈等人都作《咏石鼓歌》吟诵，康有为将其誉为“中国第一古物”。自文物发现至今，随着中国历史朝代兴衰更迭，石鼓文也在辗转流离中迁移多地，命途多舛地度过了一千多年的传奇岁月。它颠沛流离的经历与中华民族所经历的苦难一直紧密关联。此物现存于北京故宫博物院，这里陈列的是复制品。

石鼓一共有10件，每件上刻四言诗一首，共700多字，现只残存272字，文体与《诗经》的《大雅》《小雅》相似。因其内容为歌咏秦国国君游猎情况而称“猎碣”。石鼓文也称“籀文”，传说是周宣王时太史籀所作。在我国书法史和文学史上占有重要地位，是周代金文到秦代小篆的过渡。褚遂良、虞世南、欧阳询等大书法家都十分推崇石鼓，曾经亲自临摹做拓。

其字体古朴凝重，笔画遒劲有度，与小篆相似而无其拘谨笔法，笔画圆润奔放，刚柔并济。石鼓文是研究汉字演变的珍贵原始资料，也是中国古诗迄今仅见的原始真迹。

1975年陕西省西安市长安县北沈家桥村出土

杜虎符

安国之信 符令千军

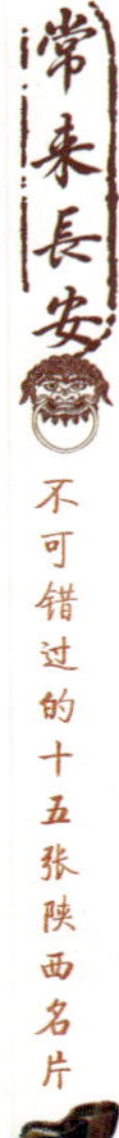

杜虎符——虎符错金 合令天下

杜虎符中的“杜”为地名（在今长安区），而虎符则是古代调集军队的凭证。杜虎符长9.5厘米，重0.08千克，为立虎的形象。虎身有错金铭文9行40字，字体为秀丽的悬针小篆。铭文大意是说虎符分左右两半，右半在国君手中，左半由调兵遣将的杜地将领掌管，凡调派50人以上的兵力，必须有国君的命令，兵符符合才能调兵遣将。现代汉语“符合”一词就来源于此。

杜虎符客观真实地反映了战国时期秦国严格的用兵制度，这表明秦国军权的高度集中。杜虎符为我国古代用兵制度的重要实物资料，也印证了秦国在少陵原西周杜伯国（即杜国）封地设杜县的历史。此外，杜虎符上成熟的小篆书体说明，秦统一及李斯作篆前的战国时代事实上已经存在“小篆”这一字体，杜虎符和战国商鞅方升等文物都是这一史实的重要见证。杜虎符具体的年代虽无定论，但根据其铭文“右才（在）君”的内容，史料记载只有秦惠文王一人曾称君，因而推断其年代应当是秦惠文君称王前的12年（前324—前311）之内。由此一些学者认为这件杜虎符系已发现的战国秦虎符中年代最早的一件。

铭文

廿六年，皇帝尽并兼天下诸侯，黔首大安，立号为皇帝。乃诏丞相状、绾，法度量，则不壹，歉疑者，皆明壹之。

译文

秦始皇二十六年，天下一统，社会逐步安定，秦王改称为皇帝，诏令丞相隗状、王绾规范统一全国的度量衡，使有疑虑的人明确、统一起来。

两诏铜椭量

1982年陕西省礼泉县药王洞乡南晏村出土

两诏铜椭量——父子皇帝的诏书

战国时期，中国各地的度、量、衡差异很大，名称复杂，长短、大小、轻重单位和进位都不一致。为兼并天下作准备，秦始皇在统一六国前就已逐步开始实行统一度、量、衡的措施。统一中国后，秦更将统一的度、量、衡制度的标准向全国颁布。这一椭圆形量器上面刻着秦始皇二十六年（前221）所颁发的统一度、量、衡诏书和秦二世所颁袭用旧制的诏书，故被称为“两诏量”。在历年出土的战国量器和传世品中，铜质斗量极为罕见。

青铜水禽一组——秦人的水资源环境观

秦始皇陵园七号陪葬坑中出土了15件姿态各异的陶俑和46件青铜水禽等罕见文物。青铜水禽包括青铜鹅20件、青铜雁20件和青铜鹤6件。

其中青铜鹅站立在长方形的青铜踏板上，两两相对，或引颈欲鸣，或曲项回首，姿态各异。而青铜仙鹤则俯首啄着一只青铜虫，准确地表现出了仙鹤从水中取食的瞬间姿态。

众多青铜水禽的出土，尤其是青铜鹅的出土，使我们得知这个陪葬坑营造出了某种“水环境”，对于秦始皇陵研究具有重大价值。

青铜鹤

青铜雁

青铜鹅

第四单元 大汉雄风

汉（前206—公元220）

以汉都长安、汉家陵阙和典型汉代文物如汉金饼、西汉“皇后之玺”玉印、西汉鎏金银竹节铜熏炉、西汉彩绘雁鱼铜灯、西汉彩绘陶钟、汉酱釉绿彩云纹陶奁、西汉彩绘骑兵俑、西汉“上林”铜鉴等，展示了中国古代社会发展的第一个高峰——汉代繁荣的经济、文化、对外开放与交往，彰显其开放进取、蓬勃强盛的时代风貌。

汉长安城——天上的“斗城”

汉长安城的总面积为36平方公里，周长25.7公里，有9个市区、160条巷里，人口约有50万。街道宽平，布局整齐。大街可并行12辆马车，道旁栽植着槐、榆、松、柏，茂密丛荫。最盛时期城内人口约有30万。长乐宫、未央宫、建章宫是汉长安城最著名的三大宫殿。因城墙建于长乐宫和未央宫建成之后，为迁就二宫的位置和城北渭河的流向，把城墙建成了不规则的正方形，缺西北角，西墙南部和南墙西部向外折曲，过去称长安城“南为南斗星，北为北斗星”，或称为“斗城”。

汉长安城是古代丝绸之路的起点、发源地、决策地，也是当时世界上规模最大的城市，是与古罗马城并称的世界上最早的国际化大都市，有“东长安，西罗马”的美誉。汉长安城遗址是世界了解中国古代文化的实物资料。从汉长安城遗址中，可反映出当时的社会生活、思想意识、文化艺术、经济水平等，对了解、认识中国古代文明有着重要意义。

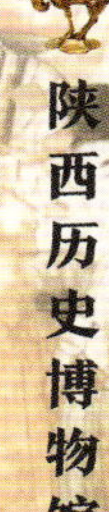

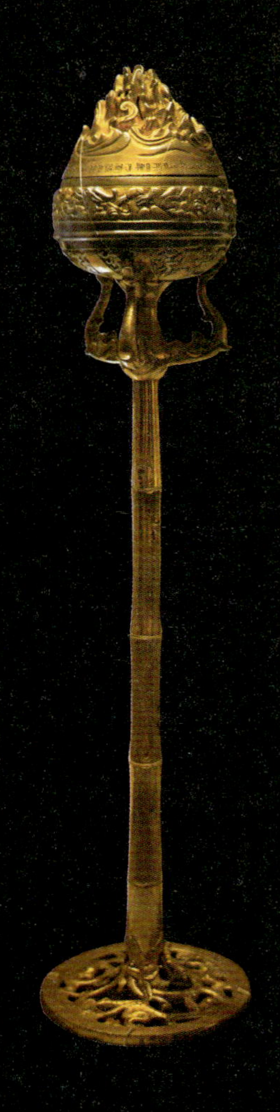

鎏金银铜竹节熏炉

1981年从陕西省兴平县茂陵东侧一陪葬墓中出土

鎏金银铜竹节熏炉——皇家专用熏香器

鎏金银铜竹节熏炉，青铜质地，造型奇特，富丽堂皇，通体鎏金鎏银，底座透雕两条蟠龙，豆形高柄竹节从龙口中伸出。炉柄分五节，节上刻竹叶，柄上端又铸三条蟠龙，形象生动，炉身上部又浮雕四条金龙，整炉被九条龙分三个区域装饰。龙为“天子”的象征，“九五”则是皇权的体现，据器物上“未央尚卧”的铭文判断，这是一件皇家用品。炉体表面鎏金完好如新，熠熠生辉，盖如博山，即海上仙山。博山造型用金和银勾勒出来，博山中有小孔，当熏炉内熏香点燃，香烟袅袅从博山中升起，缥缈若仙境。巧妙的设计、精良的制作工艺，反映了我国两千多年前工匠们的高超的工艺制作水平。这件器物出土的地点位于汉武帝茂陵以东两公里处一号陪葬墓的一号陪葬坑，陪葬坑中的其他器物上有“阳信家”字样，专家们推断它可能是汉武帝给他姐姐阳信长公主及其丈夫大将军卫青的赏赐。

皇后之玺

1968年陕西省咸阳市狼家沟出土

皇后之玺——引领后代印章艺术

皇后之玺是一件国宝级文物，1968年发现于咸阳市狼家沟，是一名叫孔忠良的学生放学路上“踢”出来的国宝，后被他父亲发现送至陕西历史博物馆鉴定珍藏。

狼家沟位于汉高祖和他的皇后吕雉陵墓东侧一千米左右。印章玉质洁白莹润，印章上刻有“皇后之玺”四字，以似龙有角无耳的“螭虎”形象作钮。据《汉官旧仪》“皇后玉玺，文与帝同。皇后之玺，金螭虎钮”的记载以及出土地点判断，此玺可能是吕后生前使用过的实物。玉玺印文排布疏朗，结构方整，笔画匀称，笔势方中带圆，刚柔相济，刀法自然娴熟，与峄山碑书法近似。帝后直接使用的遗物发现极少，这枚“皇后之玺”玉印是汉代皇后玉玺的唯一实物资料，对研究秦汉帝后玺印制度有着十分重要的价值。

吕后是中国历史上比较著名的皇后，是中国历史上屈指可数的当政的三位女性之一。早年没有多少活动可谈，还被项羽抓去做了两年零五个月的俘虏。做皇后之后，她拉拢大臣，并用计谋保住了自己儿子刘盈的太子宝位，这就是后来的汉惠帝。吕后继续实行刘邦在位时“与民休息”的政策，为稳定社会发展、恢复经济、巩固政权起了一定作用，为后来的“文景之治”创造了条件。

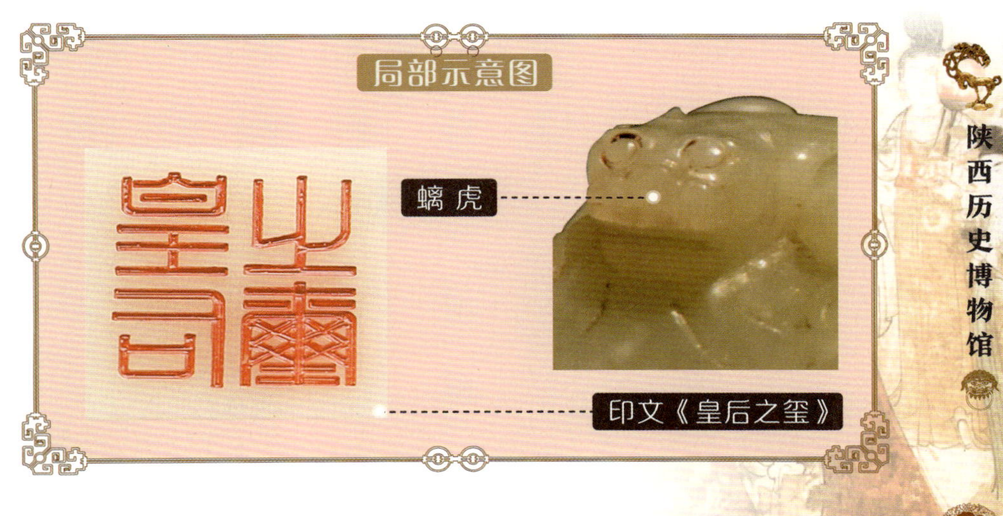

金饼

1999年陕西省西安市谭家乡十里铺村窖藏出土

金饼——汉代的黄金货币

作为商品交易的媒介——货币，既有铜钱，又有黄金。这里展出的就是黄金货币麟趾金、马蹄金和金饼。金饼也称“饼金”，圆形，实心，因为形似柿饼，因此也称为“柿子金”，是汉代常见的黄金货币的一种。1999年的一天，西安市北郊谭家乡的新华砖厂内，工人们正在施工，突然挖土机履带不知被什么东西卡住了，仔细一看，竟然是一窝金饼！民工们旋即哄抢一空。警方闻讯而来，缴回112枚。此后在附近几米外又发现一窝共107枚，无一散失。两次一共出土219枚。经鉴定分属于国家一级、二级文物。直径5.6～6.5厘米，单枚重量227～254克，约合汉代的一斤，相当于万枚五铢钱的价值。表面有“V”形符号以及“黄、长、马、租、千、金”等文字，内容包括制作金饼的工匠名、金饼的计数、检验情况以及吉祥语、地名等。检测得知其金纯度达95%左右。

金饼出土地点为汉长安城宣平门东5公里处。根据文献记载推测，这批金饼可能是西汉末年起义军为推翻王莽政权，攻入长安，掠夺国库后在逃逸时仓促埋藏。这些金饼体现了汉代黄金储量之高、使用之盛。

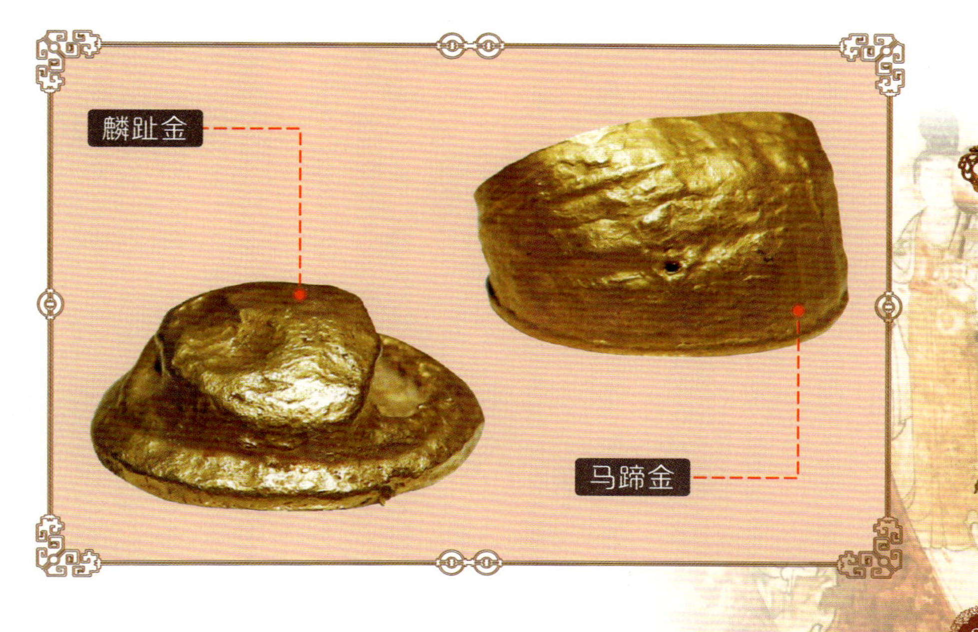

雁鱼铜灯

1985年陕西省神木县店塔村出土

这件出土于陕西省神木县店塔村西汉墓的雁鱼铜灯，为国家一级文物。通体作大雁回首衔鱼状，通腹中空，下面有两个弧形屏板，左右开合，既能挡风，又可调节灯光照射的角度和明暗，燃灯所产生的油烟通过雁颈导入雁腹的水中，起到了净化空气的作用，被称为“中国古代的环保灯”。此外，从这个“台灯”雁冠上残留的红彩和雁身上斑驳的绿彩可以得知，这盏灯曾经不仅有着优美的造型，而且还有艳丽的色彩，堪称两千年前的“豪华台灯”。类似的灯具在山西省朔县西汉墓、山西襄汾汉墓、江西南昌海昏侯墓等均有出土，可见这类灯具在汉代的流行程度。

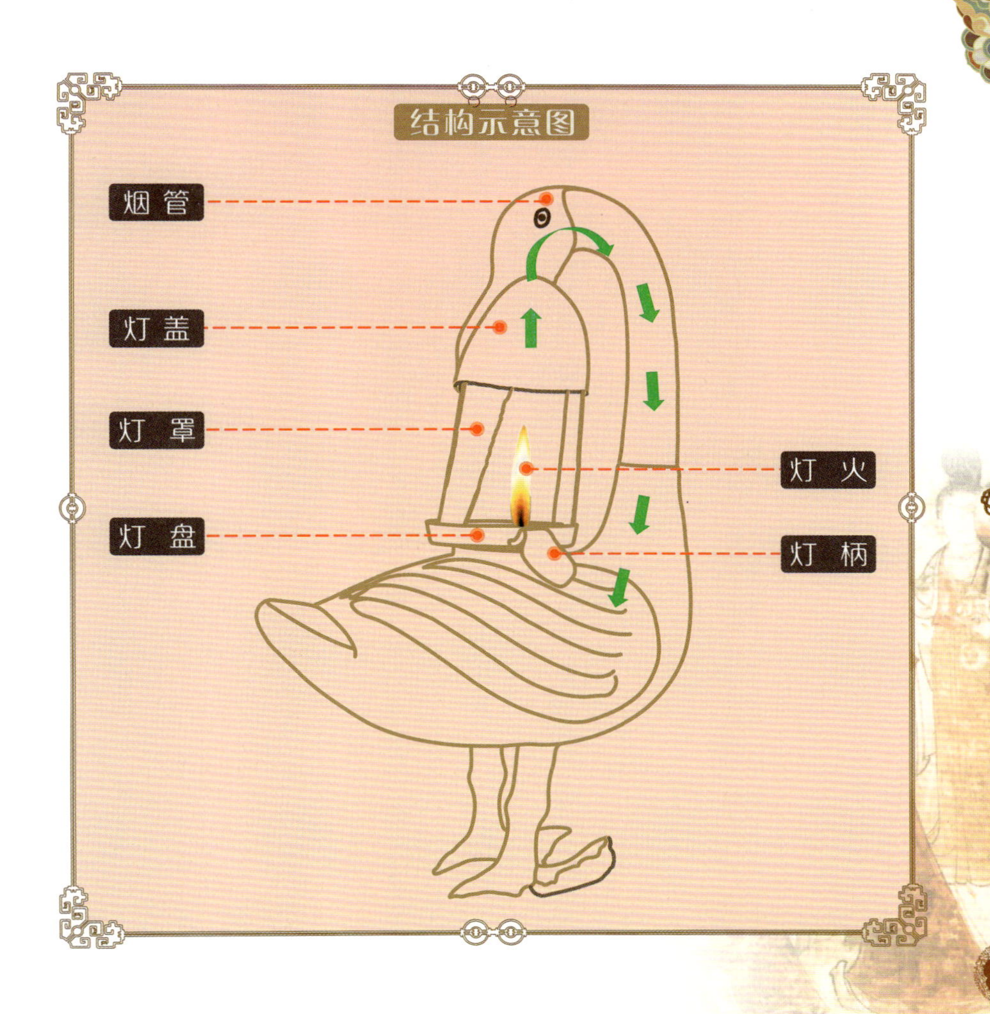

金怪兽

1957年陕西省神木县纳林高兔村出土

金怪兽——奇巧精湛的四不像

金怪兽1957年出土于陕西省神木县纳林高兔村，同时出土的还有银鹿一件、铜刺猬两件、金虎一对、银虎一对、银质错金剑柄一件。学者通过其纹饰和工艺，认为这些器物应属于匈奴人的遗物。

这件黄金制成的圆雕怪兽，是罕见的多种动物的集合体：鹰嘴、驴耳、鹿角、羊身、蝎尾，四蹄立在花瓣形托座上。有趣的是，怪兽的犄角是由两两身相连、背相对的16只小鸟组成的，蝎形尾巴也是1只小鸟，奇巧精湛。根据金怪兽底盘上的小孔，学者们推测可能是匈奴族首领的帽冠饰。很显然，自然界没有任何一种动物是这样的造型，但在《山海经》《图赞》《事物绀珠》等书中均提到一种生活在“无草木，多沙石”的沙漠地带的头上长角、叫声似婴儿啼哭的似鸟非鸟的神兽——蛊雕，和这个“四不像”形象非常贴合。

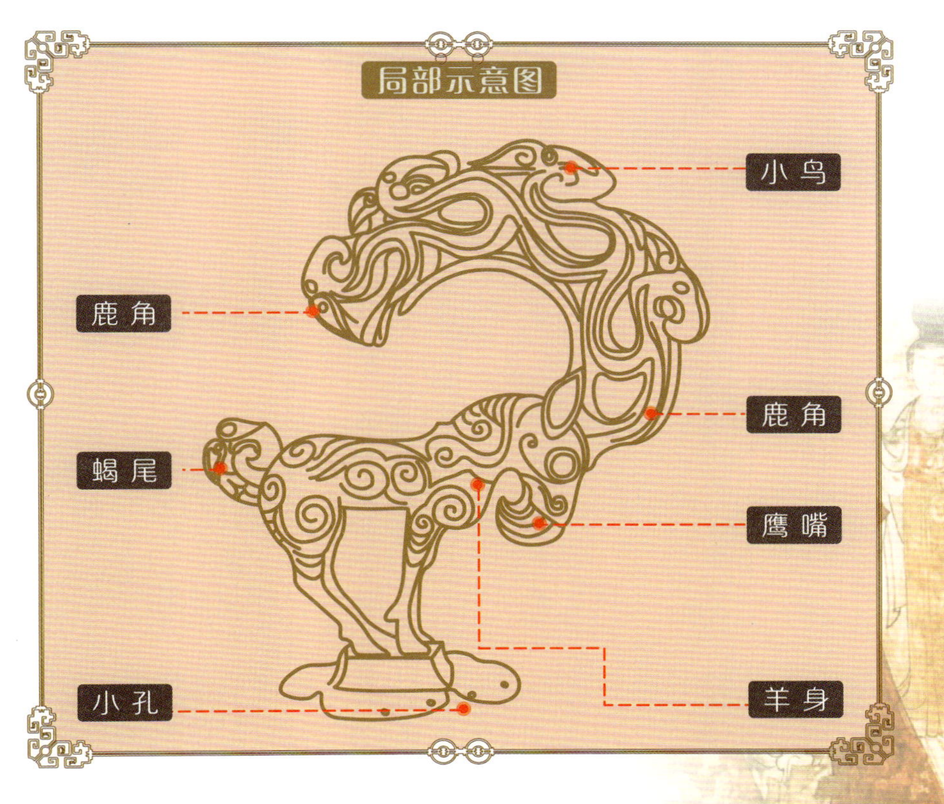

鎏金铜蚕

1984年陕西省石泉县谭家湾村出土

鎏金铜蚕——丝绸文明与丝路繁荣的见证

1984年，陕西省石泉县谭家湾村的农民谭福全在河滩淘金时，在距沙土约2.5米处发现一件铜制通体鎏金的铜蚕，次年将文物交给陕西历史博物馆，经专家鉴定年代为汉代。铜蚕长5.6厘米，胸围1.9厘米，胸高1.8厘米，首尾9个腹节，胸脚、腹脚、尾脚均完整，呈昂首吐丝状。制作精细，造型逼真，栩栩如生，被定为国家一级文物。

由于古代对桑蚕业的重视，人们对蚕之神力生生不息的崇拜，就有了祭拜蚕神的习俗。春秋时期有“以蚕入葬”的习俗，晋代陆翙《邺中记》、南朝梁任昉《述异记》、北宋李昉《太平御览》这些史传笔记均提到过“金蚕”入葬。直到这件汉代鎏金铜蚕出土才算有了实物佐证。

2017年5月14日，习近平主席在“一带一路”国际合作高峰论坛开幕式上的演讲中说道：“2000多年前，我们的先辈筚路蓝缕，穿越草原沙漠，开辟出联通亚欧非的陆上丝绸之路；我们的先辈扬帆远航，穿越惊涛骇浪，闯荡出连接东西方的海上丝绸之路。古丝绸之路打开了各国友好交往的新窗口，书写了人类发展进步的新篇章。中国陕西历史博物馆珍藏的千年‘鎏金铜蚕’、在印度尼西亚发现的千年沉船‘黑石号’等，见证了这段历史。”小小的鎏金铜蚕，是中国缫丝养蚕悠久历史的写照，同时也是丝绸之路东西方文明交流的见证。

丝路驼队 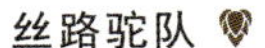

第五单元 冲突融合

魏晋南北朝（220—581）

以陕西丰富精美的农业民族与草原民族的文化遗存及宗教文物，如晋“晋归义羌王”金印、西魏独孤信多面体煤精组印、十六国灵华紫阁服乘金错泥筩、北魏彩绘骑马吹号角俑、南北朝彩绘胡人持盾武士俑、北魏鎏金佛菩萨三尊铜造像等，表现了民族大融合、佛教东渐以及文化艺术的繁荣及其特征。

三国争雄——铁骑突出刀枪鸣

东汉末年，长安一带兵连祸结，战火不断，大小军阀混战，民族之间的战争绵延不断，使秦汉时被称为“天府之国”的关中，化作“铁骑突出刀枪鸣”的战场。

汉献帝延康元年（220）曹丕在洛阳称帝，国号魏，史称曹魏，东汉灭亡。公元221年，刘备在益州称帝，国号汉，史称蜀汉；之后孙权在建业称帝，国号吴，史称孙吴。这就是历史上著名的三国时期(220—280)。

三国时期，陕西一直是魏、蜀的军事争夺之地。诸葛亮六出祁山，最终以蜀失败告终，主要原因是国力和兵力均弱于曹魏。岐山、汉中等地三国时期的遗迹和遗物就见证了这段魏蜀相争的历史。

独孤信多面体煤精组印——天下第一老丈人

这枚设计独特、使用方便的印章于1981年在陕西省旬阳县城东门外出土，印章的主人是西魏八柱国之一、鲜卑族上层人物独孤信。史书记载这个人“雅有奇谋大略”“美容仪，善骑射”。而且最有意思的是他的三个女儿分别嫁给了北周的明帝、隋文帝杨坚和李渊的父亲李昞三个皇帝等级的人物。推古论今，独孤信堪称“中国第一老丈人”，好多老先生闻此扼腕叹息：“为父当如独孤信！”

我们说隋唐两代最高统治者身上流着少数民族的血液，所以他们在接受外来文化上没有思想障碍，这才能形成隋唐两代民族团结、奋发向上、世界性的、开放性的文化。由于独孤信的官职太多，事务繁忙，签署文件用印太多很不方便，所以精心设计了这枚集多种印文于一体的印章，在全国是首次发现。

它由18个正方形、8个三角形、共26个面组成，其中14个正方形面上刻有文字。印文的内容可以分为三类：公文用印，如“密”“大都督印”“大司马印”“柱国之印”；书简用印，如“独孤信白书”“臣信启事”等；上书用印，如“臣信上疏”“臣信上章”等。

2019年全国高考II卷数学题

16. 中国有悠久的金石文化，印信是金石文化的代表之一，印信的形状多为长方形、正方体或圆柱体，但南北朝时期的官员独孤信的印信形状是“半正多面体”（图1）。半正多面体是由两种或两种以上的正多边形围成的多面体。半正多面体体现了数学的对称美。图2是一个棱数为48的半正多面体，它的所有顶点都在同一个正方体的表面上，且此正方体的棱长为1，则该半正多面体共有____个面，其棱长为 ____ 。（本题第一空2分，第二空3分。）

图1

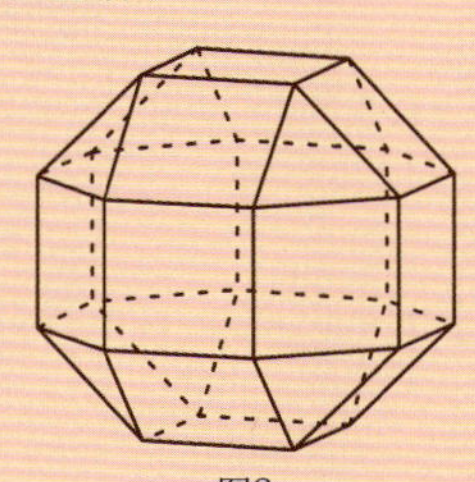

图2

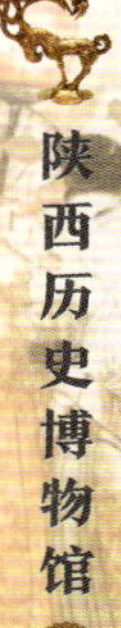

独孤信多面体煤精组印

1981年陕西省旬阳县城东门外出土

结构示意图

臣信启事

大司马印

令

密

大都督印

独孤信白书

耶敕

信启事

柱国之印

信白笺

臣信上疏

刺史之印

臣信上章

臣信上表

安伽墓石榻

2000年西安市北郊未央区大明宫乡出土

安伽墓石门、石榻——粟特贵族的美好生活

2000年5月到7月，位于西安市北郊未央区大明宫乡的北周时期的安伽墓被发掘，这是我国境内发现年代最早的粟特贵族墓，墓主人生前担任过“同州萨保”一职。同州，即今天的渭南市大荔县；“萨保”是北周政府任命的管理粟特来华贸易、定居人员，主持来华粟特人宗教祭祀活动的官员。安伽墓石门和石榻极具视觉冲击力。最上方的是门额，呈半圆形，画面带有明显的宗教色彩：覆盆莲花上有站立着的骆驼的造型，骆驼背部的大圆盘上是一堆火焰，火焰占据画面的绝对中心。结合墓主人的地域、民族，这应该是粟特人所信仰的“琐罗亚斯德教”俗称“拜火教”的祭祀场面；身后的围屏石榻本来是汉人的坐具，以它随葬是北朝时旅居中国的粟特人特有的葬俗。12幅贴金彩画是中国目前发现最为精美的反映粟特上层贵族生活起居的生动画面。

这座墓葬为我们研究北周史、中西方文化交流，特别是北周时期旅居中国的粟特贵族的服饰、文化、生活习惯、宗教信仰、汉化程度以及葬俗等方面提供了极为珍贵的资料。

第六单元 盛唐气象

隋唐（581—618—907）

通过隋唐时代典型遗存和文物，展示了中国古代最鼎盛时期的文化风貌、繁华的国际大都会长安和沟通东西方交流的丝绸之路。那些古老而华美的瓦当、华丽耀目的铜镜、色彩绚丽的唐三彩以及细致多姿的唐代侍女俑、乐伎俑和驼马彩俑，都展示着隋唐文化的兼收并蓄、创新发展及高度繁荣，让人叹为观止、流连忘返。

长安城——天人合一 长治久安

长安城，隋朝称之为大兴城，其兴建于隋朝，唐朝易名为长安城，为隋唐两朝的首都。长安城是隋文帝君臣建立的宏伟都城，反映出大一统王朝的宏伟气魄。为体现统一天下、长治久安的愿望，城池在规划过程中包含天人合一的思想观念。

唐长安城初名京城，唐玄宗开元元年（713）称西京（俗称长安城，亦曰京城），唐肃宗至德元年（756）称上都。此外，唐长安城在唐代也被称为上京、天都、上都天京。

隋唐长安城是当时世界上规模最大、建筑最宏伟、规划布局最为规范的一座都城。其营建制度规划布局的特点是规模空前、创设皇城、三城层环、六坡利用、布局对称、街衢宽阔、坊里齐整、形制划一、渠水纵横、绿荫蔽城、郊环祀坛。象天设都，

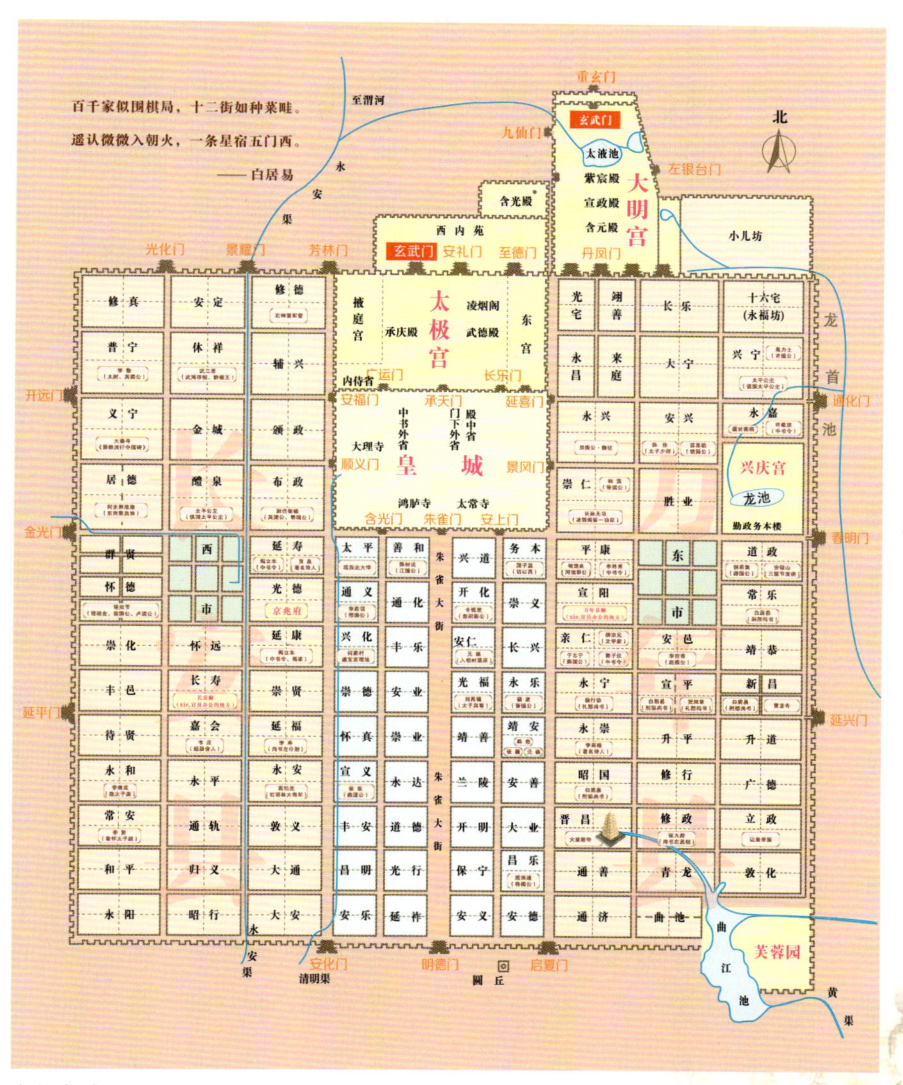

唐长安城平面图

依据天象星辰位置布局的都城中宫城、皇城与外郭城众坊里，体现着天人合一与君权神授的神秘色彩。

唐长安城是按照中国传统规划思想和建筑风格建设起来的城市，城市由外郭城、皇城和宫城、禁苑、坊市组成，有2市108坊，面积约87.28平方公里（唐代新建大明宫），城内百业兴旺、宫殿参差毗邻，唐朝诗人常称长安城有百万人口，显示出古代中国民居建筑规划设计的高超水平。

唐三彩梳妆女俑

1955年陕西省西安市东郊王家坟90号唐墓出土

唐三彩——动人春色不须多

唐三彩是我国文化宝库中的一份珍贵遗产。它并不是仅由三种颜色组成，其中的“三”，是多的意思。器物表面多以黄、绿、赭这三种颜色为基色，后世便称之为“唐三彩”。

唐三彩的制作工艺是采用二次烧制。第一次为素烧，温度在1150℃左右，第二次为挂釉低温烧制，温度在900℃左右。由于釉料中含铅，铅的熔点比较低，所以在烧制过程中不同的色彩釉斑向下流动，交融浸润，呈现出一种千变万化、斑驳陆离的奇特艺术效果，属于低温铅釉陶器，堪称古代工艺品中的一朵奇葩，北宋王安石有诗称赞其“动人春色不须多”。在国际拍卖会上，一件好的三彩器的价格不次于金银器。

唐三彩的制品中，无论内容是生活用品、房屋庭院，还是人物、动物造型，都塑造得十分精美，不但反映了唐代的现实生活，艺术上更是达到了令人赞叹不已的程度。

这里展出的“三彩三花马”就是唐三彩的代表作之一。

唐三彩

镶金白玉臂环

1970年陕西省西安市何家村出土

唐代金银器——中国金银器制作巅峰

隋唐社会安定，国力强盛，文化繁荣，技术多元，加之享乐奢靡风气流行，使得金银器使用盛极一时。制作的技术和艺术上呈现出本土文明与外来文化竞相争艳、百花齐放的气象。中国金银器艺术与技术水平也达到了巅峰，因此唐代也被称作“金银器时代”。

展出的金银器文物，如鸳鸯莲瓣纹金碗、镂空缠枝花鸟纹香囊、“裴肃进”银盘等，可以观赏到唐代金银器的装饰性。从《唐代金银器制作工艺一览表》中我们可以了解到唐代金银器的各种工艺。

何家村窖藏出土了两副玉臂环，分别为“镶金白玉臂环”和“鎏金铜兽首铰链玉臂环”。出土时装在莲瓣纹提梁银罐内，器盖墨书“玉臂环四”。这副镶金白玉臂环以金质铰链将三段弧形白玉连接在一起，每段白玉外侧雕琢成圆润的凸棱状，两端均包以金质兽首形铰链，双兽的吻部正好交合于中轴并以两枚金钉铆接，节与节之间由三个中空穿扣合穿，内用小金条相连，可以自由活动，构思巧妙，制作精细。这副玉臂环充分利用黄金、白玉二种不同材料不同的质地、色彩与光泽互相衬托，交相辉映，使玉臂环更显华贵富丽，是唐代玉器中罕见的珍品。

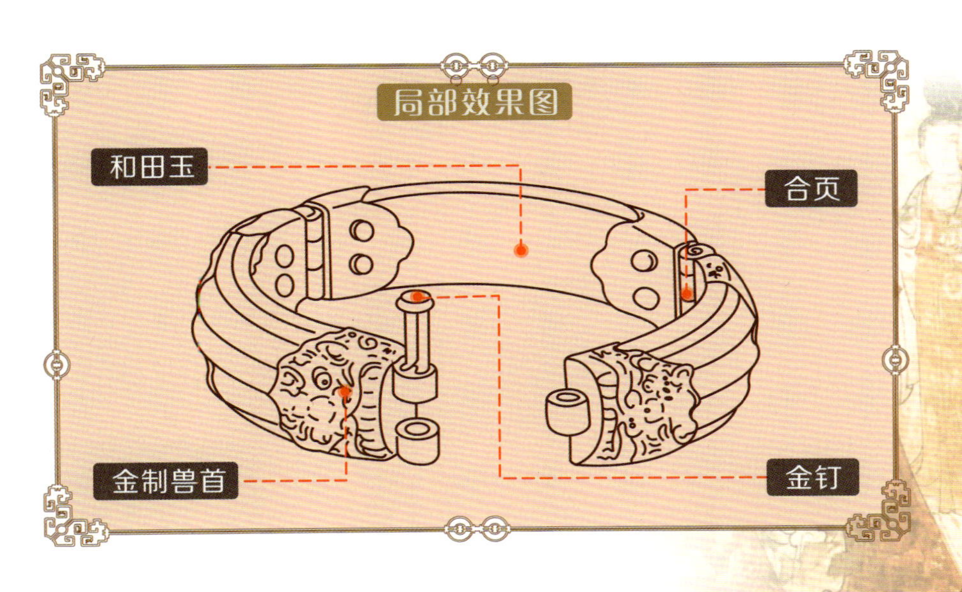

三彩女立俑

1956年陕西省西安市东郊王家坟出土

三彩女立俑——瞧，我多美！

三彩女立俑是唐朝的文物，1956年出土于陕西省西安市东郊王家坟。唐朝国力强盛，作为当时世界上最强大的王朝，所展示出来的文化也处处散发着雄健大度、雍容华贵的浩然之气。因此有人说唐代的美是一种正面的、积极的表现型文化。男子的美在于力量或才气，而女子的美则展现在由内而外散发出的自信、自强方面。她们雍容大气，丰满亮丽，意气飞扬，一反汉代女性的冷静、文雅、含蓄，所以古人称“环肥燕瘦”。唐代美女的特点是：扫帚眉、丹凤眼、双下颏、水桶腰。这件女立俑面如满月，腰际浑圆，但腰以下逐渐变细，走路跳舞都不显得困难，再加上曳地长裙构成大面积的纵线条，都使这件俑构成优美的体态，一点也不显得胖或臃肿，反而显得轻盈。除了体态，三彩女立俑头微微扬起，昂首含笑，好像在向世人宣告：“瞧，我多美！”这种由内而外散发出来的美是一种自信心的体现，是一种积极向上的生活态度，是对生命力的崇尚。

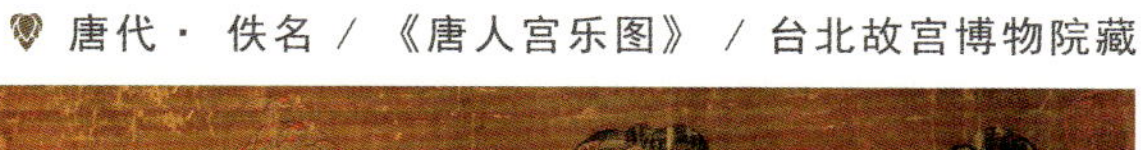
唐代·佚名／《唐人宫乐图》／台北故宫博物院藏

三彩骆驼载乐俑

1959年陕西省西安市西郊中堡村唐墓出土

三彩骆驼载乐俑——一路欢歌到长安

三彩骆驼载乐俑是国宝级文物，也是陕西历史博物馆18件国宝中唯一的一件三彩器物。其于1959年出土于西安市西郊中堡村的一座唐墓中，是现有唐三彩器物中最精彩的一件。被誉为“沙漠之舟”的骆驼，四腿强劲有力，挺颈昂首，张口嘶鸣。驼背部塑有一椭圆形的蓝色毯子，驼峰上塑一铺有一条多彩长方形毛毯的木制平台。平台上有七名男乐俑，盘腿面外环坐于平台上，中间立一歌舞女俑。男乐俑仪态端庄，神情专注，一人捧笙，一人吹箫，一人怀抱琵琶，一人手拿箜篌，一人持笛吹奏，一人欲打拍板，一人欲吹排箫。中间的女俑身着长袖团花长袍，秀发低挽，搭于前额，细眉高鼻，朱唇小口，体态丰腴，婀娜多姿，好像正在演唱优美的歌曲，生动地再现了当年大漠丝路的民俗风情。

这件三彩骆驼载乐俑是盛唐“丝绸之路”中西文化交流的见证，它不仅使我们可以想象出大唐长安当时的繁荣景象，还可感受到唐朝开放的气魄、巨大的包容能力。

第七单元 文脉绵长——唐以后的陕西

宋元明清（960—1911）

展示了在唐以后，随着中国政治中心的东移，陕西告别了长期拥有帝都的历史，但作为西部重镇和西北区域的中心，文化创造和精神传承依然独具魅力。其中明代朱元璋次子后人墓中出土的彩绘仪仗俑和宋代那些简约精致又纯净细腻的瓷器，给人印象尤为深刻。

屏藩要冲——西北重镇 文脉绵长

从公元10世纪60年代到20世纪初的宋、元、明、清时期，处于封建社会的后期。这个时期的社会经济有了很大的发展，一些地区和行业出现了资本主义的萌芽。这个时期的阶级斗争和民族斗争也更为复杂而激烈。兴起于北方的契丹、女真、蒙古和满族等少数民族，分别建立辽、金、元和清等强有力的政权，甚至建立了统一全国的王朝。一次次改朝换代的战争，使中原地区经受了更多的摧残，这种形势也使长安发生了巨大变化。唐人杜牧留下了“长安回望绣成堆，山顶千门次第开”的诗句，而后人元代的张养浩只能立马潼关哀叹：“望西都，意踌躇，伤心秦汉经行处，宫阙万间都做了土。兴，百姓苦；亡，百姓苦。”

宋代秧歌画像砖——见证千年舞蹈

宋代秧歌画像砖

陕北秧歌在抗日战争时期因为延安革命根据地的建立而广泛流行于军民之间，而这种舞蹈已经流传了至少千年了。在陕西甘泉出土的这块宋代秧歌画像砖证明至少在宋代，这种舞蹈就已经在陕北黄土高原上扭起来了。画像砖上一人头扎白羊肚手巾挥舞绸带，做跳跃状，这是研究秧歌起源的最珍贵的实物资料。

金代相扑俑砖——起源于中国的日本“国技”

相扑运动，最早起源于西周，称“角牴（dǐ）”或“角力”。《礼记·月令》中有“孟冬之月，天子乃命将帅讲武，习射御、角力”的记载，当时是军旅生活中强身健体、锻炼意志的格斗训练；从晋时称“相扑”，为宫廷、军队的主要游戏之一；五代以后相扑由崇尚勇力逐渐转向崇尚技艺，比赛也日趋规范。一般是在一方地毯或席子上进行，有踢、打、摔、拿等多种技巧，也就是我们今天所见的相扑运动。今天相扑运动已成为日本的“国技”，但这两件金代的相扑俑砖为我们提供了相扑运动起源于中国的实物证明。

青釉提梁倒灌壶

1968年陕西省咸阳市彬县出土

青釉提梁倒灌壶——玄妙至极的“三王壶”

青釉提梁倒灌壶是国宝级文物，是五代时期陕西耀州窑所烧制的北方青瓷的代表作品之一。其设计奇妙、精巧、科学，壶盖的部件装饰有极漂亮的双层柿蒂纹，但它实际与壶身连为一体，根本无法开启，那么水是如何倒进壶内呢？如果将壶底朝上，就可以看到壶底正中有一个五瓣梅花形小孔，水由此注入，谜底由此而解。当水流至盖顶下母狮口时会由壶嘴溢出。壶底虽有梅花小孔，但壶内有漏柱与水相隔，因而滴水不漏。奇妙地运用了物理学连通容器液面等高的原理。提梁是一只展翅欲飞的长尾凤，周身羽毛丰满，凤尾与壶腹连接堆塑排连珠纹饰，凤头在提梁顶平视前方，圆眼短嘴，凤冠迎风飘拂。迎着提梁凤头正对面，盖与壶腹衔接处雕塑一对正在哺乳的母子狮。母狮前肢趴地，后肢躺卧，仰头耸耳，睁圆双眼，张开利爪，时刻准备护卫她的孩子；小狮则安然蹲在母狮腹下，仰头吸吮乳汁，造型极其生动逼真。壶腹部装饰有华丽的蔓草缠枝牡丹花，下面衬托盛开的莲瓣。因为凤凰、狮子和牡丹分别为百鸟之王、百兽之王和百花之王，所以，这件壶也被称作“三王壶”。壶通体淡青色，闪烁着优雅迷人的光芒，具有强烈的艺术感染力。

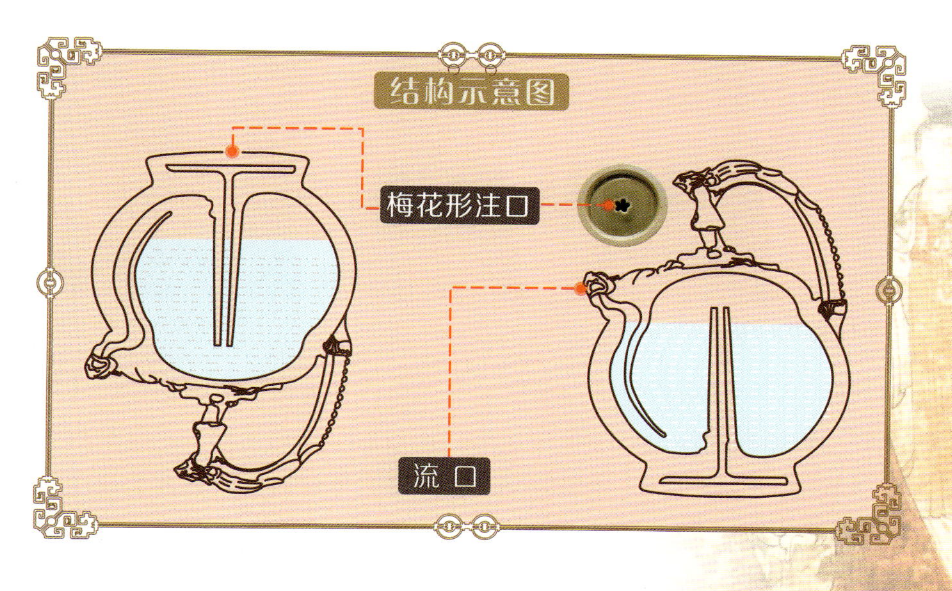

明彩绘仪仗俑——威武壮观的藩王威仪

1990年于陕西省西安市长安县简王井村明秦王墓出土，作为“天下第一藩”的秦藩国，享国274年，伴随明始终，有十四座明秦藩王墓存世。这组陶俑共271件，出土于明代第七代藩王秦简王朱诚泳

明彩绘仪仗俑

（1458—1498）墓葬中，当时每个俑手中皆持标明身份的物品，腐烂未存，脚踏板底部墨书70余种，有“清道旗”“白泽旗”“金鼓旗”“传教幡”“绛引幡”“戈氅”“仪锽氅”等，其后跟有各类仪仗及乐队，栩栩如生，显示了威武壮观的场面。明仪仗陶俑的出土，为我

们研究明代的服饰和礼仪制度提供了有力的实物证据。

丰富多彩的历代陶俑是陕西历史博物馆四大藏品之一，从史前的陶塑人头像到这组明仪仗俑，几乎没有断代。作为随葬品的陶俑，直

接反映古人丧葬习俗，同时也是历史文化和社会生活的一种真实载体，是文献资料的一种形象补充，对研究古代政治、经济、文化及社会生活等方方面面有着重要意义。

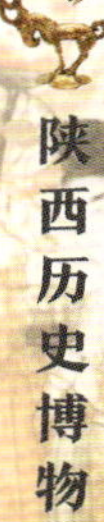

黑釉油滴碗——星辰璀璨 瓷中瑰宝

黑釉油滴碗是从陕西省蒲城县城关镇征集的一件国宝。它胎质灰白，体薄坚硬。釉层的表面散布着具有金属光泽的小圆点，形似油滴，因此也被称为“油滴釉”。油滴釉是黑釉中一个特殊种类，属于结晶釉。古人曾用“盛茶闪金光，盛水闪银光，映日透视，晶莹夺目”来称赞油滴釉器物。

油滴釉工艺要求很高，只有在1100℃这个点可能才会出现，温度把握不好就会前功尽弃。所以，只有炉火纯青的技艺才能烧造出这巧夺天工的工艺品，实属不易。

黑釉油滴碗

酱釉描金孔雀牡丹执壶

酱釉描金孔雀牡丹执壶——六百年前的外销产品

这件有着阿拉伯风格的执壶看起来有一种金属铜的质感，其实它却是明朝第十一位皇帝嘉靖时期（1522—1566）的一件酱釉描金瓷器，1959年出土于陕西省耀县（今陕西省铜川市耀州区）。壶通高29厘米，盖钮上坐着一尊回首瞻望的小兽。壶身施酱釉描金彩，主体图案为牡丹花造型，一只孔雀立于枝头眺望，纹饰富丽华贵。壶的造型仿照波斯铜壶烧造，应该为一件600多年前的出口产品。

钟山石窟

钟山石窟——中国最早的石窟群

钟山石窟属全国重点文物保护单位，位于陕西省子长县城西15公里处的钟山南麓，始建于晋太和年间(366—371)，历经唐、宋、金、元、明、清等千余年凿建而成，据历史记载共18窟，现仅发掘5窟，均为国家一级文物。

这里复原的是钟山石窟中规模最大、保存最完整、艺术价值最高的中窟。中窟始建于宋治平四年(1067)，洞内富丽堂皇，色彩鲜艳，有万尊雕塑，千姿百态，栩栩如生。浮雕佛像错落有致，做工精细。窟内正中有长11米、宽5.3米、高1.4米的石坛基，坛基上有3组14尊大型主体石雕，主佛像为释迦牟尼佛。释迦牟尼像高3.54米，就地而雕，与坛基紧密连为一体，坛前有骑青狮的文殊菩萨和乘白象的普贤菩萨。释迦牟尼结跏趺（jiā fū）坐于束腰形仰莲须弥座上，形象十分庄重。释迦牟尼佛像左右分别侍立两大弟子迦叶和阿难，均脚踏莲座，通高2.5米，形象逼真而生动。坛基东西两端各立一尊协侍菩萨，坛基前后两排共八根接地连顶的方形石柱，因窟内有大小佛像万余尊，所以被称为“万佛岩”。

钟山石窟不但继承了唐代雕刻丰满圆润的写实风格，在造型上更注重人物内心世界刻画，是佛像雕刻艺术的飞跃。中外学者认为，钟山石窟的历史价值、艺术价值不在云岗石窟、龙门石窟、敦煌莫高窟之下。专家结论为：“中国最早的石窟群”“全世界罕见的石窟”等，有极高的历史、科学、艺术价值。

专题陈列之金银璀璨《大唐遗宝》

意外的惊世奇珍——何家村窖藏的发现

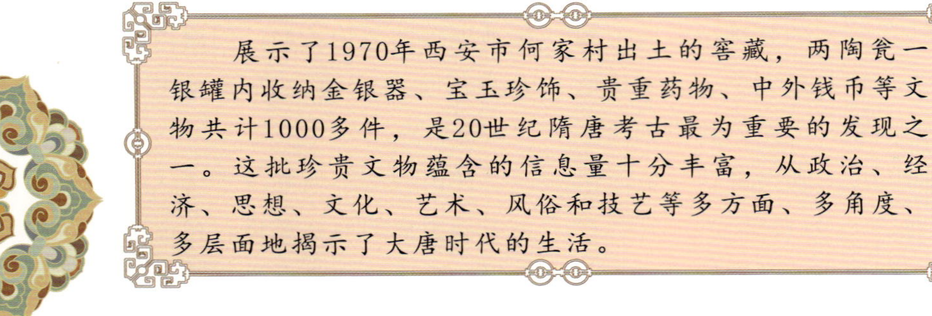

展示了1970年西安市何家村出土的窖藏，两陶瓮一银罐内收纳金银器、宝玉珍饰、贵重药物、中外钱币等文物共计1000多件，是20世纪隋唐考古最为重要的发现之一。这批珍贵文物蕴含的信息量十分丰富，从政治、经济、思想、文化、艺术、风俗和技艺等多方面、多角度、多层面地揭示了大唐时代的生活。

玉蹀躞带銙——价值连城的腰带

玉带这种装饰最初来自西域游牧民族，后流行于中原。唐代形成按官级高低佩戴带銙的规制：皇帝、亲王和三品以上官员用玉銙，五品以上用金銙，六、七品用银銙。颜色和佩带数量也有等级之分：紫色级别最高，数量7～13块不等，相应级别也不同，反映了封建社会的等级与权力观念，唐以后多个朝代沿用。

唐代的玉带銙，完整传世的很少，在何家村窖藏中竟一次性出土了10副，且全部是上好的和田白玉材质。10副玉带銙中，9副为半成品，只有展柜里的这副为实用品。整副带銙带饰共25件套，带扣上附金钉和鞓（tīng），坠以垂饰的革带的带銙上备有玉环，环上套挂小带，是用来悬挂各种日常用具的。

据史书记载：天子十三环，这里是一副九环带，属于一品官及亲王的等级。一副玉蹀躞带銙在唐代的价格大约在1500贯，而唐时一套宅子的价格为150～200贯，也就是说一副玉带銙价值竟然近十套宅子，真可谓是价值连城！

玉蹀躞带銙

镶金兽首玛瑙杯

1970年陕西省西安市何家村窖藏出土

镶金兽首玛瑙杯——美妙绝伦 镇馆之宝

镶金兽首玛瑙杯为国宝级文物。是陕西历史博物馆的18件国宝之一、全国首批禁止出国展览的国宝重器之一，也是至今我们所能看到的唐代唯一的一件俏色玉雕、唐代出土玉器当中做工最精湛的一件。

此杯选用世间极为罕见的一整块红色缠丝玛瑙琢刻，色泽红白相间，纹理细如游丝。在纹理竖向的一端雕琢成杯口，口沿外有两条圆凸弦纹光滑流畅；在纹理横向的一端，雕成兽首形，这是玛瑙杯雕琢技艺的精华所在。兽首圆睁大眼，目视前方，极为生动传神，尤其眼球刻画形神毕肖。两只硕大的兽耳高高竖起并微微内收，好像在倾听一切可以听到的声音。牛角后弯形成弧度，牛嘴嵌金帽，既起到了画龙点睛的装饰作用，又有"金镶玉"的"金玉良缘、金玉满堂"的吉祥美好寓意。自由开启的金帽让杯内酒汁和杯口的黄色前后呼应，好似一首优美动听的乐曲。大自然的鬼斧神工赋予它高雅华贵的质地和优美的色泽，而工艺师又恰到好处地利用了天然之纹理，创造出这件动静结合、巧夺天工、美妙绝伦的艺术品。

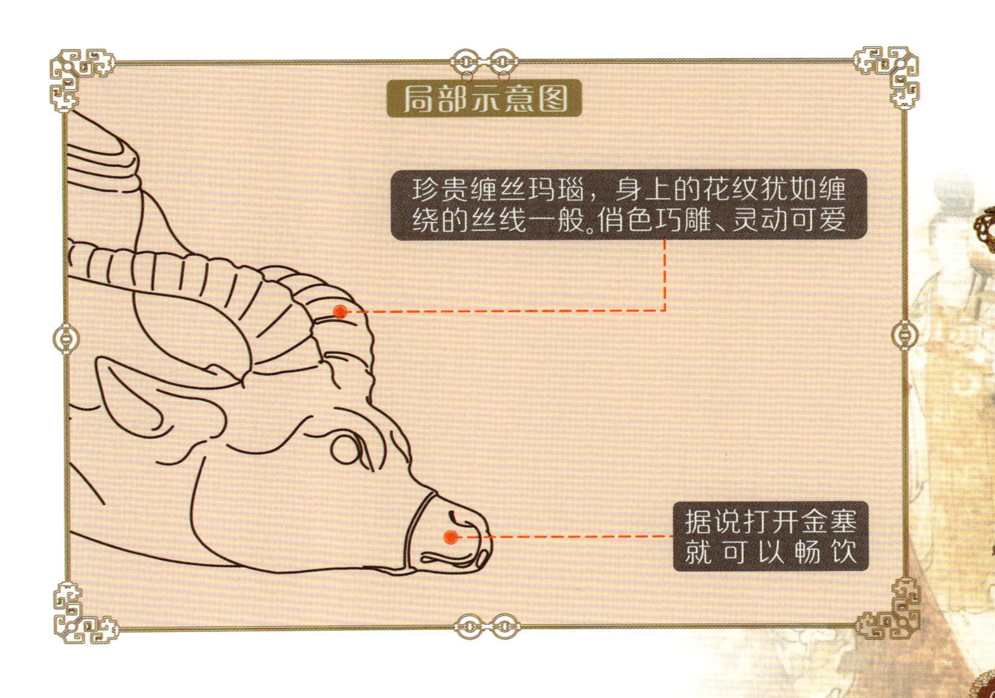

鸳鸯莲瓣纹金碗

1970年陕西省西安市何家村窖藏出土

鸳鸯莲瓣纹金碗——雍容华贵 富丽堂皇

鸳鸯莲瓣纹金碗为国宝级文物，何家村窖藏同时出土两件，是唐代金银器中罕见的最富丽堂皇的金碗。它外腹部錾出二层浮雕式的仰莲瓣，上层莲瓣内分别錾出狐、虎、獐、鹿、鹦鹉、鸳鸯等珍禽异兽，禽兽周围填以对称的花草。下层莲瓣均作忍冬纹，圈足内刻鸳鸯一只（鸳鸯从古至今都作为爱情和幸福的象征，被人们所喜爱，而鸳鸯与莲花同时出现，则更深刻地表示着一种夫妻好合、永结同心、多子多福的美好愿望），足底边缘饰连珠纹一周。内底部刻蔷薇式团花一朵，其中一件内侧墨书“九两半”三字，标明它重九两半，另一件墨书“九两三”三字，均为当时管理人员留下的痕迹。此碗采用模冲加工手法，先用纯手工“捶揲”工艺从器内壁向外捶打成所需形状，然后在凸面上用“錾刻”工艺制作复杂的图案，这是一种难度很大的工艺。金碗多为皇帝使用，宝物出土极为罕见，史料记载也不多，这一宝物代表了盛唐时期我国金银器制作艺术的高度成就。

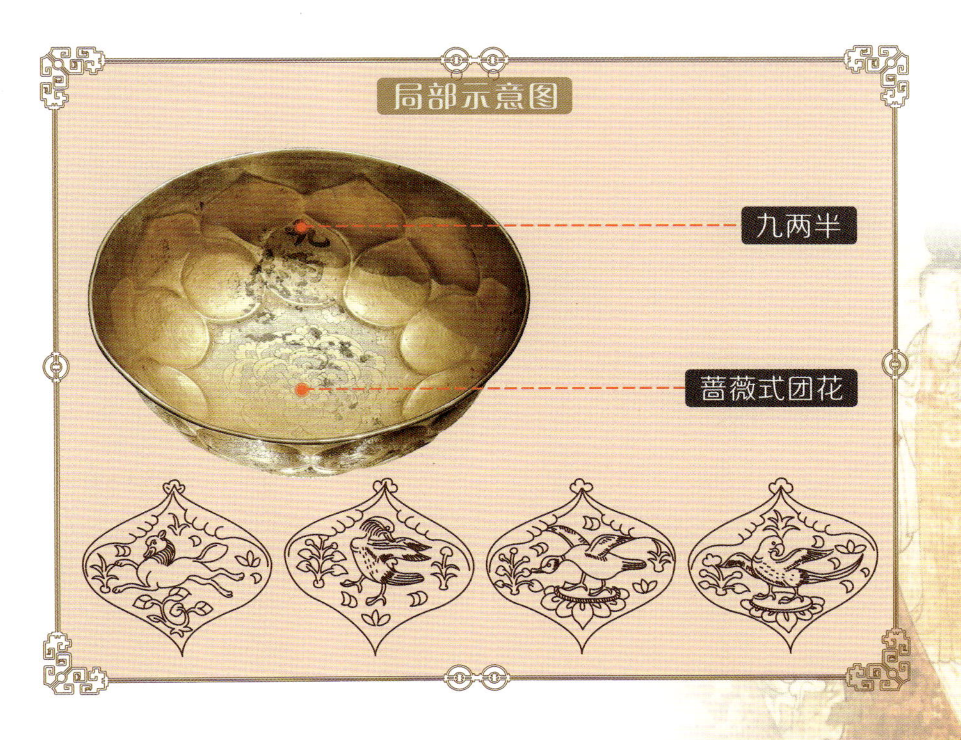

掐丝团花纹金杯

1970年陕西省西安市何家村窖藏出土

掐丝团花纹金杯——唐代的珐琅器

展柜里的金光灿灿的纯金杯，重量239克。杯身的四朵大团花由金丝焊接编织而成，出土时纹饰内镶嵌五颜六色的宝石虽已脱落，但依然不失其金光闪耀、绚烂华丽之风。

这件金杯采用的是“掐丝焊接”技术，今天这种工艺叫“掐丝珐琅器”，唐代叫“金框宝钿”，被认为是“景泰蓝”的前身。从杯柄的形状看，这件金框宝钿团花纹金杯有着阿拉伯异域风格，同时这组陈列中其他的金杯杯身的装饰图案，以及素面的高脚银杯等，都明显有着西方金银器工艺浓重的影子。

舞马衔杯纹银壶

1970年陕西省西安市何家村窖藏出土

舞马衔杯纹银壶——屈膝衔杯赴节 倾心献寿无疆

舞马衔杯纹银壶是国宝级文物，全国首批禁止出境展览的国宝珍品之一。银壶仿我国北方契丹民族皮囊壶和马镫的综合形状，壶身两边用压模的方法冲出舞马衔杯的图案，然后在图案上鎏金。这件皮囊式的马镫壶除形制特殊、纹饰精美外，还反映了李唐王朝从兴盛走向衰落的历史。“舞马衔杯”讲述的是唐朝的一段艺坛佳话。唐玄宗时，曾引进400多匹外来良马加以训练，表演各种舞蹈节目。唐代张说《舞马词》有诗描写“屈膝衔杯赴节，倾心献寿无疆”。但这些马在安史之乱后四处流散，结局悲惨。“舞马献寿”的历史虽有很多文献记载，但从未出土相关的文物证明，这个银壶是唯一能为我们真实地再现这段浪漫历史的实物。舞马和皮囊式提梁壶的造型以及冲压图案的工艺技巧都来源于外来文化；而人与马都是自然之一，金与银都是自然界的精华，正是这种“集八方之珍，聚人间之美”的巧夺天工之作，共同凝聚成高超的艺术创造力，造就了罕见的、令我们引以为豪的唐代艺术杰作。

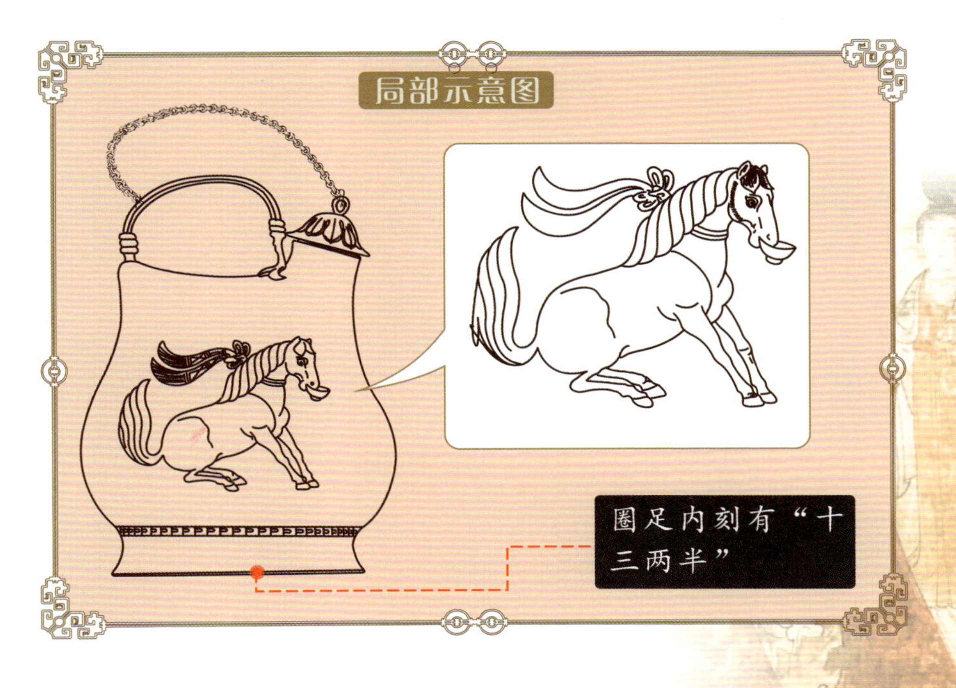

葡萄花鸟纹银香囊

1970年陕西省西安市何家村窖藏出土

葡萄花鸟纹银香囊——丝路文明 交流共荣

眼前的香囊外壁为银制，呈圆球形，通体镂空，以中部水平线为界平均分割形成两个半球形，上下球体之间，一侧以钩链相钩合，一侧以活轴相套合。下部球体内又设两层银制的双轴相连的同心圆机环，外层机环与球壁相连，内层机环分别与外层机环和金盂相连，内层机环内安放半圆形金香盂。外壁、机环、金盂之间，用银制铆钉铆接，可以自由转动，这样无论外壁球体怎样转动，由于机环与金香盂重力的作用，香盂总能保持平衡，里面的香料不会洒落于外。设计十分精巧，令人叹绝。

香囊的盖顶上部铆接有直径0.35米的环钮，上套接链条，链条的制作也很精致，上部钩环弯曲、牢固，这样既可以悬挂在室内，又可以佩戴在身上。这件集智慧与艺术设计的巅峰之作，构思设计精妙绝伦，堪称唐朝的“黑科技”。

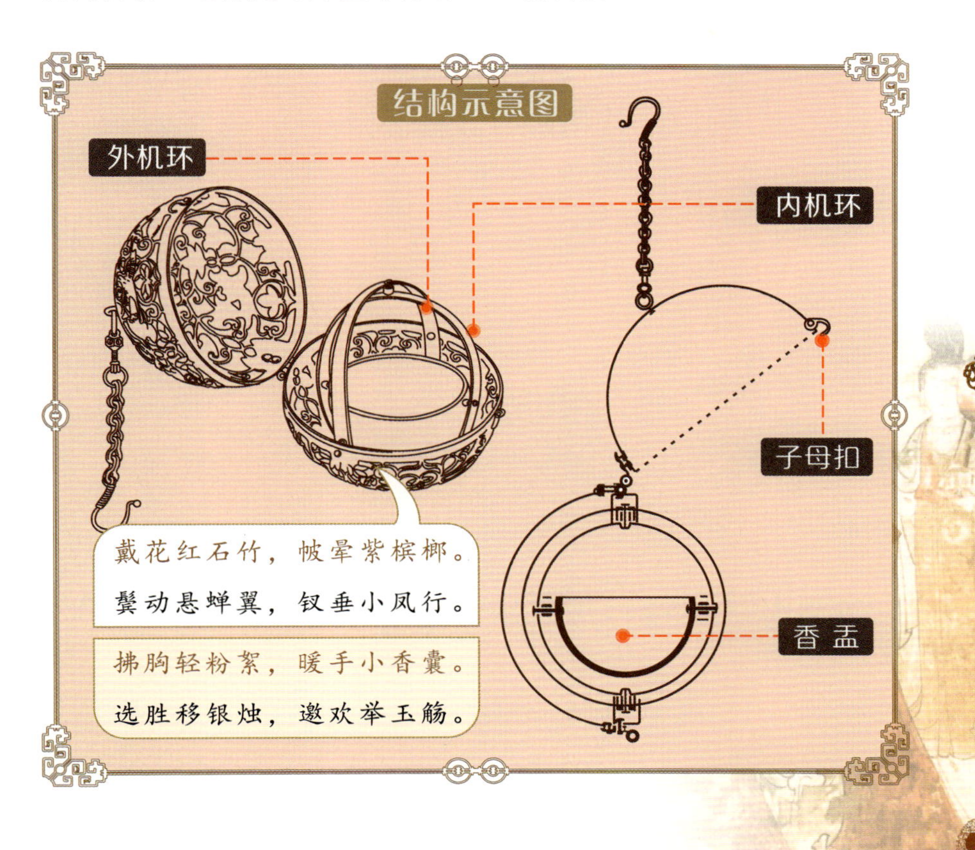

陕西历史博物馆

鹦鹉纹提梁银罐

1970年陕西省西安市何家村窖藏出土

鹦鹉纹提梁银罐——精美绝伦的饮食器

鹦鹉纹提梁银罐为国宝级文物。银罐为纯银所制，鎏金纹饰。罐通高24.2厘米，口径12.4厘米，重1879克，大口，短颈，圆鼓腹，喇叭形圈足。提梁嵌入并焊接在罐肩的两个葫芦形附耳之内。罐腹两侧均装饰以鹦鹉纹为中心、用折枝花环绕四周的圆形图案，余白以单株折枝花点缀。盖心为宝相团花一朵，盖面周围装饰葡萄、石榴、忍冬、卷草等纹饰。提梁上饰有菱形图案。唐代金银器上大量采用鹦鹉纹图案，这是因为鹦鹉既聪慧又通晓人性，还能模仿人语，所以深得人们的喜爱。唐代的王公贵族对它更是宠爱有加。《明皇杂录》中记载："开元中，岭南献白鹦鹉，养之宫中，岁久，颇聪慧，洞晓言词，上及贵妃皆呼'雪衣娘'。"这件银罐上的鹦鹉勾喙抬首、振翅翘尾、羽毛清晰可见，形象逼真，栩栩如生。与周围硕大饱满、枝叶回转自如的折枝花融为一体，构成了一幅生机盎然的画面。鹦鹉纹提梁银罐综合运用了钣金、錾刻、鎏金、焊接、切削等多种工艺，体现了唐代先进发达的手工业技术和科技文明。雄浑的造型、富丽堂皇的纹饰，再现了经济发达、国力雄厚、文化昌盛的盛世气象。

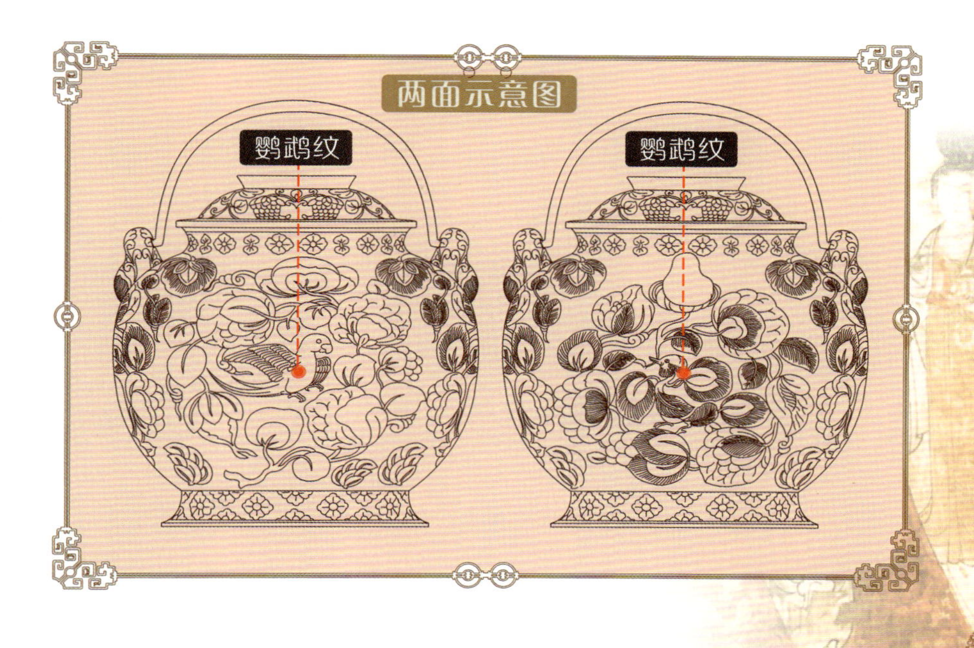

赤金走龙

1970年陕西省西安市何家村窖藏出土

赤金走龙——器宇轩昂 大唐气派

据当时参与何家村窖藏发掘的考古人员回忆，和两件陶瓮一同发现的银罐内尚存有半罐水，水上浮着一张极薄的金箔，金箔上竟然站立着体态小巧、精致生动的12条小金龙。长度4.1～4.3厘米，高度2.1～2.7厘米，重为4克。一个个修长纤细、四爪直伸、头生双角、张口瞪眼、昂首曲颈，似乎正长啸于云端。小金龙呈现行走的姿态，所以命名为“走龙”。其姿势各不相同，有的一往无前，有的稍作停顿，纤细的金龙身体上精准细腻的龙鳞分毫毕现，惟妙惟肖，不禁让人感叹唐代工匠出神入化的手工技艺。专家研究发现，这12枚金龙采用了分体制作的方法。即工匠用金条先掐编出身体，然后插上尾巴和角，最后用錾子錾出龙鳞纹的装饰。学者推断这组金龙应为唐代道教“投龙祭祀”仪式中所用的法器。它反映了唐代道教炼丹术的兴盛，也为研究唐代道教提供了实物资料，金龙纹样细腻、体态生动，栩栩如生，具有强烈的时代特点和风格，展示了工匠们丰富的艺术想象和创造力，展现出盛唐时昂扬向上的精神面貌。

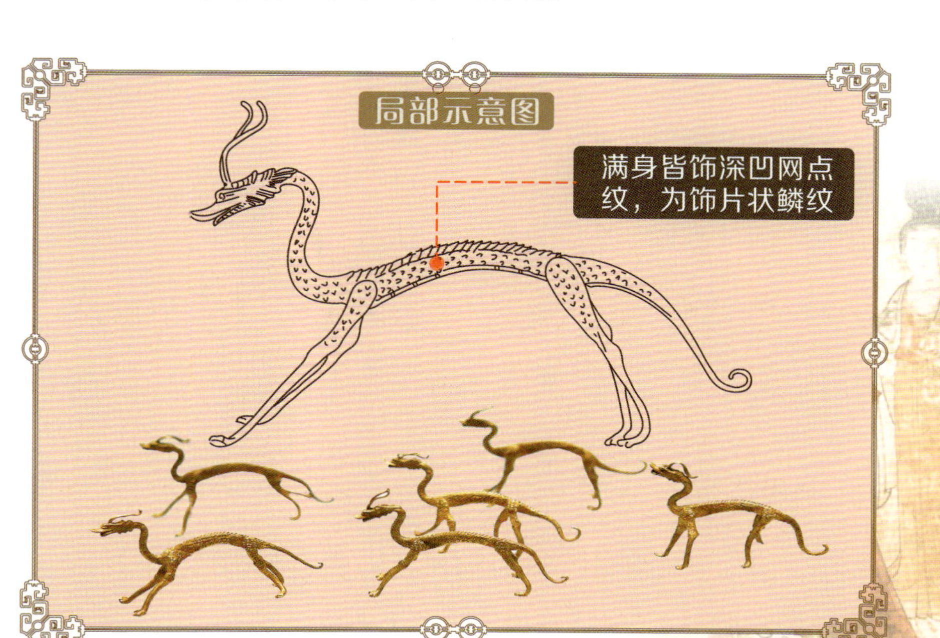

金、银开元通宝

1970年陕西省西安市何家村窖藏出土

金、银开元通宝——承天门下拾金钱

何家村窖藏出土了39类466枚钱币，既有唐代流行的开元通宝，又有西域高昌国的高昌吉利、日本元明天皇铸造的和同开珎，还有波斯的萨珊银币、东罗马金币等。其中金开元通宝30枚，银开元通宝421枚。

金开元通宝钱径2.3厘米，重6.9克；银钱径2.5厘米，重5.3克。金、银开元通宝正面都隶书“开元通宝”四个字，钱文间架端庄，疏密均匀，字迹清晰，制作规整，这四个字由大书法家欧阳询所书，具有很高的艺术价值。钱币背面没有指甲纹或月牙纹，也没有文字。30枚金开元通宝出土时存放在“大粒光明砂”银盒之中，可见其珍贵程度。

唐朝时，金开元通宝和银开元通宝并不作流通货币使用，主要是皇室贵族用来作游戏、压胜、喜庆、占卜，或者是皇帝赏赐臣属时用的。从文献记载看，唐朝宫廷中与金银钱有关的占卜、游戏等活动多流行于唐玄宗时期。因此，这批金、银开元通宝很有可能是玄宗朝的遗物。

以金银钱作为赏赐，最早在汉代就已出现。据《旧唐书》等文献记载，唐代赏赐、进奉金银成风。唐玄宗时期，长安城大内的承天门，是唐代各朝皇帝颁布诏令、赦书或举行朝会庆典的地方。唐玄宗常常在承天门楼上陈乐设宴，招待臣属，并向楼下抛洒金银钱以作赏赐，形成有名的金钱会。后来这种游戏还传至宫外，在贵族中广泛流行。

唐代·周昉／《簪花仕女图》／辽宁省博物馆

观鸟捕蝉壁画

《阙楼仪仗图》局部

专题陈列之精美绝伦的唐代壁画珍品馆

唐墓壁画——唐代王公贵族生活图景的真实再现

唐代壁画珍品馆是国内最大、设施最为先进的唐代壁画专题陈列馆，专门展示唐代壁画，是我国第一座唐墓壁画馆。展品包括章怀太子墓《客使图》《打马球图》《狩猎出行图》，懿德太子墓《阙楼图》《仪仗图》，永泰公主墓《宫女图》在内的壁画珍品97幅。展览运用了先进的文物保护展览设备，展示了陕西省在壁画研究、保护方面的最新成果。

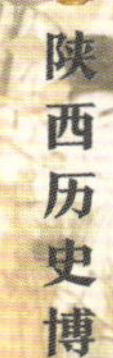

关于唐墓壁画——唐墓壁画的制作及移动、保护

唐墓的结构由墓道、过洞、天井、甬道以及墓室等几个部分组成，有土木和砖木结构，也有单墓室和双墓室的区别，最高等级的是砖木双墓室结构。

唐墓壁画就绘制在墓道、过洞、天井以及墓室等区域的墙壁之上。一方面起到对墓室的装饰效果，另一方面也是古人“事死如事生”的传统丧葬文化及封建等级制度的体现。

《客使图》

1971年陕西省乾县乾陵章怀太子墓出土

《客使图》——四方来客 八方来朝

《客使图》描绘了唐朝官员引宾客觐见太子前的情景。以其精美完整的画面和重要的史料价值入唐墓壁画精品之列，是国家一级文物。

画面中绘有6位人物，画面左侧3位为唐朝鸿胪寺官员，头戴笼冠，着绛色朝服，手持笏板，衣着考究，神态雍容持重，不卑不亢，表现大国使臣特有的气质风范及盛唐强大的底气。下首为仪仗领班。右侧3位为觐见使节，等待召见，表情各异。第一人光头、浓眉、深目、高鼻、阔嘴，穿翻领紫袍，是东罗马帝国来使。这位远客几经辗转来到长安，似乎急于完成使命。他右脚迈出一步，上身前倾，双眼注视唐朝官员，双手搓在一起，细致地刻画出他急切而又局促不安的心态。随后一人头戴羽冠、身着白袍、脚蹬黄靴，为新罗国（学界有不同见解）使节。他的从容恭敬则显现出他熟知中国礼仪，一点也不像罗马使臣那样紧张不安。最后一人皮帽皮裤，青色斗篷。应是我国东北少数民族地区的室韦族或靺鞨（mò hé）族（后来的满族）的酋长或使者。这位使节谦卑胆怯，欲言又止，憨态可掬，远离其他五人，反映了他忐忑不安、自叹弗如的心态。

《客使图》是盛唐时期外交频繁、国力强盛、四方来客、八方来朝的盛大的外交状况的真实写照。

《打马球图》

1971年陕西省乾县乾陵章怀太子墓出土

《打马球图》——连翩击鞠壤 巧捷惟万端

《打马球图》是国宝级文物，出土于章怀太子墓。高约1.65米，原图全长6.75米，揭取时被分割为5块。画面描绘了在远山和古树陪衬下的宫苑中，20多位球手争打马球的壮观场面，画面中打马球者均身着窄袖袍，头戴幞头，脚蹬黑靴，执缰挥杖，跃马扬鞭，围绕马球往返穿梭，各显绝技，这是我国马球运动最早的形象记录，也是迄今为止唯一完整详细展现唐代打马球运动场面的出土文物。

马球的起源有两种说法：一说由波斯（今伊朗）传入我国，一说由吐蕃（藏族地区）传入内地。马球又名波罗球。主要用于强身健体，锻炼马术。李唐王朝20个皇帝中有15个喜爱打马球。

据记载，在欢送金城公主入藏和亲的盛典上，中宗请吐蕃的使者看打马球，吐蕃使者说，他的部下有擅打马球之人，请求与皇家马球队进行比赛，中宗同意了，吐蕃球队球艺不凡，连胜皇宫队。这时，临淄王李隆基率领驸马杨慎等4人上场，以4人迎战由10人组成的吐蕃队。在场中，李隆基大显身手，飞身击球，似风驰电掣，所向无敌，吐蕃好手只能望球兴叹，当时在京城传为佳话。

唐三彩马球俑

《狩猎出行图》

1971年陕西省乾县乾陵章怀太子墓出土

《狩猎出行图》——唐代贵族的娱乐活动

《狩猎出行图》绘制于李贤墓墓道东壁南段，高约2米，长8.9米，揭取时被切割为4块，为国宝级文物。这幅画以青山松林为背景，46个骑马狩猎者携弓带箭，扬旗持鞭，浩浩荡荡簇拥着主人纵马驰向猎场，殿后的还有两匹负重骆驼。整个画面气势磅礴、宏伟壮观，真实地再现了唐代皇亲国戚的奢华生活。唐代皇帝皆爱狩猎，唐太宗李世民更是把狩猎放在与国家统一、国泰民安同等重要的地位。于是在大唐的太平盛世下，狩猎就成为皇室贵族纵情享乐的一种重要活动。画中的人物无论地位高低，个个意气风发、个性张扬，在这种充满刺激和挑战的高速运动中极度展现着自我。

《狩猎出行图》为研究唐代王室狩猎的真实生活提供了珍贵的资料。

提起似金线　放下像松塔

金线油塔

陕西传统风味小吃金线油塔层多丝细，松绵不腻，因其形状“提起似金线，放下像松塔”，故得此名。是一种深受人们喜爱的名优小吃，是宴席面点和西安小吃宴的常见品种之一。

金线油塔历史悠久，是由北魏《齐民要术》中记载的“棋子面”演变而来的，隋唐时叫做“油塌”。据《清异录》记载，唐代穆宗时，宰相段文昌家里有一个号为“膳祖”的老女仆，擅长制作这种油塌，技艺精湛，慕名者众多，她在40多年间，曾将此艺传授给100多名婢女，据说只有9人学会了制作“油塔”的绝技。后来，这种小吃传入了市肆。唐天授年间，长安城里就广泛供应这种油塌。《朝野佥载》中记载：当时有一名叫张衡的三品官，有一天早朝归来，路过街市，忽觉香气扑鼻，下马一看，原来是刚出笼的热油塌。他顿时馋涎欲滴，便悄悄地买了几个，边走边在马背上就食。因有失大雅，被御史弹劾。可见，“油塌”的魅力所在，已经使人到了“闻香下马”的程度。到了清代末年，其制作技艺已更加完善和上乘，成为各方宾客和达官贵人争相品尝的美味小吃，名称也由“油塌”改为“金线油塔”。

一千多年来，金线油塔经过精心改进，现在除了加入适量猪板油和调料外，在制作方面特别讲究和面、拉丝和盘形。先取上等面粉和成面絮，揉成硬面团，蘸水调软，盖湿布5分钟。拉丝、盘形将猪板油去膜剁成泥，拌入香料、精盐。面团擀成面片，涂上板油泥卷起，再擀成面片，切成细丝，用手拉长，用食指和中指盘绕成圆塔形。在笼箅上铺上一层薄面片，将油塔按次序摆好，上面再盖一层面片，大火蒸30分钟即熟，下笼后取掉上盖的面片，每两个油塔放在一起作一合，用筷子轻轻抖松，放在盘里即可。

食用油塔时，以葱节蘸面酱或蘸蒜泥、香醋、辣子水就着吃，口味更佳。

02

西京碑刻焕霞烟
各领风骚启后贤
楷法晋唐堪实学
隶宗秦汉乃真传
寻源劲赏珠玑丽
拓石勤摹锦绣妍
若得书裙香斗室
何辞染翰乐余年

中国书法艺术的神圣殿堂

西安碑林博物馆

走进碑林

碑石恒久远，一方永流传
天地悠悠，金石不朽；岁月沧桑，文明永恒

西安碑林，名碑荟萃
这里有圣贤哲人的浩瀚石经
有秦汉文人的古风遗韵
有魏晋南北朝的墓志精华
有大唐名家虞、欧、褚、薛、颜、柳、旭、素的绝代佳作
有宋元名士苏、黄、米、赵的潇洒笔墨
有明清两代皇帝贵族、民族精英、书画大师的笔情墨趣

书圣王羲之、画圣吴道子的书画在这里交相辉映
诗佛王维的竹影清风在这里摇曳
更有精雕细琢的线刻画和陵墓石刻
记载着宗教、文化、地理、交通、文献等珍贵史实的无数碑刻
都在这里汇集

走进碑林，您就走进了中华文明五千年的历史
走进碑林，您就迈入了中国书法艺术最神圣的殿堂

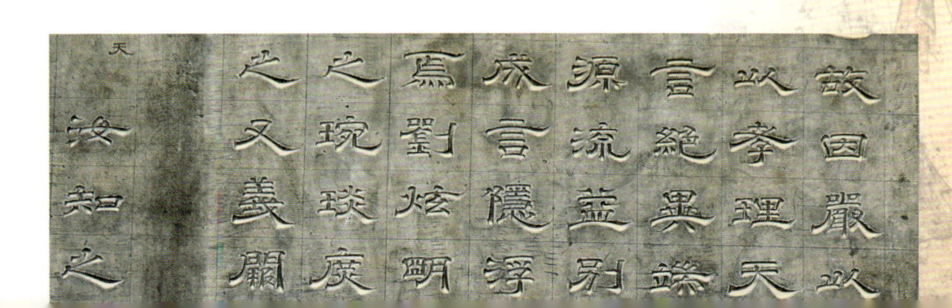

西安碑林博物馆游览示意图

孔庙的建筑布局形式

西安碑林博物馆是由孔庙(文庙)改建而成的，是明清建筑，所以完全遵循了中国传统庙宇建筑群中轴贯穿、左右对称的原则，布局严谨，气势宏伟。西安碑林所在的三学街，因清代的长安学、府学、咸宁学均设在此而得名。

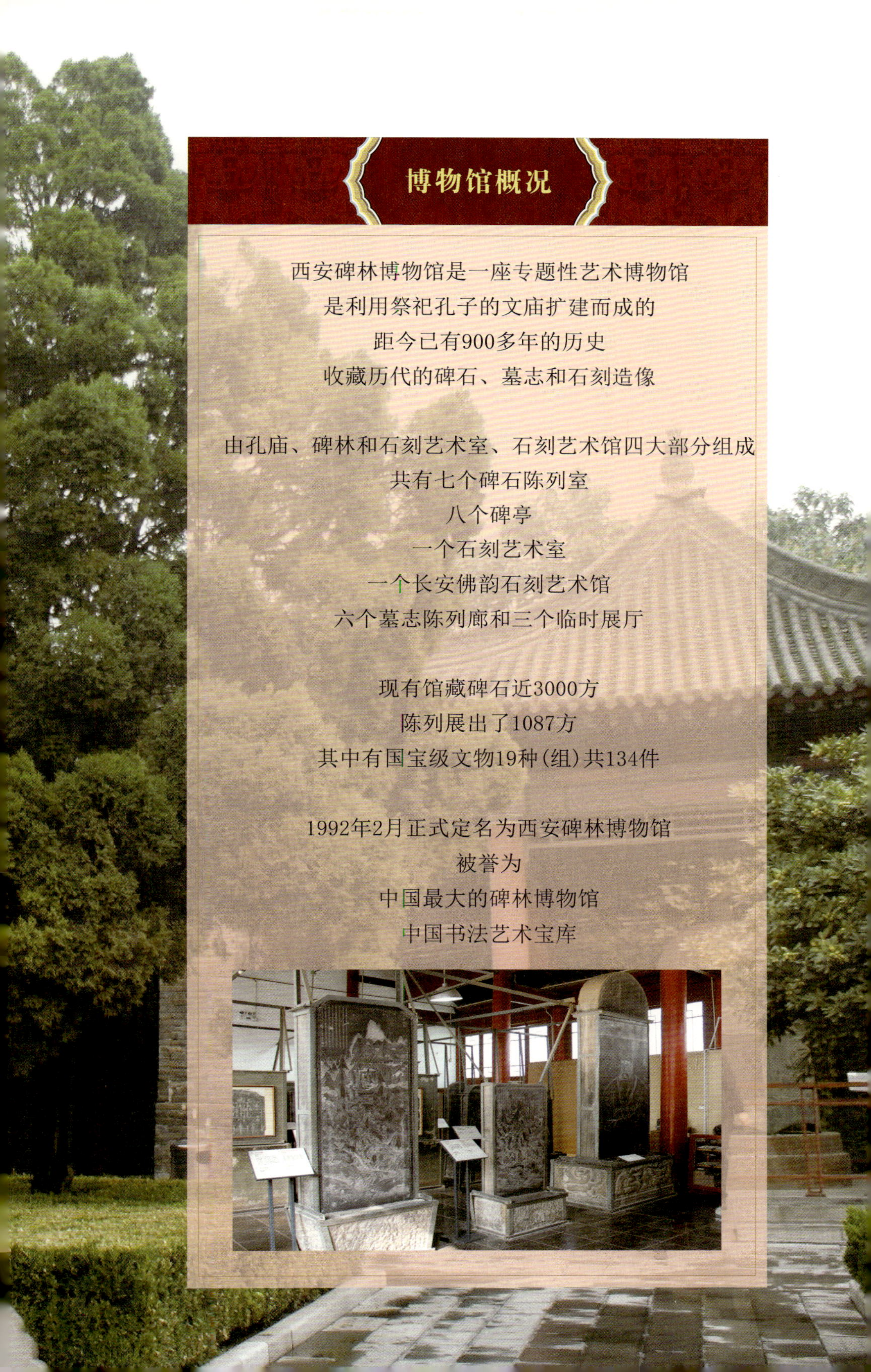

博物馆概况

西安碑林博物馆是一座专题性艺术博物馆
是利用祭祀孔子的文庙扩建而成的
距今已有900多年的历史
收藏历代的碑石、墓志和石刻造像

由孔庙、碑林和石刻艺术室、石刻艺术馆四大部分组成
共有七个碑石陈列室
八个碑亭
一个石刻艺术室
一个长安佛韵石刻艺术馆
六个墓志陈列廊和三个临时展厅

现有馆藏碑石近3000方
陈列展出了1087方
其中有国宝级文物19种（组）共134件

1992年2月正式定名为西安碑林博物馆
被誉为
中国最大的碑林博物馆
中国书法艺术宝库

礼门、义路
——夫义，路也；礼，门也

按常规一般庙门都朝南开，但西安孔庙的门却是东西开，为什么呢？

因为自从唐玄宗李隆基封孔子为“文宣王”后，历代统治者对孔子不断地加封，致使孔子的地位尊贵无比、至高无上，所以正南面开门就被认为是对孔子的不敬。加之西安孔庙南门离城墙太近，出入不便，所以在民国时期，陕西孔教会便在东西两侧开门。

西门称为礼门，东门叫作义路，名称来自《孟子》“夫义，路也；礼，门也。惟君子能由是路，出入是门也。”意思是说，义好比是大路，礼好比是大门。只有有学问、有修养的君子才能从这条大路行走，由这个大门进出。

正南面代替正门的是一道影壁，又叫塞门 。馆外影壁上面题有“孔庙”两个苍劲有力的描金大字，是清末陕西著名书画家刘晖的墨迹。

 西安市碑林区文昌门内三学街15号　 8:30-17:30

旺季:65元/人；淡季:50元/人

乘坐14路、23路、40路等公交或地铁2号线

太和元气坊

太和元气坊——价值四百两黄金

塞门内的木牌坊是明代建筑

名叫太和元气坊

四柱三檐，通体彩绘，精雕细刻，富丽典雅

牌坊上所绘的和玺彩画是古建筑彩画的最高等级

正中的图案为“二龙戏珠”

“太和元气”就是指孔子思想体现了整个人类思想最精华、最高贵的一面

如同天地生育万物一般

能使人类思想到达一种至高无上的境地

泮池——思乐泮水

太和元气坊前面的半圆形水池，名叫“泮池”。泮池意即泮宫之池，按照古代礼制的规定：天子太学，中央有一座学宫，称为辟雍，四周环水；而诸侯之学，只能南面泮水，故称泮宫。

泮宫东南、西南方向有水池，形如半璧，故称泮池。因孔子曾受封为文宣王，所以泮池是孔庙的规定性建筑。《诗经·泮水》篇有：“思乐泮水，薄采其芹……”

在古代，只有考中秀才的人到孔庙祭拜时，才有资格在泮池中摘采水芹，插在帽檐上，以示文才。所以考中秀才也叫“入泮”或“采芹”。朋友们不妨走过泮池上的小桥，体会一下当秀才的感觉。

泮　池

棂星门——天下文人学士汇聚于此

孔庙的第二道门是一个石牌坊
被称为棂星门
共有三个门
中门额上刻有“文庙”两个字
东门额上刻“德配天地”
西门额上刻“道冠古今”
出自《论语》“吾道一以贯之”
和孟子“夫子之道与天地相配”之句

“棂”是个通假字
通“灵活”的“灵”字

棂星是星宿名
传说是天上二十八星宿中主管取士的神
在古代
天子祭天先祭棂星
给门起名棂星
意喻祭孔子如祭天

门上的蹲兽叫麒麟
是中国传统的神灵吉祥物

当年进出棂星门的规定十分严格
每到祭孔大典时
主祭人员或当地的最高官员从中门进出
一般官员走西门
其他人员走东门

御碑亭

棂星门

戟门——等级和地位的象征

戟门也叫小殿(礼门、仪门)，是明代的建筑，屋顶为歇山顶，面开三间，中间为大门，两侧为配室。

过去，在门两侧陈列兵器表示仪卫，也是等级和地位的象征。两侧配室供主祭人员整理衣冠，熟悉仪规，做好祭祀大典的准备。

御碑亭——清朝皇帝的御笔

博物馆前半部的中轴线两侧有六座碑亭，都是清代修建的，亭内分别立着康熙、雍正、乾隆时的六块巨大石碑。

由于是御碑，所以加盖碑亭以表示非同一般。但清代书法流行“馆阁体”，显得呆板僵化，书法价值不高，和碑林中其他的历代名碑真是无法相提并论。

大夏石马——承上启下的石刻艺术珍品

戟门内西侧的亭子里陈列着大夏石马。马高2米，长2.55米。大夏是我国东晋十六国时期由少数民族匈奴人建立的政权，占据陕西北部和内蒙古部分地区，立国仅有短短的24年。公元417年，大夏国的创立者赫连勃勃率军攻占长安，任命长子赫连璝(guì)为大将军，镇守长安。这匹石马原来立在西安市长安县查家寨赫连璝的墓旁。在石马前腿的下方刻有“大夏真兴六年”“大将军”等字样。这是目前发现的唯一一件表现大夏纪年的文物，非常珍贵。石马采用圆雕、浮雕和线雕相结合的手法，用砾石雕刻而成，大小和真马相似，体态匀称，四蹄健壮，显得自信昂扬。它的雕刻手法上承汉代艺术传统，下启唐代“昭陵六骏”等石刻的创发，在中国雕刻艺术史上具有承上启下的重要作用。它和霍去病墓前“马踏匈奴”石雕遒劲刚健的风格十分接近，但主题却截然不同。“马踏匈奴”表现的是汉王朝战胜匈奴的自豪之情，而“大夏石马”表现的却是匈奴人入侵中原后志得意满的心态。

大夏石马

唐景云钟——中国名钟之冠

景云钟

东边钟亭里放置的是有名的景云钟，因铸于唐睿宗景云二年(711)而得名，至今已经有1300多年的历史了。

唐代时景云钟挂在长安城景龙观(今西大街)的钟楼上，1953年移到碑林。钟高2.47米，重约6吨，用铜5吨多。钟钮上蹲的怪兽叫蒲牢，是神话传说中龙的第三个儿子，因其吼声震天，所以常被人们用来装饰在寺庙、祠堂的钟上。

景云钟由25块铜模铸成，钟身分为上、中、下三段，饰有龙、凤、狮、牛、鹤等动物及飞天形象，并有钟乳32枚，既装饰了钟的外表，又起到了调节音律的作用。下段中格铸有铭文，是唐睿宗李旦亲自撰文并书写的，是李旦书法中少有的传世佳作。铭文内容宣扬了道教的神秘玄妙，并盛赞钟声的纯净和优美，形象地描写钟声如凤凰般啼鸣，即使在风雨交加时，也能划破长空，为人们报时、祈福。

景云钟的钟声清晰洪亮，音质纯净优美。1964年参加在日本举行的国际铜钟比赛，一举夺得亚军。

中央人民广播电台每年元旦辞旧迎新的钟声，就是景云钟声的录音。西安市北大街报话大楼每小时向全市人民报时的钟声，也是它的录音。

碑亭

《石台孝经》碑

《石台孝经》——迎客第一碑

碑亭下的《石台孝经》被称为“迎客第一碑”。碑高5.9米，每面宽1.25米，四面刻字。此碑顶天立地，卓尔不凡，是碑林中最大、最华丽、形制最独特的一块名碑。因为碑通身立于三层石台之上，而碑文又是由多才多艺的“风流天子”唐玄宗李隆基亲自作序、注释并书写的《孝经》，故称《石台孝经》。

碑林中最华丽的一块碑

《石台孝经》碑由碑座、碑身、碑首三个部分一共35块巨大的青石组合而成，色如黑玉，光可鉴人。碑首上雕刻着灵芝云纹簇拥的双层花冠和瑞兽，顶部为山岳形。三层石台的四周有线刻的走狮、蹲虎等怪兽和蔓草花纹。整体造型庄重雄伟，富丽堂皇，呈虎踞龙盘之势。此碑刻立于唐天宝四年(745)，是由李隆基用隶书书写的，字体雍容大度，端庄秀美，丰润流畅，华美飘逸。据《旧唐书·玄宗本纪》记载，玄宗“多艺尤知音律，善八分，观其书法，工致多姿，字迹清秀”。

《石台孝经》碑局部

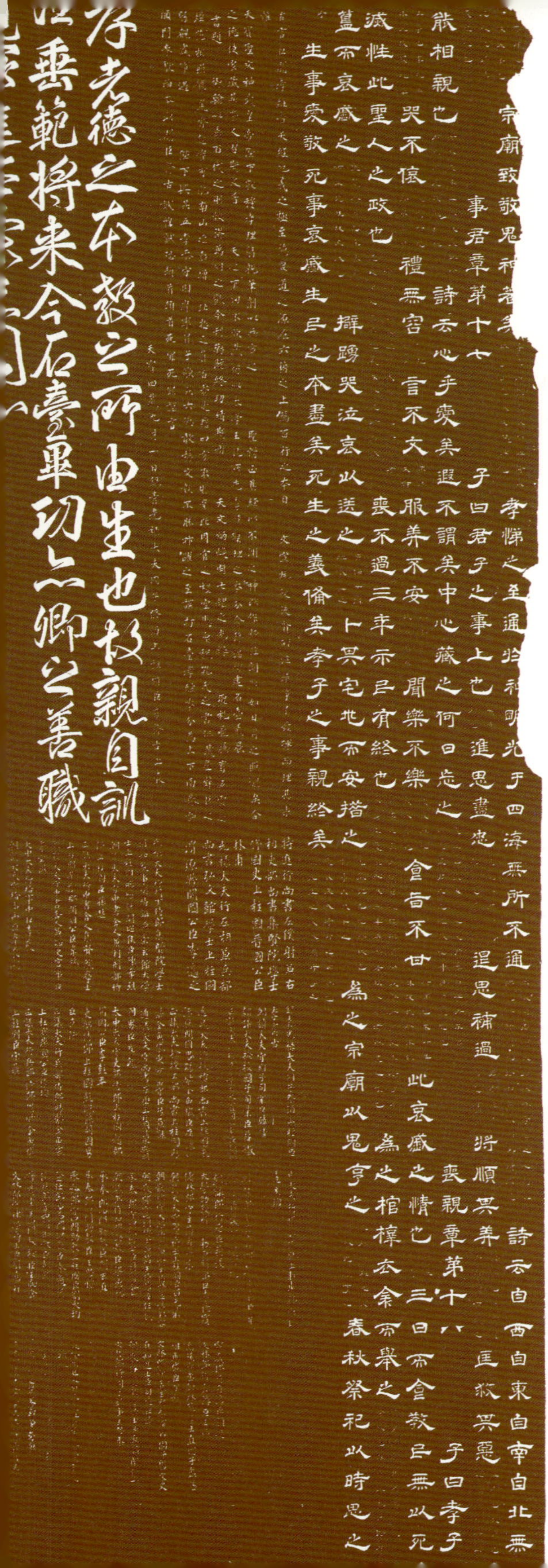

《孝经》是讲什么的？

《孝经》是孔子的学生曾参编纂的，以孔子与曾子问答的方式阐发孝治思想，主要记叙“孝”和“悌”。

“孝”主要是讲在家要孝敬父母，在朝廷则要尽忠于皇帝，提倡“事君如事父”；“悌”是讲同辈人之间要和睦相处，互相关怀。

儒家认为尽孝之人必能尽忠，把孝敬父母和忠于君主联系起来。

碑侧行书是当时碑刻成之后，唐玄宗李隆基作的批注：“孝者德之本，教之所由生也，故亲自训注，垂范将来……”意思是说“孝”是一切道德教育的根本，也是封建道德教育的源泉，所以御笔亲书注释，是希望孝道能发扬光大并世代相传。碑文旁的楷书小字是玄宗为《孝经》作的注释。

开成石经

第一展室——世界上最重最厚的书籍

第一展室陈列的是《开成石经》，“开成”是指其刻成于唐文宗李昂开成二年(837)，“经”是指中国古代儒家的经典著作。《开成石经》是由国家主持刊刻供读书人用于校对、学习的儒家经典定本，共计114块650252字，总重200余吨，是世界上最重的一部石刻图书。它也是今天大家所学儒家经典的祖本，被誉为“古本之终，今本之祖”，是现存最为重要、最为完整的国宝级文物。

《开成石经》历史由来——古代“高考”标准教材

公元830年，唐文宗接受国子监郑覃的建议，由艾居晦、陈介等用楷书分写，花费大约七年时间，到开成二年(837)刻成了《开成石经》，其内容包括了儒家最重要的12部典籍。

碑刻成后立于唐长安城的国子监内，成为当时知识分子必读之书，同时也是读经者抄录校对的标准。所以有人说，《开成石经》是中国最早的“高考教材”。

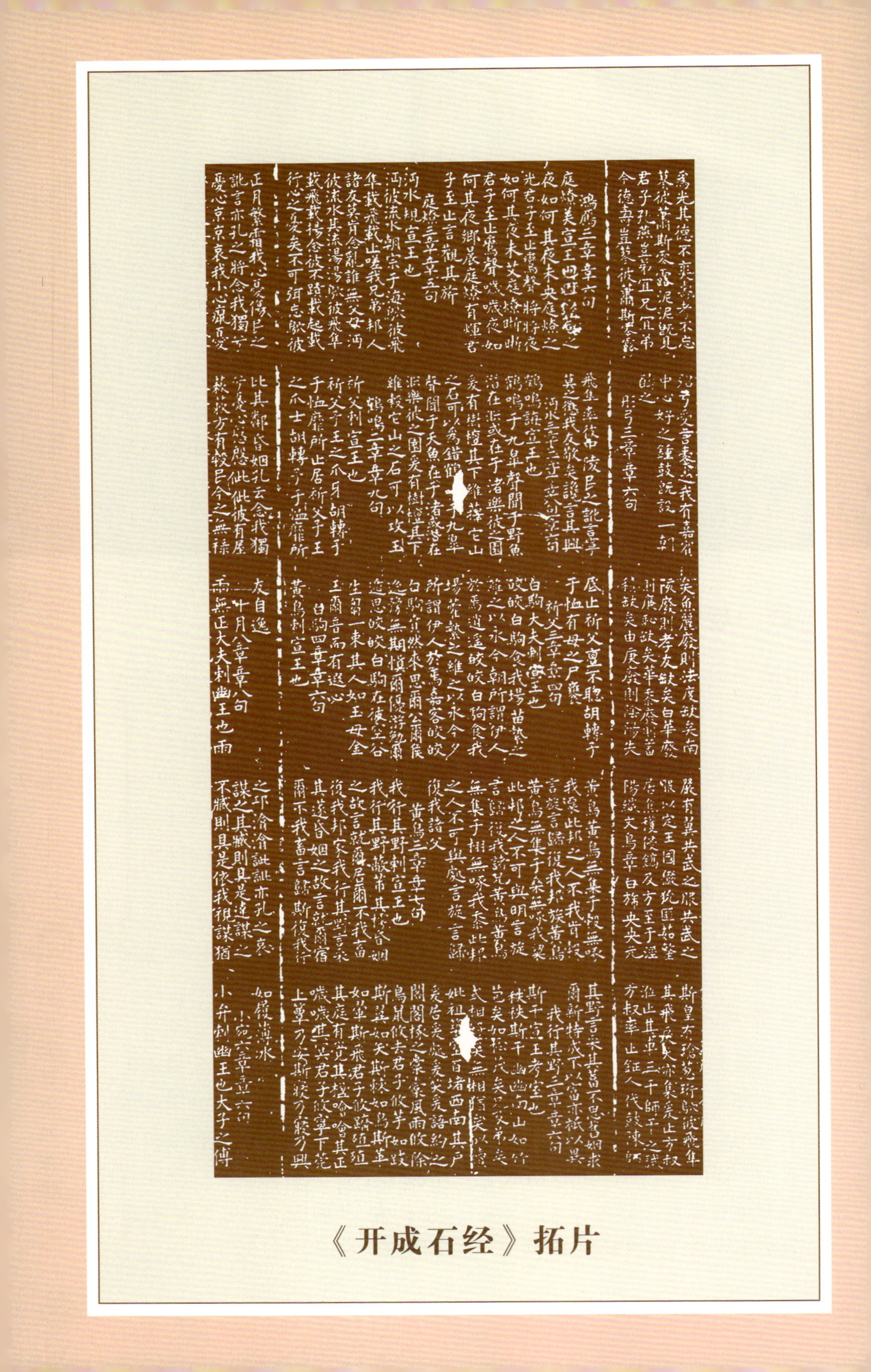

《开成石经》拓片

《开成石经》——千年国宝

《开成石经》最初包括12部著作。

除《孝经》外，《周易》以八卦形式推测自然和社会的变化，是记录先秦思想史的重要资料；《尚书》是我国最早的历史文献汇编，保存着商周特别是西周王朝的重要史料；《诗经》是春秋时期编成的中国最早的诗歌总集，被喻为“中国诗歌的源头”；《周礼》《仪礼》和《礼记》是先秦典章制度与社会礼俗的汇集；《春秋左氏传》《春秋公羊传》《春秋谷梁传》组成了最早的从历史和儒家义理角度记录我国发展的编年体史书《春秋》；《论语》是记述孔子言论的专集；《尔雅》是我国最早的解释词义的专著。

这些著作都是封建社会学子参加科举考试的必考内容，因为唐代活字印刷还没有发明，就连雕版印刷也仍未普及，为避免传抄错误，唐文宗下令把这十二部著作刻在石碑上，立于国家最高学府国子监太学内，供学子们学习和校对。

《开成石经》由114块碑石组成，两面刻字，共有228面，每石高216厘米，宽85～98厘米，共650252个字。清代又补刻了《孟子》一书，合称儒家“十三经”。中国历史上曾经组织过七次刻经活动，只有这一部保存得最完整。因其内容最丰富，规模最宏大，史料价值极高。

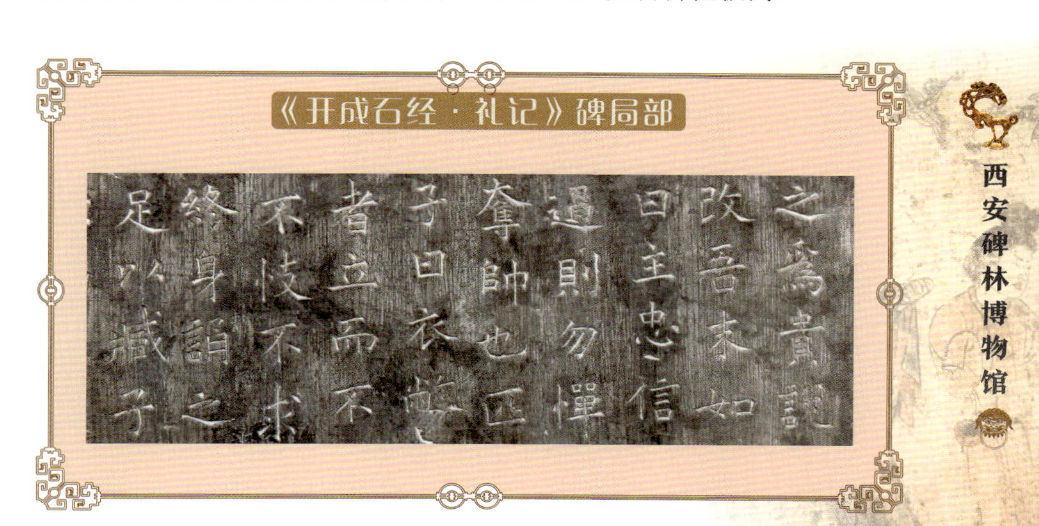
《开成石经·礼记》碑局部

第二展室——唐代名碑精品荟萃

展室陈列以唐代名碑为主，《大秦景教流行中国碑》《不空和尚碑》是研究唐代中外文化交流的宝贵资料。《同州三藏圣教序碑》《皇甫诞碑》《道因法师碑》《断千字文》《玄秘塔碑》《大唐三藏圣教序碑》《多宝塔碑》《颜氏家庙碑》等历来是人们学习书法的范本。唐代书法艺术极度繁荣，名家辈出，百花齐放，犹如璀璨的群星，放射出永不泯灭的光辉。其书法上承魏晋六朝之余韵，下开五代宋元之先河，谱写了中国书法几千年历史中最光彩夺目的篇章。

第二展室内景

唐代是中国封建社会的黄金时代，昌盛的国力使诗歌、音乐、舞蹈、绘画等各种艺术门类都达到登峰造极的地步。

在书法发展史上，唐代是晋代以后的又一高峰，此时，在真、行、草、篆、隶各体书中都出现了影响深远的书家，真书、草书的影响最甚。

真书的书家大多脱胎于王羲之，但又兼魏晋以来的墨迹与碑帖的双重传统，渐王家书派中脱颖而出，风格转呈严谨雄健、法度森整。

行草书家特别是草书家的风格走向飞动飘逸。

隶篆虽无大发展，但能承秦汉之遗法，形成或严整紧劲或遒劲圆活的书风。

唐代书法深刻地影响着后来中国乃至东亚、东南亚书法艺术的发展道路。

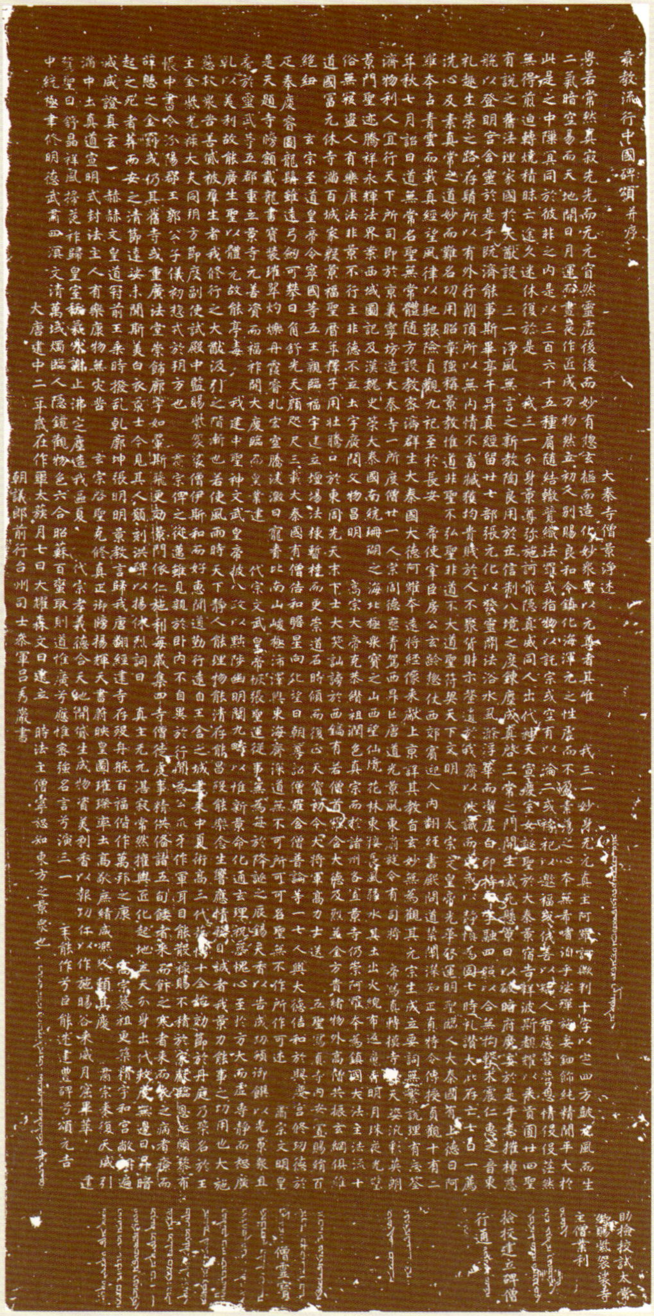

《大秦景教流行中国碑》拓片

《大秦景教流行中国碑》——国际知名度最高的碑

这是一块记载基督教最早传入中国情况的碑石，是一件国宝级文物。碑高279厘米，宽99厘米，螭首龟趺。正面碑额上饰有莲花云纹，莲台中央刻有一个每边各有三颗珠子的十字架，十字架下则刻有一束莲花，莲花两侧以白云束花相衬。

这座碑石，是在唐德宗建中二年(781)由波斯人景净述事，吕秀岩书写的，原立于大秦寺内。

“大秦”是我国古代对东罗马帝国(今土耳其、叙利亚一带)的称呼，而“景教”则是基督教的一个流派，即“聂斯脱利派”。据碑文记载：景教在唐太宗贞观九年(635)由阿罗本历尽艰难从波斯传入中国。碑文中写道：“真常之道，妙而难名，功用昭章，强称景教。”这块碑在唐武宗废佛时，因寺庙被毁而埋于地下。公元1623年此碑一出土就极受后人特别是欧洲基督教徒的关注，于1641年被载入葡萄牙文的《中国通史》中。碑文被译成拉丁文传到世界各国后，引起了很大的轰动。景教碑的碑文记载了景教的教旨、教义以及在中国传播的情况。碑首刻有基督教的标志十字架，碑阳两侧及碑身下部有72个景教僧人用古叙利亚文书写的题名。

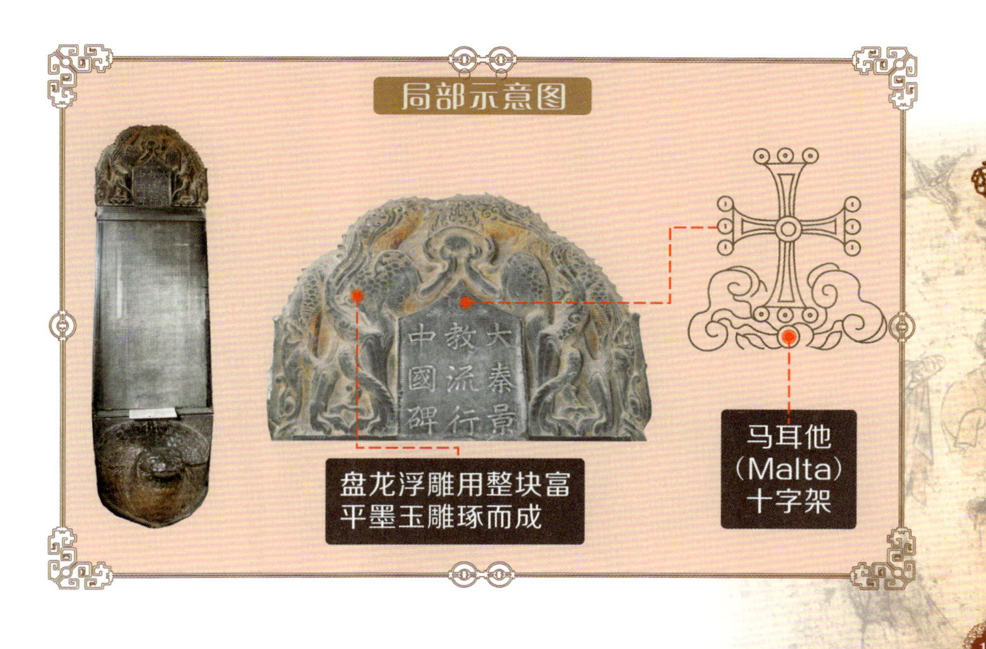

颜氏家庙碑

颜真卿《颜氏家庙碑》——人书俱老 炉火纯青

《颜氏家庙碑》碑文叙述了颜氏先世和家族的仕途经历，以及后代的学问事业等。碑文中记载“孔门达者七十二人，颜氏有八”，颜氏先祖就是孔子七十二贤士中最受孔子钟爱的颜回，可见颜氏家族的兴盛。碑侧叙述了颜真卿小时候刻苦学习书法的经过。《颜氏家庙碑》是颜真卿七十二岁时自撰自写而成的，是为其父颜惟贞立的家庙碑，由李阳冰篆额。“好古之士，重为珠璧”，楷书篆书真是珠联璧合，难怪世人称其为“双绝”。由于碑的四周都刻有碑文，故又称“四面碑”。

颜真卿艺术生命很长，愈到后期愈见辉煌。《颜氏家庙碑》是颜体成熟时期的代表作品，具有很高的美学价值。其字体挺拔雄健、庄重严正，笔画横竖自如、气势磅礴，字里行间包含着刚直坚毅的气质，如同其忠直不阿的个性。

后人称颂颜体书法“点如坠石，画如夏云，勾如屈金，戈如发弩，纵横有象，低昂有态”。特别是此碑，字形方正，庄重笃实，每个字似乎都憋足了力量，精华内敛而神采外放，横竖划不再有明显的粗细对比，更显得朴实无华，古雅鼎彝。

玄秘塔碑

唐柳公权《玄秘塔碑》——心正则笔正

《玄秘塔碑》，全称《唐故左街僧录内供奉三教谈论引驾大德安国寺上座赐紫大达法师玄秘塔碑铭并序》。共28行，每行54字，叙大达法师在德宗、顺宗、宪宗三朝所受恩遇，以纪念大达法师之事迹而告示后人。其结体紧密，笔法锐利，筋骨外露，阳刚十足，字迹如刀刻一般，且笔画粗细变化多端，风格特点显著，是唐会昌元年（841）由时任宰相的裴休撰文，书法家柳公权书丹而成，后于北宋初年被京兆城中好古之士迁入府城孔庙，后吕大忠迁移入“府学之北墉”。除宋代年间断裂以致每行各损一至二字之外，碑身基本完好，至今保存于西安碑林。

《玄秘塔碑》是柳公权64岁时书写的，字迹清瘦，神韵刚健，是柳公权墨迹中的精品，也是人们临摹学习柳体楷书的最好范本。《旧唐书·柳公权传》称：“公权初学王书，遍阅近代笔法，体势劲媚，自成一家。”世人常说“颜筋柳骨”，是说颜体浑厚有力，端庄雄伟，而柳体则避开了颜体的肥和壮。其结构紧密，笔法锐利，字体以瘦硬、筋骨明显而著称于世。

局部效果图

《大唐三藏圣教序碑》拓片

唐怀仁和尚集王书《大唐三藏圣教序碑》——“千金帖”和“三绝碑”

怀仁集王书《大唐三藏圣教序碑》，碑首横列七尊佛像，所以也叫“七佛头圣教序”，碑文共三十行，原立于唐代京城长安弘福寺。

文韬武略的唐太宗酷爱王羲之的墨迹，据说他有王羲之真迹二千余张，置于内室之中，朝夕观览。正因如此，当唐太宗亲自为中国四大佛教翻译家之一的玄奘所译佛经写好序文之后，玄奘的弟子怀仁和尚为老师感到无比荣耀，决心将此文用王羲之的行书集成。怀仁和尚花费了二十四年时间，从所见到的多种王羲之遗留的墨迹中细细拼凑每个字，有些字实在找不到，他便出重金在民间广泛征集求购，终于集成了碑文，使文和字得以珠联璧合，相得益彰。由于花费了巨大的财力，故称“千金帖”。当时有王羲之一字值千金的美传。碑文虽是集字，但基本保持了王羲之书法的独特风格，妍美秀逸如同行云流水，一气呵成，历来为人们所珍视。

因为此碑和三位历史上著名的人物相联系：一位是中国历史上少有的旷世明君，一位是成就卓著的佛学家、翻译家、旅行家，一位是中国书坛前无古人的“书圣”，所以又叫“三绝碑”。

局部拓片示意图

第三展室内景

第三展室——中国书法史展览馆

本室陈列历代各种书体的珍贵碑石。篆书有唐《美原神泉诗序碑》、宋《篆书目录偏旁字源碑》等；隶书有汉《熹平石经》残石、《曹全碑》，前秦《广武将军碑》和《邓太尉祠碑》等；晋《司马芳碑》是由隶向楷演变的典型书体；《孟显达碑》《颜勤礼碑》《郭家庙碑》《臧怀恪碑》等都是隋唐楷书名碑；隋《智永千字文》、唐《怀素千字文》与张旭《肚痛帖》等则是驰名中外的草书佳作。通过这些碑石，可以了解我国书法艺术发展演变的概况。

汉《曹全碑》——秀美飞动的汉隶神品

《曹全碑》全称为《汉合阳令曹全碑》，是我国现存的汉代碑石中的精品，是汉代隶书的代表之作，被定为国宝级文物。它久负盛名，令人震撼，一经出土，风靡一时，引起了国内外众多金石学家的重视。

此碑刻于东汉中平二年(185)，刻成后不久，因为战乱被埋藏在地下，直到明万历初年才

《曹全碑》

出土，所以拓损很少，碑石又黑又明，如涂油脂，光可鉴人，完整地保留了字迹。

碑主曹全，是东汉灵帝时期的合阳县令，曾随军征战，战功赫赫。为官期间，勤政廉洁，政绩卓著，吏民称颂。这块碑是百姓和官吏为纪念他而集资刻立的，此碑阴刻着当年大家捐钱的花名册。碑文中还记载有汉末“黄巾起义”的一些情况，有很高的历史价值。

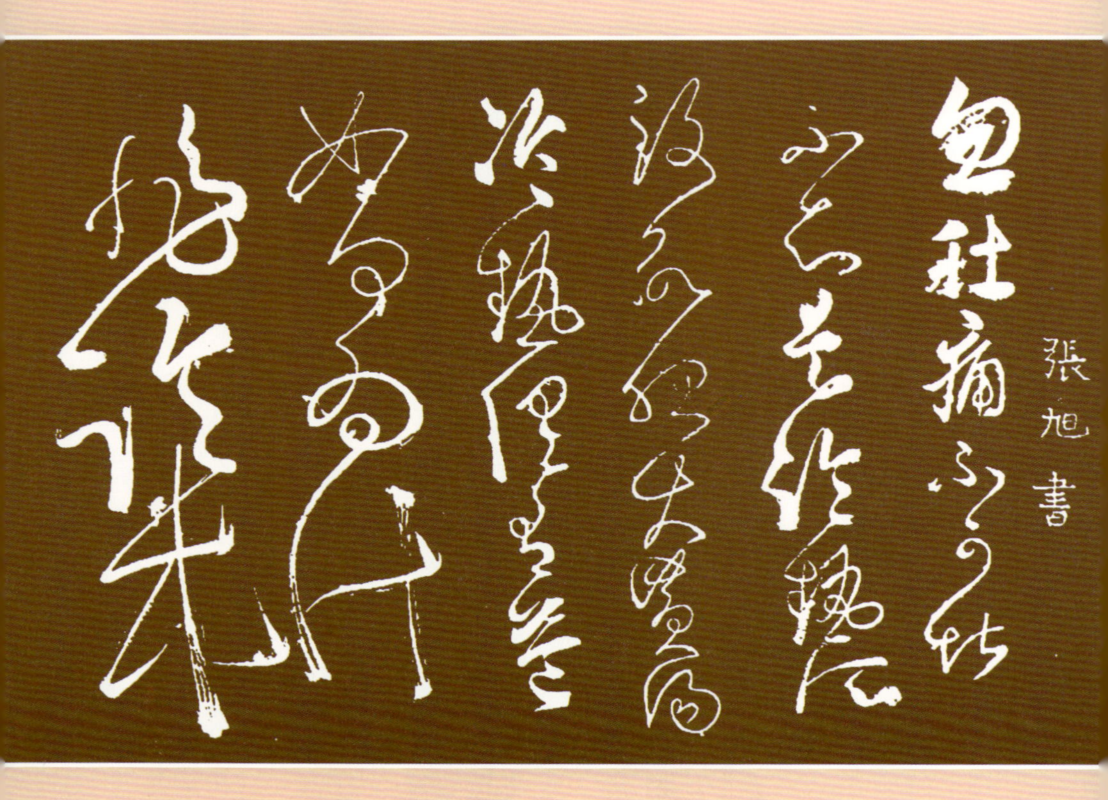

唐代 / 张旭/ 《肚痛帖刻石》拓片

唐张旭《肚痛帖刻石》——线条的艺术

《肚痛帖刻石》是宋代临张旭的草书摹刻而成的，共有30个字。其书法劲健潇洒，富于变化。内容为："忽肚痛不可堪，不知是冷热所致，欲服大黄汤，冷热俱有益，如何为计，非临床。"仔细观察其字，宛如惊蛇走过，龙飞凤舞，狂风骤雨，豪情放纵。正是这种充沛的精力，创作的激情，以及浪漫的气质，使他赢得了"张颠"的美称，成为中国书坛千古之美谈。

据史料记载，后人论书，对别的名家说长道短，唯对张旭不羁的个性和挥洒自如、变幻莫测的书法艺术无可非议。杜甫在《饮中八仙歌》中，以生动传神的诗句，描写了张旭的狂放，他写道："张旭三杯草圣传，脱帽露顶王公前，挥毫落纸如云烟……"从中可以看出，诗圣杜甫对草圣张旭是何等的推崇。

怀素草书《千字文》——笔锋杀尽山中兔

怀素是唐代杰出的大书法家，湖南长沙人。本姓钱，名芝真，幼年因家境贫寒而出家为僧，法号怀素。据陆羽《唐怀素传》记载，他自幼酷爱书法，练字非常刻苦，买不起纸，就在房前屋后种了许多芭蕉树，练字时，把叶子剪下来在上面练字，没有芭蕉叶子了，他就在漆盘里盛上沙子练字，天长日久，竟把漆盘都磨穿了。他练字用坏的秃笔埋起来堆积如山，被称为“笔冢”。其坚强的毅力和锲而不舍的精神实在是令人敬佩。

历代书评家认为，怀素的草书有王羲之、王献之的法度，同时继承了张旭，而又有所发展，独具风格。唐代诗人李白在《草书歌行》中赞美怀素：

少年上人号怀素，
草书天下称独步。
墨池飞出北溟鱼，
笔锋杀尽山中兔。

怀素的确是一位落笔惊天的大草书家，他一生中创作出许多光彩夺目的草书精品。但随着岁月的流逝，流传下来的怀素草书真迹已寥寥无几，除西安碑林的《怀素千字文刻石》和《东陵圣母帖刻石》外，就只有《怀素自叙帖》真迹了。

唐代 / 怀素 / 草书 / 《千字文》拓片局部

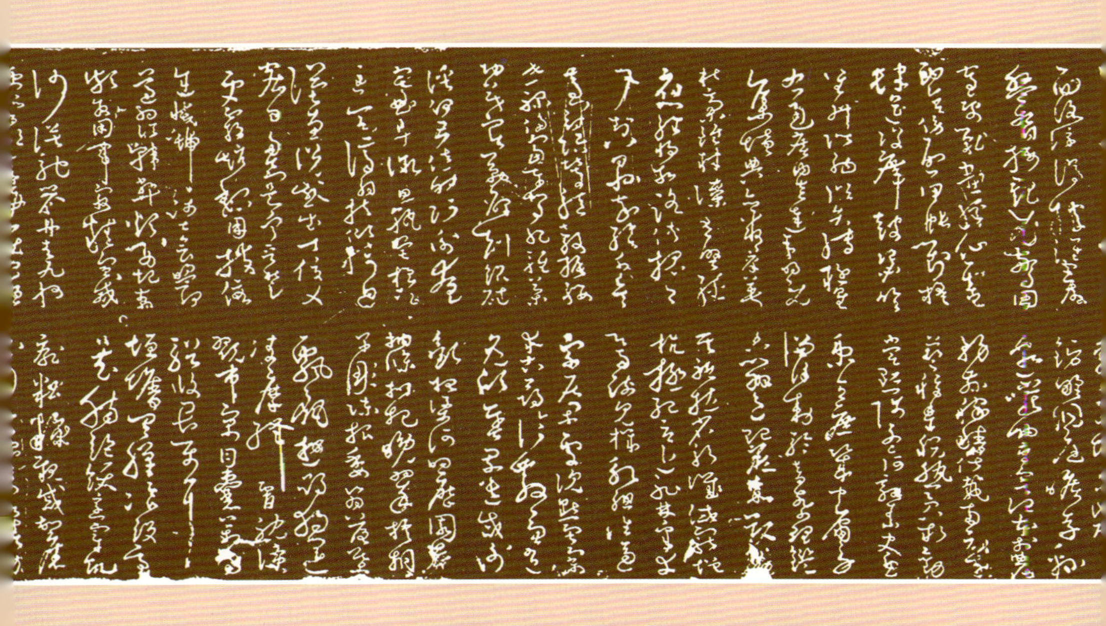

碑　首

第四展室——宋至清代名碑的精华和线刻图画

本室除陈列有苏轼、祝允明等宋、明时期的名家诗文书迹刻石外，还有宋至清代的石刻图画，其中宋刻《长安城残图》《唐兴庆宫图》、清刻《太华全图》《关中八景》等对研究古代建筑和名山胜迹有重要参考价值，宋刻《王维画竹》、清刻《孔子像》《达摩像》《关帝诗竹》等也有很高的艺术价值。

清刻黄庭坚诗碑——清圆妙丽　器宇轩昂

展室东侧碑墙上是宋代四大家之一黄庭坚的巨幅行书作品。他擅长写诗，在书法上的造诣也极深。他的书法清圆妙丽，气贯脉通，运笔则圆劲苍老，结构中宫紧收，向外放纵而神凝之，颇似他豁达磊落的为人。而他的诗词对后人也颇有影响，开创了江西诗派，成为宋代诗坛巨匠。

黄庭坚的《出宫赋》这首诗描写的是长安皇城的景致，主要写汉代长安城的皇室宫苑。宏伟的建筑、盛美的仪仗、优雅的景色、富丽的宫廷都是普通人所不能见，甚至是无法想象的。

诗曰：

翠盖龙旂出建章，
莺啼百啭柳初黄。
昆池冰泮三山近，
阿阁花深九陌香。
径转虹梁通紫极，
庭含玉树隐霓裳。
侍臣缓步随銮辂，
冈上应看集凤皇。

小苑平临太液池，
金铺约户锁蟠螭。
云中帝座飞华盖，
城上钩陈绕翠旗。
紫气旋回双凤阙，
青松还有万年枝。
从来清跸深严地，
开尽碧桃人未知。

《黄庭坚书七律诗刻石》拓片

《关帝诗竹图刻石》拓片

清《关帝诗竹图》——风竹雨竹观气节 丹心可鉴照汗青

《三国演义》的故事在中国可以说是家喻户晓，其中有一段描写关羽同刘备的两位夫人在下邳被曹兵困于土山之上，关羽为保护两位嫂嫂而向曹操投降。其文韬武略备受曹操青睐，曹操爱才惜将，赐以高官厚禄、美女金银，并封关羽为汉寿亭侯。但关羽却淡然处之，最后仍然挂印封金而去。后人因非常赞赏关羽高尚的品行，故做了这幅《关帝诗竹图》。

这幅图由风竹、雨竹构成一幅秀竹图画。风竹的叶子向一边飘动，好似清风掠过；而雨竹则向下低垂，就好像细雨轻拍。这两尾竹子的竹叶恰好组成一首五言绝句诗：“不谢东君意，丹青独立名。莫嫌孤叶淡，终久不凋零。”恰如其分地表达了当时关羽身在曹营心在汉的心情。

有人说这首诗是关羽写给刘备的，但据史书记载，关羽既不善写诗，也不善作画，这座碑应是清代韩宰的附会之作。

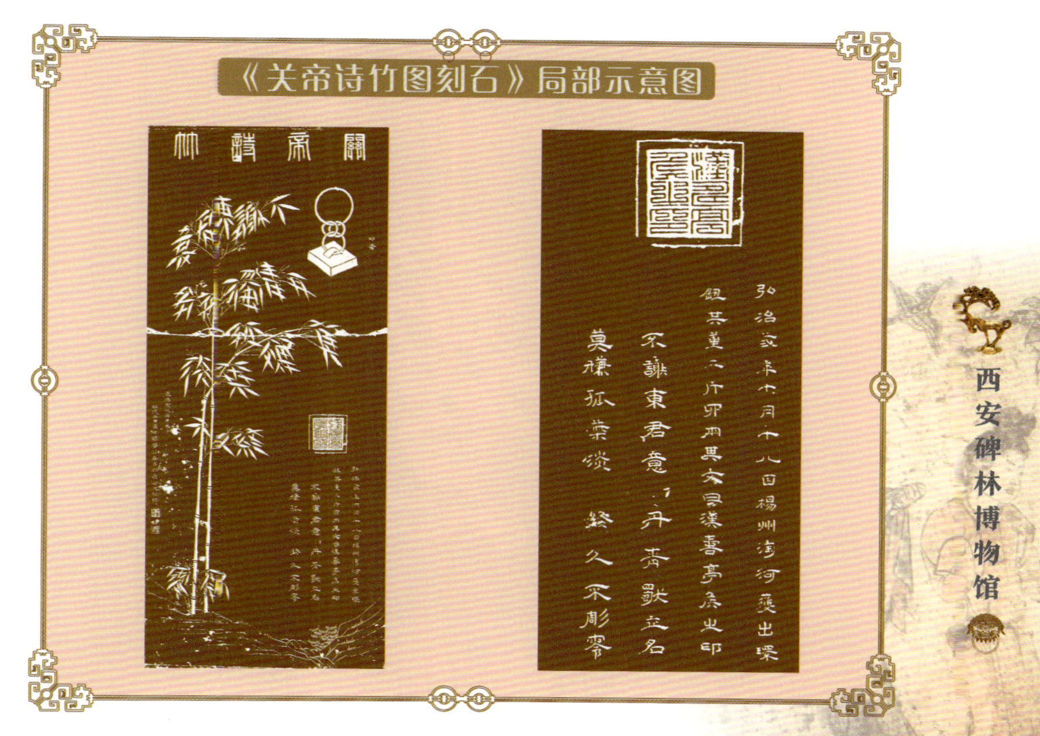

《关帝诗竹图刻石》局部示意图

《魁星点斗图》拓片

清《魁星点斗图》——画中藏字 字势成画

魁星是中国道教诸神中主宰文运兴衰的神，是北斗七星中的第一星。所以当时很多学府和学宫都筑有魁星楼，来供奉魁星，以求金榜题名。

魁星的形象非常难看，红脸蓝发，像一个鬼的样子。他一脚跷起托起一个“斗”字，一脚则立在一个“鳌”字的头上；一手拿判笔直指向“斗”字，另一手持砚台，取其“魁星点斗，独占鳌头”之意。因唐宋时皇宫正殿的台阶前有石板，雕有龙和鳌的图案，考中的进士要站在宫殿台阶下迎榜，而状元则站在鳌头上，故称“独占鳌头”。魁星的形象是由儒家修身养性的八个字“正心修身，克己复礼”组成的，十分有趣。

《魁星点斗图》碑

这幅图画不仅形象生动，而且构思巧妙，足见其匠心独运。这座碑立于清朝同治年间（1862—1875），是清代武将、蜀人马德昭所写画，他的字体写得华丽大气，讲究形式，并富于趣味。

第五展室内景

第五展室

本室陈列宋、元、明、清各代碑石，以清代为主。其中多为记述修庙、记功、拨田、赡学、浚渠、葺城及官箴、格言等内容，是研究当时社会和地方史的参考资料；部分碑刻还记载了西安文庙及碑林的相关史料。此外，宋代重刻的秦《峄山刻石》以及清代康熙皇帝、王铎、左宗棠等书写的碑刻，在书法艺术上也都有很高的价值。

清康熙皇帝书《宁静致远》——端庄大气 雍容华贵

清代皇帝所写的碑，碑额都刻有“御赐”两字。碑首是二龙戏珠，碑座有龙的图案，因为龙是皇权的象征。康熙即位时，国家正处于哀怨遍野、经济衰竭的状况。“宁静致远”概括了他的治国方略，他一改顺治时期的高压政策，顺应民心，轻税薄赋，让百姓休养生息，他施行的一系列政策很快使国家走向了繁荣稳定的“康乾盛世”。

康熙也颇有书法功力，“宁

静致远”四字为榜书，字大如斗，结构严紧端庄，用笔丰润，再加上碑首蟠螭盘绕，碑座侧面饰以龙纹，更显得雍容华贵，光彩照人。碑文内容出自三国时期蜀汉名臣诸葛亮《诫子书》中的名言：“非淡泊无以明志，非宁静无以致远。”

清康熙皇帝书《宁静致远》

一笔《寿》拓片

清马德昭书一笔《寿》《虎》——寿中上寿 踞卧猛虎

古人云：“上寿百二十，中寿百年，下寿八十”。这个寿字是由数字九十九加二十一组成的，实为一百二十岁，可称得上是“上寿”了。“寿”字写得气势磅礴，笔画刚劲挺拔，行笔干净利落。它不同于一般的字那样圆润，而是有棱有角，斩钉截铁，转折犀利，体势雄伟。特别是结体奇特，更是耐人寻味。马德昭匠心独运，既改变了常规汉字书写的规矩，用数字九十九、二十一组成了一百二十，为甲子重寿，标新立异，又不失汉字的法度，真可谓“悠悠心会，妙处难与君说”。

下图（右）中的这个“虎”字也是一笔写成的，所以叫“一笔虎”，与第四陈列室的“魁星点斗”出自同一人之手。“虎”字又像字又像画，如同一只卧虎，虎头、虎口、虎尾跃然而出，惟妙惟肖。妙就妙在字的用墨干湿浓淡、粗细轻重都掌握得恰到好处。特别是写到后面，用墨渐少，笔锋露出，形成一个粗壮有力的虎尾，非常传神。因而许多观众行至碑前都连连叫绝，手摹心画，流连忘返，陶醉在其中。

一笔《寿》、一笔《虎》刻石

第六展室

本室陈列的碑石除少数是元、明两代士人写的诗文作品以外，大部分都是清代人写的诗词歌赋，其中明代书法家董其昌书写的《秣陵旅舍送会稽章生诗》以及清圣祖玄烨临米芾的《赐吴赫书》、林则徐书《游华山诗》等，都是难得的珍贵碑石。

清刻赵孟頫《游天冠山诗碑》——楷书四大家之一

赵孟頫(fǔ)(1254—1322)，字子昂，吴兴(今浙江省)人。宋亡后仕元，官至翰林学士、荣禄大夫，封魏国公。相传他写字速度极快，每天可以书写一万字。他文才极高，博采众长，将晋韵、唐法、宋意冶于一炉，推陈出新，创立了独具特色的“赵体”，上承晋唐，下启明清，在中国书法史上起到了中介桥梁的作用。赵体书风“温润、闲雅、秀妍、飘逸”，此书风来自他刻苦研习钟、王、智永、李邕书法；也因为他笃信佛教，审美观趋向折衷、平和、清恬、淡雅；还有他寄人篱下的特殊境地，从而选择以超然之态获得精神解脱的原因。

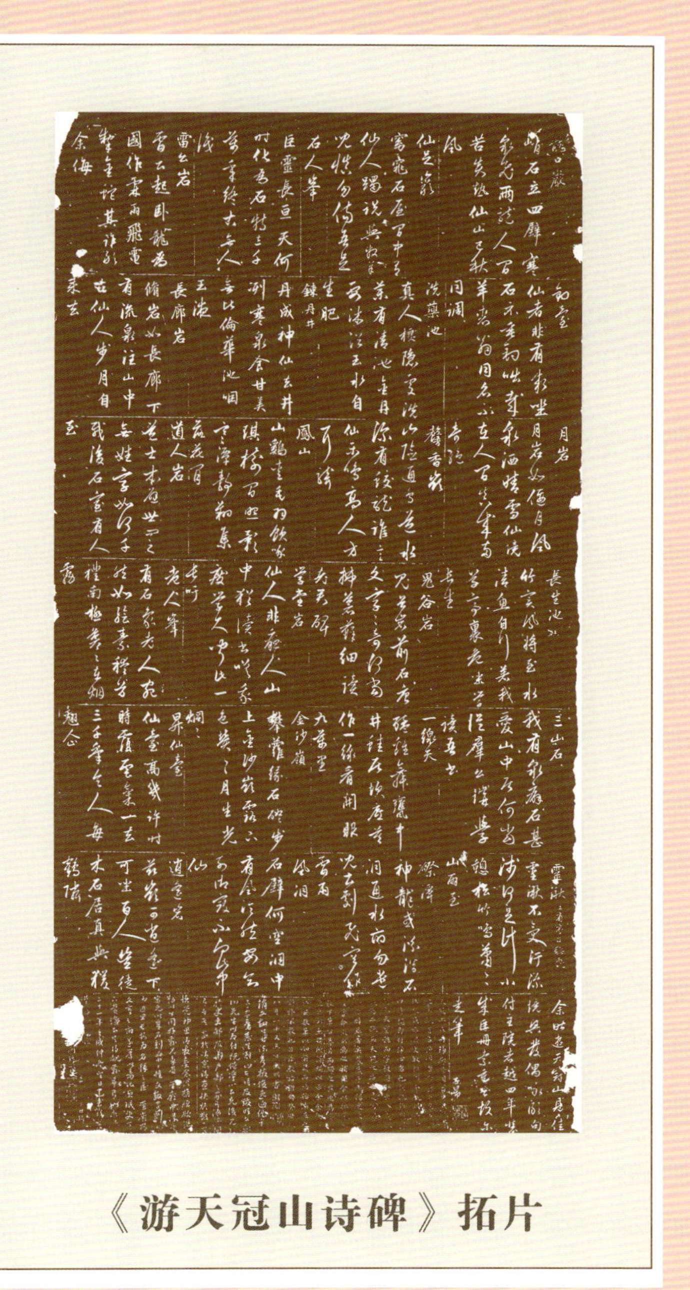

《游天冠山诗碑》拓片

第七展室

本展厅陈列的是历史上一部著名的法帖《淳化秘阁帖》。《淳化秘阁帖》是宋太宗赵光义在北宋淳化三年命侍书学士王著编著，因为是淳化年间在宫中编著的，所以叫作《淳化秘阁帖》，是复制品。

“法帖鼻祖”《淳化秘阁帖》——每一笔都是艺术

《淳化阁帖》是历史上一部著名的法帖。原本是宋太宗赵光义在淳化三年(992)命翰林侍讲学士王著，将宫中所藏历代帝王、名臣及书法名家的墨迹，摹刻在枣木板上，存在宫里，并且拓印墨本颁赐给中书省、枢秘院的官员及有功的大臣，所以在社会上流传很多。由于此帖刻于淳化年间，又是在皇宫中刻成，所以又称为“淳化秘阁帖”，可惜的是原帖刻成后毁于火灾。

《淳化秘阁帖》共有十卷，前五卷为汉、魏晋南北朝及隋唐帝王名臣的法帖。其中不乏颜、柳、欧、褚等名家作品。后五卷是王羲之、王献之父子的墨迹。《淳化秘阁帖》对我国古代书法名迹的摹录和广泛流传起了积极的作用。自北宋到明清以来，公私复刻本很多。明太祖朱元璋赐给其子朱瑛一本原拓。到了明万历四十三年(1615)朱瑛后裔宪王朱绅尧命人用此拓本刻石存在兰州肃王府，人称“兰州本”或“肃府本”。碑林陈列的《淳化秘阁帖》是清朝顺治三年（1646）陕西省金石家费甲铸用“兰州本”复制，共145石，两面刻字。《淳化秘阁帖》现存许多版本，但只有陕西本刻石内容最为齐全。

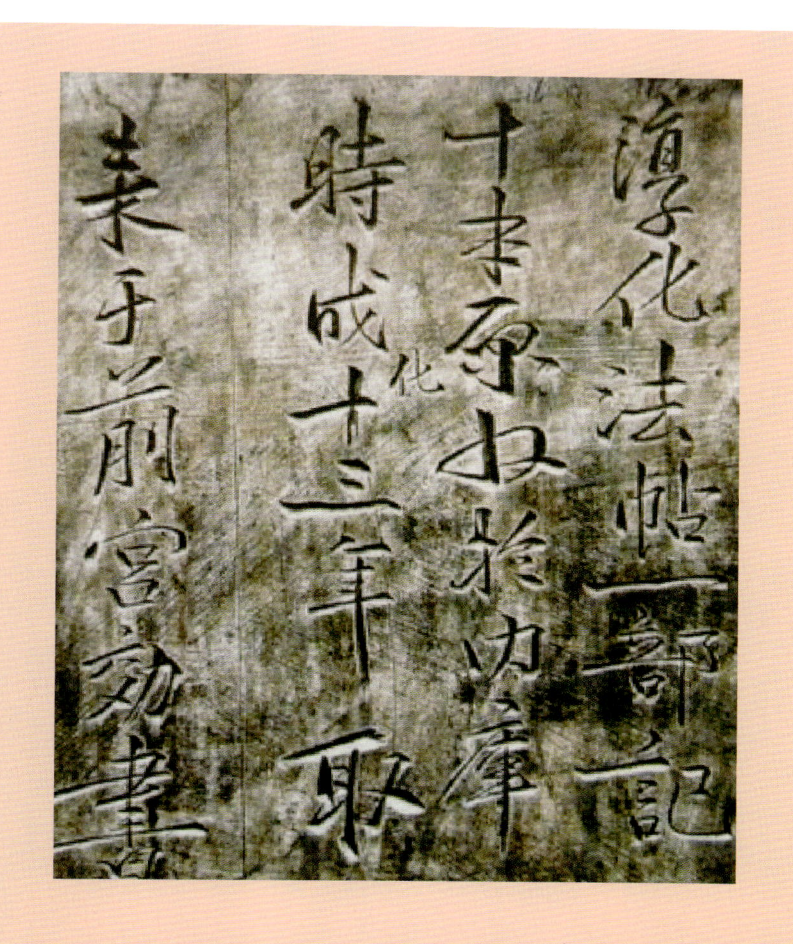

《淳化秘阁帖》局部

《韦陀》石刻

石刻艺术室——中国第一座大型室内石刻艺术室

石刻艺术室始建于1963年，匾额上有“西安石刻艺术室”七个金色大字，是当时任国务院副总理的陈毅元帅题写的。展室展出了陕西境内出土的汉唐时期的石刻艺术品70多件，主要分为陵墓石刻和宗教石刻两大类，被誉为中国“第一座大型室内石刻艺术室”。

唐昭陵六骏——一生爱骑 石刻珍品

“六骏”是唐太宗李世民开创大唐基业时所骑过的六匹战马，它们跟随李世民驰骋疆场，南征北战，涉激流，越峻岭，为大唐帝国的奠基立下了赫赫战功，最后献出了自己的生命。长期的骑射生活，使李世民爱骏马，也善认骏马，他自诩战功，但也没有忘记战死疆场的六匹骏马。所以贞观十年(636)在他营建昭陵之时，便诏令宫廷画家阎立本绘写图形，用青石雕刻了六骏的雄姿，置于自己陵墓北面祭坛的东西两侧，史称“昭陵六

陕西省咸阳市礼泉县唐太宗昭陵

昭陵六骏

李世民在唐朝建立前先后骑过的战马

骏”。在每幅浮雕的右上角，都有由唐太宗亲自撰文、著名书法家欧阳询书写的对每匹马的四言赞辞一首。昭陵在唐代被视为神灵之地，所以昭陵六骏也一直被视为“神物”。六骏分别名为“拳毛騧”“什伐赤”“白蹄乌”“特勤骠”“青骓”“飒露紫”。其中，“飒露紫”和“拳毛騧”两石刻在1914年时被盗，辗转于文物商之手，最后流失海外，现入藏美国宾夕法尼亚大学博物馆，现展出的为复制品。其余四块也曾被打碎装箱，盗运时

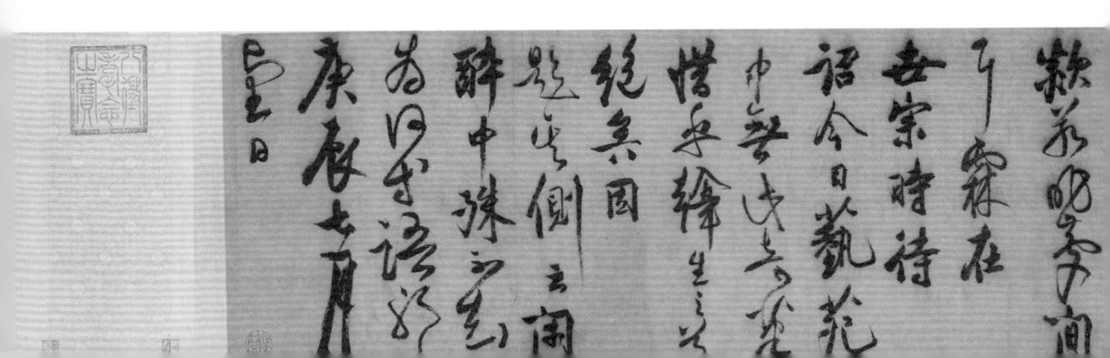

被截获，现陈列在西安碑林博物馆。

唐昭陵六骏石刻采用高浮雕手法，六骏每件宽约204厘米，高约172厘米，厚约40厘米，均为青石质地。每屏上方一角原刻有由欧阳询书丹的唐太宗亲题赞语，现已风化不存。唐昭陵六骏石刻以简洁的线条、准确的造型，生动传神地表现出战马的体态、性格和战阵中身冒箭矢、驰骋疆场的情景。该雕刻线条流畅，刀法圆润，刻工精细，栩栩如生，是驰名中外的石雕艺术珍品。

金朝 / 赵霖 / 《昭陵六骏图》 / 故宫博物院藏

李小孩石棺

1957年西安市城西梁家庄出土

隋李小孩石棺——隋代的皇亲国戚

李小孩石棺从整体上看，是一座屋顶为歇山式的建筑。棺盖是由一整块石头雕刻而成的。盖正中雕刻宝瓶，两端有鸱鸟，在浮雕上有筒瓦和莲花纹瓦当。盖下部分由六幅石块镶嵌在一起，中间开门，两侧开窗，四周刻有斗拱，并线刻有男女侍从、青龙、朱雀等图形和缠枝卷叶花草图案。石棺整体形象逼真，线刻流畅传神，充分反映出隋代工匠精湛的雕刻技术和创造力。它的出土，填补了隋代建筑实物资料和文献记载的空白。更令人惊奇的是，制造者特意在棺盖后面正中刻了“开者即死”四个字，以防石棺被盗。也许正是由于这四个字的震慑力，石棺果然一直没有被盗。1957年，李小孩石棺出土时，在棺内发现了金银器、玉器、珠宝、丝绸织品等大量随葬物品。

石棺的主人是一个姓李名静训的九岁小女孩，祖籍甘肃天水。虽然只是一个小女孩，但身份却非同一般，她的父亲被封为隋经城县公，被隋文帝授柱国。她自幼被北周皇后杨丽华所养育，而杨丽华又是隋文帝杨坚的长女，这样一来，她就是名副其实的皇亲国戚。由于她九岁就不幸早亡，家人祈愿她像生前一样享受荣华富贵，所以才采用了这种特殊的厚葬葬式。

李寿石椁

1973年陕西省咸阳市三原县李寿墓出土

唐李寿石椁、墓志——再现盛唐贵族生活

李寿石椁华丽无比，1973年出土于陕西省三原县李寿墓。李寿是唐高祖李渊的堂弟，被封为淮安王，因跟从李渊在反隋战争中有功，死后陪葬高祖献陵。石椁由28块青石组成。前面有两扇可以开合的石门；外部四周雕刻有青龙、白虎、朱雀、玄武四神及卫士、文臣、武将、仙人等形象；石椁内部顶端是线刻的星相图，四周刻有乐伎、舞伎、侍女及出行、狩猎、仪仗、农耕等画面。整个画面线条流畅优美，形象逼真生动，真实地再现了唐时宫廷乐舞及贵族生活的盛况。

墓志造型奇特，为龟形。其龟头、龟尾、龟身相连，龟的四足趴伏在长方形的底座之上，龟头前伸，双目圆睁。龟的背甲为墓志盖，上刻篆书“大唐故司空公上柱国淮安靖王墓志铭”十六字，墓志盖四周有线刻的龟甲、联珠、蔓草等纹饰。龟身为墓志铭，用楷书写成。底座四周还有刀法流畅的线刻蔓草纹饰。李寿墓志雕刻精致，构思独特，是唐代墓志中不可多得的珍品，有“天下第一墓志 ”之美称。把墓志刻成龟形，基于中华民族长久以来对龟的崇拜，用它来寄托对死者得以享福安宁和陵墓得以永久保存的美好愿望。

老君像

原供奉于陕西省西安市临潼区骊山上的老君殿

老君像——珍贵的道教石刻造像

老君像原来供奉在西安市临潼区骊山上的老君殿，是唐华清宫朝元阁的遗物。像通高1.93米，选用上等的汉白玉，采用圆雕的手法雕刻而成，刀法凝重，玉色细润，是盛唐时期顶礼膜拜的道教造像，堪称“罕见的佳作”。老君身穿开领的道袍，腰束帛带，正襟危坐于变形莲花纹石台之上，神情庄严慈祥，面相雍容恬静，美须冉冉而双目深邃，像凝神静思又似吟诵道法，显得温厚肃穆、器宇轩昂。底座为三层，上层为长方形，略有残缺；中间为正方形，四面刻有莲花图案；下层是变形的牡丹花图案，造型富丽圆润，布局疏密得当，台座与塑像浑然一体。

老君即老子，姓李名耳，字伯阳，楚国苦县(今河南省鹿邑县)人。是春秋时代的思想家，道家学说的创始人。唐王朝建立后，统治者为了证明自己的祖先渊源久远，所以便加封老子为玄元皇帝，下诏在五岳修建老子庙，天下士庶之家必须收藏老子学说，认真研习。长安、洛阳和全国各郡县都修建玄元皇帝庙和崇玄学馆。可见正是由于皇帝的大力推崇，才产生了这一具有时代特色的老君像。

老君造像是石刻艺术室里唯一的道教题材的造像。是一件很珍贵的道教石刻造像。

《长安佛韵》石刻

《长安佛韵》石刻艺术馆

“众生祈愿”部分以造像碑为主，展出有《邑子六十人造像碑》《田良宽造像碑》《朱辅伯造像碑》等29件文物，藻饰华美，雕凿精湛，包含了许多重要的历史信息，反应了当时邑社、家族、佛教组织等情况，史料价值突出，展示了关中地区造像碑的特点和风格。

庄严神圣 造像之林

“长安佛韵”是西安碑林博物馆全力打造的精品陈列展，从碑林博物馆300多件造像中精选出151件作为精品文物，其中佛教造像149件，且大部分都是首次展出。展陈文物不仅数量多、品类全，而且年代跨度大，品类丰富，造型迥异。不同历史时代背景的影响下，艺术工匠的刻刀之下的佛教造像呈现出不同的时代艺术特色：北魏的清秀古朴、北周的壮硕浑厚、隋代的精巧端庄、唐代的写实传神等，反映了佛教造像艺术民族化的进程。

观音菩萨立像

1959年陕西省西安市大明宫遗址出土

观音菩萨立像——东方维纳斯

这尊造像刻于唐代，被赞誉为“东方维纳斯”。由一整块汉白玉雕凿而成，残高110厘米。从立像上乘的石质以及体量之大、雕刻之精，不难看出它原是皇宫内的供奉之物。菩萨像出土时，头部及双臂、双脚均残缺，此像虽残，但姿态婀娜，充分体现出唐代佛教造像高度写实和形神兼备的艺术魅力。这尊菩萨像上身袒露，左肩斜披一缕轻纱，下部束腰露脐，身穿薄柔透体的长裙，体态丰腴，小腹微挺，身体重心向左微倾，腰肢扭动呈S形，尤其衣纹褶皱和形体结构完美结合，颇有“曹衣出水，吴带当风”的生动流畅、自然飘逸，让佛像匀称健美的躯体曲线暴露无遗。整尊造像趋于女性化，但并不过分强调女性特征，体现了中和、典雅的东方美学风韵和独特的长安艺术风格，是一件不可多得的艺术珍品。

只可惜菩萨残手断臂，可能跟唐武宗发起的“会昌法难”有关。唐代宗教政策比较宽松，但后来佛教经济的极度膨胀影响了国家税收，政府逐渐产生毁佛灭教的意图。唐武宗李炎在会昌五年(845)下令灭佛，拆除佛教寺院、砸毁佛像、勒令众僧尼还俗等，佛教经历了一次灭顶之灾，这件菩萨残像很有可能就是毁于这次灭佛运动。

唐时“春盘”今“春卷”

春 卷

西安炸春卷的特点：皮薄如蝉翼，透明酥脆，馅味鲜香。它的传统做法：将荠菜(或韭菜、韭黄)半斤洗净投入开水锅中略汆一下取出，切成小段，加葱、姜、酱油、调料、食盐等调匀作馅分成20份，分别卷入20张春卷里面，并用稀面糊封口，下热油锅炸成金黄色即成。西安春卷有其独到之处，春卷皮除用水和面，还加鸡蛋清，以增加卷皮的酥脆。馅料是素的，传统选用荠菜。卷皮是用勺将面糊“摊”到平底锅烙成的。技艺高的人，1公斤面可烙制直径15公分的圆饼120多张。

传说“春卷”是由唐代的“春盘”“春饼”演变而来，都用荠菜作馅。唐时人们相互送“春盘”，取“迎新”之意。

春 卷

康熙赐名“御京粉”

岐山擀面皮

岐山擀面皮起源于清代康熙年间。据传康熙皇帝有一爱妃，有一日怀了龙种，但因反应太大，茶饭不思，一连几日，粒米未进。康熙皇帝焦急万分，坐卧不安，遍寻良方，终未奏效。这时，御膳房有一岐山御厨王同江忽然想起幼时姐姐怀孕时母亲做的西府家常小吃。于是，苦思冥想，反复试制，终于制出并献给皇上。爱妃吃后果然胃口大开，几个月后生下一聪明伶俐的皇子。龙颜大喜，重赏岐山御厨并嘉奖其母。亲自赐名“御京粉”，定为宫廷御膳。

此后，帝王将相、后宫妃嫔佳丽无不喜食并赞不绝口。有诗赞曰：“小吃谁将进御京？繁难八序品民情。光筋薄软村香味，赢得康熙钦赐名。”

擀面皮分为八道工序：和面、洗面、过滤、沉淀、发酵、烫、擀、蒸。做工精细，选料考究。以白、柔、薄、筋、光而闻名天下，食之拌上蒸好的面筋，调入由十三种调料配制而成的调料汁和盐、醋、油泼辣子、蒜水、味精等佐料。

其味醋香浓郁，入口筋道，越嚼越香，回味悠长，素有“西岐一绝”的美誉，深受人们喜爱，故流传至今。

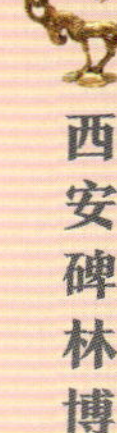

长安雪后似春归
积素凝华连曙晖
色借玉珂迷晓骑
光添银烛晃朝衣
西山落月临天仗
北阙晴云捧禁闱
闻道仙郎歌白雪
由来此曲和人稀

中国现存规模最宏大、保存最完整的古代城垣

西安钟楼、鼓楼和城墙

走进钟楼、鼓楼

西安钟楼和鼓楼
位于西安的城市中心
二者遥相呼应，相映成辉
不仅是明代建筑的杰出代表
也成为今天西安独具特色的人文景观

无论是从历史价值、科学价值、艺术价值
还是从建筑规模等各方面衡量
都居全国同类建筑之冠
已成为展现古城西安独特风貌的标志性建筑之一

钟鼓是中国最早出现的打击乐器
《诗经》记载“钟鼓乐之”
说明早在两三千年前
中华民族把钟鼓作为娱神、祭祀、朝仪、燕享中的礼器和乐器
汉代以后，特别是五胡十六国和南北朝时期
钟鼓被用作军旅中的指挥信号和军乐
那时军旅中的钟又叫“钲”，可以用手执，在马上击打
正如唐代杜甫诗所云：
“黄河北岸海西军，椎鼓鸣钟天下闻。
铁马长鸣不知数，胡人高鼻动成群。”

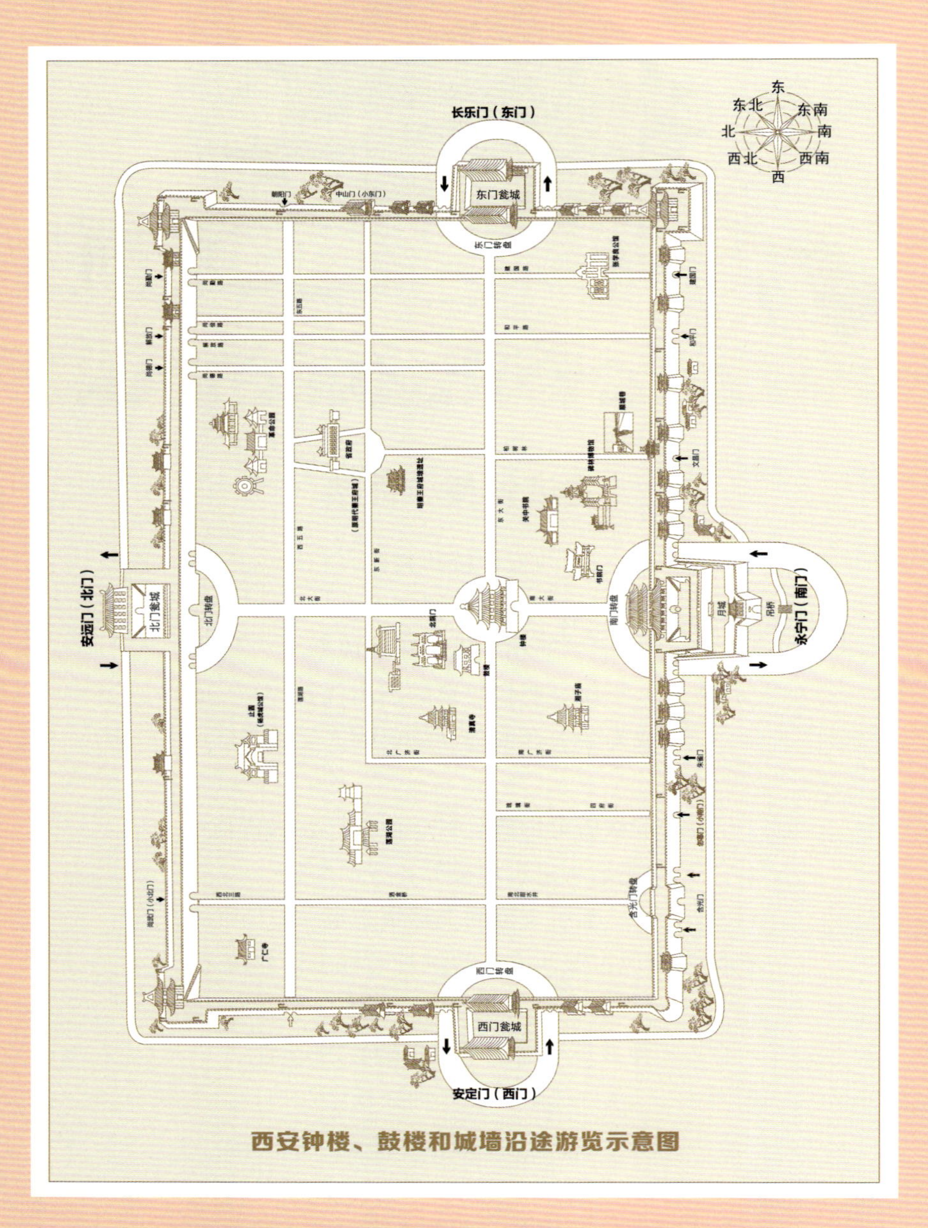

西安钟楼、鼓楼和城墙沿途游览示意图

西安城墙和钟楼、鼓楼布局形式

城墙开有城门四座：东长乐门，西安定门，南永宁门，北安远门。钟楼为重檐三滴水、四角攒尖顶的楼阁式建筑；而鼓楼则为重檐庑殿顶，且南北各有牌匾，南面写着“文武盛地”，北面写着“声闻于天”。

钟楼概况

钟楼位于西安市中心
明城墙内东西南北四条大街的交会处
是中国古代城市的特有建筑
与西安明城墙配套形成城市的防御体系
钟楼是防御体系的指挥枢纽

明代西安是西北军事重镇
因此钟楼位居全国同类建筑之冠
今天的西安钟楼是“绾毂（wǎngǔ）东西
呼应南北”的轴心建筑
它雕梁画栋，绿瓦金顶
檐牙高啄，华丽美观
整个建筑显得庄重和谐、气势雄浑
虽历尽风雨沧桑
但它仍然是国内遗留下来的众多钟楼中形制规模最大
保存最完整的一座

1 晨钟暮鼓华如梦 大唐街市繁似锦

历史沿革

现存西安钟楼建于明太祖朱元璋洪武十七年(1384)。而初建钟楼则是在唐代，地址在今西大街广济街口的迎祥观内，钟楼上原来悬挂的是景云钟，用来报时。安史之乱，迎祥观毁于一旦，钟楼被损毁。到了宋元时期，在原地重修钟楼，但也被毁坏。现在的钟楼是1384年重建的，与鼓楼东西相望。但景云钟因悬于楼内，其声不扬，就改用明成化年间所铸的大铁钟了。

后来由于城市建设布局的改变，钟楼所在的位置偏离了城市的中心，所以明神宗万历十年(1582)，也就是在它建成198年后，由当时的陕西巡抚龚懋贤主持，将钟楼整体迁移到了今天的位置。

到了民国初年，由于钟楼经纬四门，是理想的城防指挥中心，易守难攻，陕西靖国军反对袁世凯称帝，警备旅司令耿直以700兵力占据钟楼，用机枪小炮轰击北院门督军府，督军陈树藩虽然拥兵2万竟然无法抵御。民国时期，城市无市政可言，古建筑任其坍塌。

1953年陕西省人民政府将钟楼公布为陕西省第一批重点文物保护单位。对其进行了大规模的修缮。现在，钟楼已成为西安的标志性建筑，是西安城市个性的重要体现。

钟楼上的钟——历世久远 神物有灵

钟的演变过程很久远，其最初或悬挂于钟架，或用手倒执，其截面呈椭圆形。到魏、晋以后，出现了“悬钟”，钟柄变成钟钮，截面变成圆形，开始用于寺院，之后用于宫廷，乃至流行民间。唐代在寺院、宫廷和民间均有钟，唐代以长安为中心，利用铜壶滴漏计时，以钟鼓报时，像许多文人墨客诗中所描述的“丝纶阁下文章静，钟鼓楼中刻漏长”“金阙晓钟开万户，玉阶仙仗拥千官”“五夜漏声催晓箭，九重春色醉仙桃”等都是描述人们闻钟声的情景，钟声成为人们日常生活的重要组成部分。

景云钟（复制品）

最初的景云钟

据说景云钟随钟楼迁到现在的地址后，怎么也敲不响了，许多志书记载着当时人们的种种猜测。有人认为景云年间铸成的钟“历世久远，神物有灵”，不愿被人挪动。最后这个谜被当时的陕西巡抚张楷揭开，他在登了钟楼后，才发现之所以钟声不响，其实是放置钟的楼有问题，将钟置于室内，犹如给钟戴了一顶帽子，恰如“戴瓮以呼(头顶在瓮里喊)”“纳而不出”，声音自然不能传得久远。

建筑特色——重檐三滴水建筑艺术风格

钟楼是典型的明代建筑艺术风格，整体为砖木结构二重楼三层檐。自地面至楼顶高36米，建筑面积约1378平方米，占地面积1260平方米。是四角攒尖顶、重檐三滴水的屋顶形式，由基座、楼身、楼顶三大部分组成。

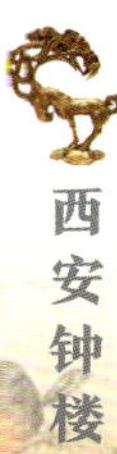

楼基——十字交叉券洞式

基座高8.6米，每边长35.5米，全部用青砖砌成，四面正中各有高宽均为6米的十字交叉券洞。过去是东南西北四条大街交会的通道，人流、车流从券洞通过。后来随着城市建设的发展，券洞已无法适应交通流量的需要，便将其封闭起来，而在钟楼周围修建了圆形环道，如今钟楼已成为西安城市的核心标志。

楼身——无一枚铁钉

楼身为正方形木质结构，四面五开间，每边长22米，高26米，环以回廊，上下两层，出檐三层。楼体由36根大红木柱支撑。外部的重檐三滴水、四角攒尖顶形式不仅增加了建筑物的美观，而且缓和了雨水顺檐下落时对建筑的冲击力。这样的结构其实是高大建筑中解决雨水顺檐下落，分层缓冲而保护建筑的科学设计。

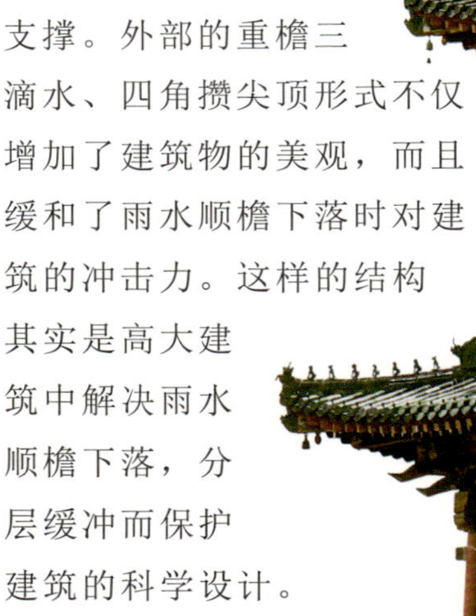

楼顶——如鸟展翅的翚飞式

楼顶为四角攒尖式，按对角线构筑四条垂脊，从檐角到楼顶逐渐收分，使得金顶稳重庄严。楼上覆盖有深绿色琉璃瓦。楼檐四角上翘、直冲云天，如鸟展翅，建筑术语中称“翚飞式”。翚(huī)是古代一种可以展翅飞翔、身上长满五彩羽毛的野鸡。翚飞式的说法来自《诗经》中的“如鸟斯革，如翚斯飞”。说明古代的屋顶虽硕大，但屋檐上翘，好像展翅飞翔一般。实际上，古代建筑的屋顶是最具有表现力的部分，硕大的屋顶经过曲面、曲线的处理，好像鸟儿般轻巧，丝毫没有笨重之感，再加上绚丽的装饰，成为古建筑富有情趣的一面。

钟楼的最高端是鎏金宝顶，金顶高1.86米，木质内心，外表用黄金锤打，金碧辉煌。成为钟楼结构中和谐美观的一部分。

总之，钟楼的设计构造体现了我国古代劳动人民的高超智慧和精湛技艺，整个钟楼华丽恢宏、浑然一体，实在是不可多得的建筑艺术珍品。

钟楼的迁移——中国古代建筑史上的创举

钟楼之所以闻名，不仅因为它雄伟的建筑风格，更重要的还在于它时隔198年后的一次迁移。巨大的建筑做整体的迁移，就是在今天也绝非一件容易的事，所以钟楼的迁移也成为中国古代建筑史上的创举。

钟楼最初建于明洪武十七年(1384)，当时它的位置在今天西大街以北广济街口的迎祥观，距目前所在的位置约1000米。这一位置恰好位于唐长安城皇城天街的近旁。明代选址在这里建钟楼，南对皇城朱雀门，北对宫城玄武门，位置十分恰当，因此钟楼等于是在唐长安城的中轴线上，也是以后五代、宋、元时长安城的中心。两个世纪后，随着城市中心东移，城门改建，新的东、南、西、北四条大街形成，位于旧址的钟楼便日益显得偏离城市中心，与城市的格局已不相适应，所以到了明神宗万历十年(1582)，在陕西巡抚龚懋贤的主

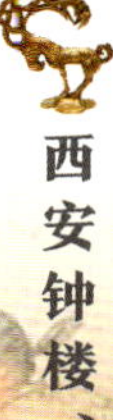

持下，钟楼来了个整体迁移。据碑文记载，“楼惟筑基外，一无改创”。也就是说移建工程除了重新建造基座外，本质结构的楼体全是原样原件，所以耗资不多，工程迅速。

大家可以想象一下，完成这样一座约6万立方米的庞大建筑的迁移装建，即使在现代也不是轻而易举的，它既需要高超的建筑安装技术，又需要严密精细的工程组织，所以这项完成于16世纪的特殊而巨大的工程，是我国古代建筑史上值得自豪的创举。

《钟楼歌》和《钟楼记》——真实记录钟楼历史沧桑

钟楼的二楼西墙上，嵌有一方《钟楼歌》碑，记述了这座巨大建筑经历过的令人难以置信的整体迁移，由当时主持迁移的陕西巡抚龚懋贤所写。碑文采用“骚体”，也称为“楚歌体”，词义雅驯，歌曰：“羌兹楼兮谁厥诒？来东方兮应昌期。挹终南兮云为低，凭清渭兮衔朝曦。鸣景阳兮万籁齐，章木德兮奠四隅。千百亿祀兮钟簴（jù）不移。”描述钟楼崇峻雄伟，可以南望终南北瞰渭水，钟声一响万籁共鸣，在结构上体现了我国古代砖木建筑的优秀成果，其中使用了“景阳”“钟簴”的典故，

钟楼二层

前者是用古代景阳宫代表钟室，后者是双关语，以悬钟之架象征了政权和法统。龚懋贤是四川内江人，在陕时谨慎自守，在他离任之时，主持了钟楼的迁移工程，又通过《钟楼歌》，给陕西百姓留下美好的祝愿。

另外一方碑为《钟楼记》，是后来监督修建钟楼的清代陕西巡抚张楷所写，主要记载了钟楼建造的始末。其中值得一提的是在《钟楼记》中记述了钟楼曾经历几次大地震，但都十分稳固。尤其是明嘉靖三十四年(1555)的关中大地震，据史料记载，死亡人数竟有八十多万，“楼宇台阁颓敧殆尽”。而钟楼却岿然不动、毫发无损，使人不得不赞叹古代建筑师的伟大智慧！

《钟楼歌》拓片

门扇浮雕——精美繁复　蕴含典故

钟楼的门扇和隔窗雕刻得十分精美，表现出明清盛行的装饰艺术。仔细欣赏从一层到二层门扇上的一幅幅浮雕，你会了解许多古代饶有趣味的典故轶闻。这些门扉浮雕故事依次为：

第一层北门，自西向东依次为：虬髯客，木兰从军，文姬归汉，吹箫引凤，红叶题诗，班昭读书，博浪沙椎秦，唱筹量沙。

第一层东门，自北向南依次为：长生殿盟誓，连环计，黠鼠夜扰，挂角读书，卞庄刺虎，嫦娥奔月，东坡题壁，李白邀月。

第一层南门，自东向西依次为：文王访贤，伯牙鼓琴，画龙点睛，斩蛇起兵，伯乐相马，柳毅传书，舜耕历山，圯桥授书。

第一层西门，自南向北依次为：枕戈待旦，李陵兵困，由基射猿，龙友颂鸡，黄耳传书，孙期放豚，陶侃运砖，冯谖弹铗。

第二层南门，自东向西共八幅“八仙过海，各显神通”的画面，依次为汉钟离、张果老、吕洞宾、曹国舅、铁拐李、蓝采和、韩湘子、何仙姑。

第二层北门，自西向东共八

钟楼对联：钟号景云鸣采凤；楼雄川口锁金鳌

幅“八仙醉酒”画面，依次仍为汉钟离、张果老、吕洞宾、曹国舅、铁拐李、蓝采和、韩湘子和何仙姑。

第二层东门，自北向南依次为：单刀赴会，击鼓金山，岳母刺字，孟母三迁，子路负米，画荻教子，温峤绝裾，闻鸡起舞。

第二层西门，自南向北依次是：羲之换鹅，茂叔爱莲，灞桥折柳，踏雪寻梅，陶潜爱菊，寻隐不遇，孤山放鹤。

一层对联——意味隽永

在钟楼一层的东南西北四面木柱上分别挂着意味隽永、含义深刻的四副对联，分别为：

一层北门对联：八百里秦川文武盛地
五千年历史古今名城

一层西门对联：十代京畿六合一统
九州奥域八水分流

一层南门对联：古城远韵承天宝
新风开元焕物华

一层东门对联：贤哲东来海纳百川方浩瀚
丝绸西去路通万里乃繁荣

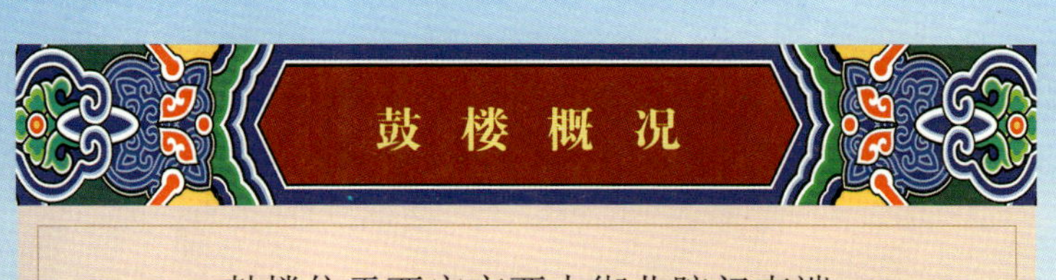

鼓楼概况

鼓楼位于西安市西大街北院门南端
隔钟鼓楼广场与钟楼遥遥相望
鼓楼建于明洪武十三年(1380)

清代曾两次修葺
是目前西安城内现存体量最大的古代建筑
也是我国现存明代建筑中
仅次于北京故宫太和殿
长陵祾(líng)恩殿的一座大体量古代建筑

在我国同类建筑中
年代最久、体量最大、保存最为完好

1956年
被公布为陕西省第一批重点文物保护单位
1996年又被列为全国重点文物保护单位

鼓楼对联：鼓振长安华章梦溢；楼瞻九域秀气云腾

历史沿革

元代时，鼓楼称为“敬时楼”，取“敬授人时”之意。明清两代，都在鼓楼上设置大鼓，用于夜间报时，当时社会生活简单，城市保持“日出而作，日落而息”的习惯，夜间城内十分安静，高高在上的更鼓可以传遍全城，因与钟楼的钟声朝夕呼应，故有“晨钟暮鼓”之说。

鼓楼在康熙、乾隆年间曾先后两次重修，后至清代末年，关中饥荒和战乱交替发生，鼓楼年久失修、濒于坍塌。民国期间，军队于此设防，室内桌椅门窗都被盗卖，楼梯朽烂，摇摇欲坠。中华人民共和国成立后，西安市人民政府三次拨款，文物部门精心修缮，鼓楼才焕发青春。

鼓楼上的鼓——世界上最大的鼓

我国古代最通用的鼓，不是兄弟民族的铜鼓，而是用鼍皮或马皮绷制的皮鼓，自《左传》所记的“一鼓作气，再而衰，三而竭”的战鼓，以至军乐所用的长鼓、手鼓、达拉鼓，全用皮面。

现在鼓楼上东面放置的鼓，鼓面直径2.85米，厚1.8米，重180公斤，1996年制成，堪称世界上最大的鼓，曾获上海大世界基尼斯总部授予的世界基尼斯纪录。目前在鼓楼上还放置一面巨鼓，直径3米，厚1.8米，1998年制成，虽然未申报基尼斯纪录，但它堪称世界上最大的鼓，面积为7.065平方米，需要两张整块牛皮蒙制而成。据说制作者寻遍青海、内蒙古草原，终于如愿以偿。

鼓楼的实用价值——报时报警

首先，鼓楼具有报时的作用。其次，由于鼓楼所处的地理位置优越，增加了它的多种实用价值。清代时，陕甘总督和陕西巡抚同驻西安城内，称为“督抚同城”。藩、臬(niè)二司和各道台衙门都离鼓楼不远，首县长安县和咸宁县也在鼓楼附近，因此鼓楼成了各级官员议会和燕享的理想所在。鼓楼内厅堂宽敞，装饰典雅，楹梁彩画雍容大方，朱隔门窗剔透精致，在西安可谓首屈一指，所以明清两代常作为接待省外官员游览的处所。

再次，鼓楼还具有报警作用，由于城市人口多，房屋密集，且多为土木结构，常有火灾之患。鼓楼位于城市中心、高台之上，既可以瞭望及时发现火灾，又能击鼓报警。

最后，鼓楼还起到了美化城市的作用。古代城内多为单层平房，屋面线低于城墙，只有处于城中的钟鼓楼高于城墙，使城内建筑中心突起，增加了立体的构图效果。

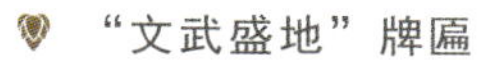

“文武盛地”牌匾

两块巨匾——“文武盛地”和“声闻于天”

清代，在鼓楼南北两面楼檐下，各悬有一块巨大的蓝底金字木匾额，宽近8米，高3米多，边厚10余厘米，中间木板略薄，也达7～8厘米厚，每块匾的重量足有3吨。其上字大盈间，最大的字高1.9米，比人还高，最小的字也高达1.5米多，百米之外，清晰可辨。

“声闻于天”牌匾

这两块牌匾，对鼓楼起到了画龙点睛的作用。首先从内涵上说明了鼓楼所在的地理位置和历史；其次从外观上美化了鼓楼，给鼓楼增添了生气。鼓楼牌匾成为西安难得的景观。朝南的正面匾文是“文武盛地”，系清乾隆五年（1740）重修鼓楼竣工后所挂，为清代陕西巡抚张楷摹仿乾隆御笔所书。《史记》载：“周文王都沣，武王都镐，沣镐之间，帝王之都也。”西安地区有十三朝、一千多年的建都开发史，最早渊源于西周文王、武王所建的沣、镐二京，所以张楷书匾以志西安的古往今来发达昌盛。朝北的背面匾文是“声闻于天”，出自咸宁县名士李允宽之手，典故是《诗经》中言：“鹤鸣于九皋，声闻于天……他山之石，可以攻玉。”这块匾笔力苍劲挺拔，出乎“御笔”之上。可惜这两块匾被毁于“特殊时期”，给古城西安划下一道难以愈合的伤痕，恢复牌匾成为西安人民的夙愿。后来文物管理部门按照原存历史资料原字原样予以修葺恢复，新的牌匾采用了抗风化、抗酸、防虫的树脂等新型材料，每块牌匾重量约800公斤，2005年五一期间恢复空缺了40个年头的牌匾，人们的愿望终于实现了。

西安城墙概况——筑城以卫君 建廓以守民

西安城墙，是保存最完整的中国古代城垣建筑之一，也是世界上现存规模最大、最完整的古代军事城堡设施之一。

它浑然厚重的气势已成为古都西安的标志，也是中华民族灿烂文化的象征，现存城墙为明代所建，已有600多年的历史，现已被评为国家AAAA级景区。

西安城墙所积淀的丰厚历史内涵是一笔宝贵的文化遗产。它沉重而美丽，它的存在既承载了古都的沧桑岁月，也大大增强了古城风貌的魅力，所以人们常说："只有到了西安，才算真正看到了古代中国。"

城墙的建造——庄严雄伟 固若金汤

西安城墙之所以保存完好，与它本身的建造十分坚固结实密不可分。城墙是用黄土分层夯打板筑而成的，筑城的纯净黄土先经精筛，然后掺入少量石灰、细砂和麦秸，拌匀后夯打。为了增加墙体的纵向整体拉力和横向稳定性，夯筑时加有竖柱和横木。每层黄土夯实后厚度8～12厘米，夯窝密集，夯层间结合得十分紧密。在墙基和城顶还用石灰、黄土、糯米汁搅拌的三合土夯打而成，墙基厚度为80厘米，城顶厚度为45厘米，非常坚固，干燥之后，坚硬如石，用钢镐也刨不动！

城墙主体的高度为12米，底宽为16～18米，顶宽（海墁）为12～14米，西安城墙最大的特点就是厚度比高度还要大，因此异常坚固雄伟，真可以说是固若金汤！

城 墙

城墙的维修——历经风雨三次整修

城墙自建成后，历代都对城墙进行过整修，古代有两次大的修缮。第一次是明穆宗隆庆二年(1568)，陕西巡抚张祉为加固城墙，首次在城墙外壁和顶面砌了青砖，使其更显庄严雄伟。第二次是清乾隆四十六年(1781)，陕西巡抚毕沅开始整修城墙。他首先改造了排水系统；其次，对城墙统一削宽补窄，并且建起了形式和规模相同的四个城门；再次，沿城墙加修内外基石，加厚面砖，使城墙大大加固。这次改修工程，长达五年之久。

城墙几经风雨，中华人民共和国成立后，尤其是自1983年以来，陕西省和西安市人民政府对城墙更是进行了大规模的修缮，提出了“维修城墙、整治城河、改造环城林、打通环北路”的四位一体的环城建设方案，西安市政府陆续补修东门和北门的箭楼，修复南门闸楼、吊桥，重建敌楼、角楼、箭楼和魁星楼，再现了其古朴粗犷的雄姿。

西安环城建设工程使具有600多年历史的古城垣完整地保存下来并重放异彩，经过整修后的城墙立体公园，墙、林、河融为一体，风格古朴、粗犷，具有浓郁的地方特色。

护城河和吊桥——古代城池防御的第一道防线

护城河，也叫城壕，可以阻滞敌人的进攻，甚至可以利用有

护城河和吊桥

利地形趁机把敌人消灭。它宽45米，深10米，绕城一周全长14.6公里。当年守卫城墙时还在河里撒满了铁蒺藜，都是为了防御敌人而采取的有效措施。今天的护城河主要有蓄水排洪和改善城市小气候、增加城市美观的作用。古时横跨护城河的唯一通道是连接城门的吊桥。吊桥桥身用榆木和槐木制成，桥头上有铁环，环中贯有铁索，辅以麻绳，直系到前面的闸楼上。在桥后的立柱上安有铁滑轮，利用滑轮，吊桥就可以起落自如了。古时守城士兵听从晨钟暮鼓的指挥，定时升降吊桥，启闭城门。一旦发生战争，吊桥升起，城门紧闭，整个城市就成为一个封闭的战斗堡垒。现在的南门吊桥，是1989年在原址上重新复原的，是四个城门中唯一恢复的一座。

城　门——城防体系的重点

城门是城防体系的重点，也是最薄弱的环节。西安城门外形威武森严，结实厚重，除门扇是用木材制成外，其余均是用城砖砌成的券洞。建造券拱式的城门，是明代军事科学与实用建筑相结合的一大创造。平时，它是出入城市的通道；战时，又成为敌我双方争夺的首要目标。因此，明代十分重视完善城门的防御设施，最重要的一大技术突破就是采用券拱式城门，它取代了自西汉开始沿用了1500年之久的“过梁式”城门。“过梁式”城门属木结构城门，最大的弊端是经不起火攻。明以前各朝代都想尽办法保护城门，有用铁皮包裹大门的，有涂泥做保护层的，还有在门内侧安水罐备水灭火的，但许多城门还是毁于火事。直到明朝券拱式城门出现后，才从根本上解决了防火问题。这种青砖结构不仅使得城门更加坚固，而且可以有效地抵御火攻，使城墙的城防体系更完善。

城　门

西安城墙——“神奇西北100景”之一

闸　楼　城门是出入城市的唯一通道，因而就成为封建统治者苦心经营的防御重点。完整的城门系统是三重建筑，凸出在最外一重的为闸楼，其作用是升降吊桥和夜间打更，是悬山式二层小楼，在楼中还设有用于射箭的窗口。

箭　楼　第二重为箭楼，正面是单檐歇山式，背面是重檐三滴水式，正面和两侧设有四层、每层12个方形窗口，供射箭用。箭楼与正楼组成了对城门的空中防御体系，可以使用远距离的弓弩、炮，打击来自各方面的攻击城门的敌人。

正　楼　城楼是最后一重，是城墙的正门楼，与城墙齐平，也叫正楼，是防御体系的主体建筑，为重檐歇山顶式建筑。楼高约32米，长43米，为二层三重檐，青瓦覆顶，重檐飞翘，庄重稳健，巍峨雄伟，是城防的指挥机构所在。正楼是中国古典建筑的精品，充分体现了中国古代建筑美观与实用的统一。

月城和瓮城　在闸楼与箭楼之间，有一个半月形，两边用城墙围合的空间，叫月城，也称为闸城，即闸门内的瓮城。这个形如弯月的小城，是进入城门后必须经过的第一道城。另外，在箭楼与正楼之间用围墙连接的方形小城，叫瓮城。在这个瓮城中城楼之下两侧有马道，是登上城楼、城墙的通道，也是屯兵的地方。在古代战争中，月城和瓮城一方面守护城门，加深城门的纵向防线；另一方面，易于守城部队迅速集合，可以居高临下射击

闸楼　箭楼　正楼　月城　瓮城(示意图)

城楼上的斗拱和脊兽

敌人，打垮已冲进月城和瓮城的敌人。用“瓮中捉鳖”“关门打狗”两个成语来形容这种战术是最恰当不过了。

西安明城墙东、西、南、北有四座城门，古时每座城门都分别有闸楼、箭楼、正楼三重门。但由于历代战争的破坏、岁月的沧桑巨变，现在东门和西门保存有箭楼、正楼，北门存有箭楼。四门中唯有南门经修复后有完整的三重城门，我们在此可以领略到完整的三重城门的巧妙结构和宏伟气势。到民国时期，城门逐渐失去了原有的军事防御功能，为了交通的方便，人们在原有的四座城门两边新开了门洞。共有十四座新开的城门，其中有的是在被战火打开的城墙豁口上重建的，有的是在唐皇城城门遗址旁新开的，有的是为了纪念伟大人物而开的。

城楼正脊两端各有一个脊兽，与戗脊、垂脊的兽头默然互视，相映成趣。据说正脊两端的脊兽是龙生九子之一，叫“鸱(chī)吻”。它喜欢攀高望远，吞火咽电，因而火神和电母都十分怕它，有它的地方从不遭火灾电击。所以人们就在房脊上塑造鸱吻的形象驱赶火神、电母，以避免火事。

西安城门——千年“开”了18门

西安城墙在漫长的岁月里，发生了翻天覆地的变化：明清时期，西安城只有4座城门，民国时期又开辟4座城门，俗称小四门；中华人民共和国成立以后，又新开城门10座。细数这18个城门的名称来历，也从一个侧面反映了古城的历史变迁和文化进步。

楼身——没有用一枚铁钉

南门，也叫永宁门，是现在西安城墙各门中复原得最完整的一座，完整地保留了明代“门三重楼三重”的形制。

永宁门的闸楼始建于明崇祯九年（1636）。明崇祯十六年（1643），李自成军攻打西安，闸楼毁于战火。清顺治十三年（1656），陕西巡抚陈极新主持对其重新修建。民国初年，拆除了闸楼，月城、吊桥也被毁坏。1990年9月，重新修建了月城、闸楼及吊桥。

永宁门的箭楼始建于明洪武十一年（1378）。民国15年（1926），镇嵩军围困西安时，被毁于战火中。2014年4月，在原址上恢复重建了箭楼。

永宁门

长乐门

永宁门正楼，是原唐代安上门城楼，历经五代宋金元时期，明洪武十一年（1378）统一形制，对其重建。后又经明嘉靖五年（1526）及清代和中华人民共和国多次修缮，保存至今。

1956年，在城门两侧各开了三个券洞，以方便车辆和行人通行。

东门，也叫长乐门，因为明朝国都南京位于西安的东面，“长乐”二字是祈祝大明江山长久安乐、万年永固之意。

长乐门，西安城墙的正东门，位于东城墙中部偏南一些。明洪武七年至十一年（1374-1378），扩建西安府城时新建长乐门，后历经清代、民国，沿袭至今。现在的长乐门保存有箭楼、瓮城、正楼以及二重门洞。

长乐门箭楼，始建于明洪武十一年（1378）。后经历代多次修葺改建，沿用至今。

长乐门正楼，在崇祯十六年（1643），李自成军攻打西安时被毁。据传，李自成看到悬在城门上的“长乐门”匾额，对身边将士说：“若让皇帝长乐，百姓就要长苦了。”将士们一听此言，非常激愤，便点火烧毁了这座城楼。此后，清顺治时期对其重新修建。近代西安事变前，出于军事防御的需要，张学良曾在长乐门正楼上组建教导队和学兵队，对城楼进行了大的改造。1994

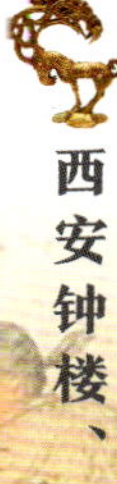

安定门

年，长乐门正楼正式开启维修工程，此前楼体已经严重倾斜，长屋面塌陷，大面积渗漏。维修后的长乐门正楼恢复了明清旧制，并作为西安事变纪念地。

长乐门门洞现已不再承担城市交通作用。1986年，修复两侧豁口处城墙，并各砌三个券洞，以供车辆和行人通行。

西门，也叫安定门，“安定”二字暗意西部边疆安泰康定，不起战乱。

安定门位于西城墙中部偏南。原为隋唐长安城皇城西面的中门“顺义门”，唐朝末年韩建改建新城时保留了下来。明洪武七年至十一年(1374—1378)，扩建西安府城，此门沿用为西门，取名“安定门”。如今的安定门保存有箭楼、瓮城、正楼以及二重门洞。

安定门箭楼，始建于明洪武十一年（1378)。后经历代多次修葺和改建，沿用至今。

2000年初，安定门正楼西南侧地基下陷，梁、柱、椽等构件已受损甚至开裂，陕西省文物部门于2004年4月至次年9月，新作构件对其进行了维修，并恢复了明清旧制。

安定门门洞，现已不再发挥城市交通作用。1987年，修复两侧豁口，各开辟了三个券洞，方便车辆及行人通行。

北门，也叫安远门，“安远”二字是继承中原汉族朝廷对边远少数民族采取的怀柔安抚政策，希望边远少数民族能够对朝廷知恩归顺。

安远门，位于北城墙中部偏西。其位置原本是唐长安城太极宫与东宫交界的宫墙中段，唐代末期韩建改筑新城时被隔在北城墙之外。明洪武七年至十一年（1374—1378），向北扩建西安府城时新建了安远门，后来历经清代、民国，一直沿用至今。如今的安远门保存有箭楼、瓮城及二重门洞。

1983年，安远门箭楼因暴雨侵袭，楼基塌陷，楼体倾斜，先经过抢修，后又全面加固整修，保留至今。

1911年，陕西响应武昌起义，起义军在张凤翙带领下围攻安远门内东侧的满城，此战中安远门正楼被焚毁，现已无存。

安远门洞，现已不再发挥城市交通作用。1954年，在城门两侧各开辟两个券洞，方便车辆及行人通行。

安远门

雉堞和女儿墙

城　墙——一套完整的战斗设施

站在城墙上，大家可以感受到城墙壮阔的气势。西安城墙是按照中国古代建筑规模的标准而建的，有严格的“礼”序标准。它规定国都城方9里，诸侯都或后来的州郡府城大的为城方7里，次的为5里，县城则一般为城方3里。西安城墙东西长4.5公里，南北长2.75公里，周长13.79公里，面积11.5平方公里，正合乎这一“礼”序等级。

海　墁——添设墙宇，安砌水沟

走在城墙之上，脚下平坦宽阔的路叫作“海墁”。它以三层青砖铺砌，形成城墙顶面，可供六辆马车并行。还可以顺畅地将城墙顶部的雨水排走，避免雨水浸泡墙体，对城墙的护卫起着很重要的作用。

雉堞和女儿墙——夜深还过女墙来

城墙上外侧筑有方齿形建筑，即高1.75米、宽0.5米的“品”字形垛墙，又称雉堞，形成供瞭望的垛口，整个城墙共有5984个，形成了城墙特殊的体貌。垛墙的底部每隔27米有悬眼，士兵可在上面垛墙的掩护下，从悬眼向外观察、射击，既能有效地保护自己，又能有力地杀伤敌人。城墙上靠内侧高0.7米、厚0.45米的矮墙叫女儿墙，也叫宇墙，上无垛口，它的作用是为了防止士兵往来行走时从城墙跌下。

敌楼和敌台

敌楼和敌台——瞭望传令

城墙每隔120米有一个突出城墙主体之外、宽20米、伸出12米、高与城顶齐平的墩台，称敌台，俗称马面。上面的建筑叫敌楼，主要的作用是储放物资和供守城将士休息，全城共有敌台98个，它使城墙外侧构成曲折，士兵作战视野开阔，战术运用灵活，开创了城墙上的立体战场，所谓城墙“贵长出，不贵横阔”。古人说：“有城无台，亦如无城，是城所以卫人，台又所以卫城也。”

角台和角楼——城墙西南角为什么是圆形?

城墙的四角都有突出城外的墩台，称为角台。角台上修有比敌台更为高大的角楼，角楼与敌楼的作用基本相同，主要用于观测敌军的偷袭方向。若绕城一周，可以看到城墙的其他三个角为直角，唯独西南角是一个半径为12米的圆形角。原来，这主要是因为明城墙是在隋唐皇城城墙的基础上扩展的，明代扩城时，只有这个城角没有动，而隋唐皇

角台和角楼

城的城墙本来就是圆角的，因此一直保留了原来的状况。

登城踏步、马道——城墙的楼梯

明时，在城墙内侧建有可让三辆马车并行、呈四十五度角的斜坡，供马车行驶和士兵登城，所以叫马道。登城马道缓缓而上没有台阶，便于战马上下，马道外侧建有护墙，底部道口有朱漆的门楼和大门，俗称“大红门”。战争期间，这里是调兵遣将的咽喉要道，必须保证畅通无阻。为防敌方奸细混入城墙守卫部队中，登城马道戒备森严，平时不许守城士兵私自出入，更不许闲杂人员在此逗留，一到晚上中军禁夜炮响后，大门便紧紧关闭了。全城共有马道十一处。

登城踏步道

科学的城墙排水系统——毕沅的功劳

站在城墙顶上不难看出城墙的海墁是斜的，为什么呢？其实这正是城墙非常科学的排水系统。城墙顶部外沿高而中间低，每隔40～60米，在内侧开一个排水口，水口下接一个附贴在城墙上的竖排水槽，槽底吐水口下设滴水石，这样即使夏天暴雨骤至，雨水也能够汇集于城头中线，并从水口沿水槽迅速排下。

西安城墙之所以能保存至今，这套完备的排水系统起了很大的作用。全城共有这样的排水槽167个，另外城头地面向中线倾斜也使城墙上的人具有安全感。

城墙排水系统

魁星楼——唯一与军事防御无关的建筑

在城墙南端文昌门上有一座秀丽的建筑，为魁星楼。建筑式样为两层，是唯一与城墙防御设施无关的建筑。它为何要建在此地呢？魁星，也叫奎星，是古代主宰文运兴衰的神，被人尊称为“文曲星”或“文昌星”，传说谁要被他的朱笔点中，就可以妙笔生花，高中状元。明朝万历年间，陕西省的大县咸宁县多年无一举子考中，为培养文脉，左布政使高第堪察地形风水，最后测定城墙东南角是缔结文秀风脉的绝佳胜地，因此在城墙上建楼祈福，希望向魁星多做疏通。不知最终是否打动魁星，但是听说自此以后，咸宁县再未出现脱榜之事。

魁星楼

城墙的开发和利用——科学保护　文旅创新

西安城墙景区是以西安古城墙为主题，集护城河、环城绿化带、环城路四位一体的风景区，它既是古城西安的标志，又是举世瞩目的城市景观。现在城墙上设立观光旅游电瓶车、自行车环游等项目，可以使中外游客完整地体验城墙的全景全貌。

环城公园——“三位一体”的立体化公园

雄伟壮观的西安城墙已成为市区最吸引游人的观光胜地之一。现在，沿着城墙外侧建成了“环城公园”。“环城公园”以古城墙为主线，辅以环城绿化，护城河环绕，风格古朴、粗犷，充满野趣，具有浓郁的地方特色，成为市民晨练的最佳活动场所。西安环城公园是我国以城郭为主体、以园林水榭作环抱、规模最大、恢复保存最完整、历史最悠久的市内环城旅游风景区，它的雄伟壮观和多姿多彩，为古城增添了无限风光。

环城西苑

西安仿古迎宾入城式——中华迎宾第一式

西安仿古入城式是国内首个以礼仪为主题的文艺演出，凭借600多年历史的西安明城墙为实景，以十三朝古都伟大的历史文化蕴藏为依托，打造出国内仅有的“迎宾入城仪式”。西安南门仿古入城式一直以中国古代皇家礼仪闻名世界，充分体现了热情好客的古城人民对贵宾的隆重欢迎，使宾客亲身领略到中华民族的历史文化风采，可谓礼仪之都的一大盛典！被誉为“天下第一礼”“中华迎宾第一式”。

“天下第一礼”在1996年“世界古都大会”期间第一次正式亮相，与会的国内外数十名古城市长们享受了这一殊荣。1998年美国总统克林顿访华，让南门仿古入城式蜚声海内外。此后，新加坡总理吴作栋、泰国王后、德国总统等无数海内外贵宾都在此开启了古城文化之旅。特别是2015年5月，习近平总书记就是在南门以仿古入城仪式欢迎印度总理莫迪“入城”。“天下第一礼”已成为展示中华传统文化、西安地域文化、城墙特色文化、古礼迎宾文化的平台。

新仿古入城式主要分为“接、迎、敬、欢”四个环节。

西安仿古迎宾入城式

根据接待档次的不同，分为几种不同的规格。一般规格礼仪有大臣4人、武士16人、仕女10人、挑灯仕女12人、守城卫士15人。高规格的演出至少有120人。演出最高规格礼仪的入城式时，演职人员达800多人。

西安城墙——巍峨沧桑　市井烟火

西安城墙汇集城市设计之精华，集各代建筑师运筹技艺之巧思。它既是完整的古代军事防御系统，又是中国古代建筑艺术的杰作。科学的建筑结构和完美的外部造型有机结合，达到美观与实用的完美统一。以城墙为主体，包括护城河 、吊桥、闸楼、箭楼、正楼 、角楼、女儿墙、垛口、城门等一系列军事设施在内的明代西安城垣，曾是中国古代冷兵器时代一个庞大而精密的军事防御体系，作为我国现存最完整的一座古城堡，西安城墙为游客直观具体了解古代战争提供了珍贵的人文景观。西安的古城墙显示了我国古代劳动人民的聪明才智，为我们研究明代的历史、军事和建筑等提供了不可多得的实物资料。

城墙的建设史是中国建筑史、军事史、政治经济发展史的一个历史缩影。今天的城墙虽已失去了原有的军事防御功能，但它作为古代建筑艺术的杰作和人类文明发展的见证，在现代文明的今天更像一颗璀璨的明珠，熠熠生辉，吸引着世界各地的游客。

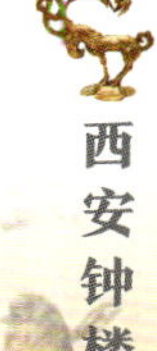

提起葫芦头 满嘴涎水流

葫芦头

“葫芦头”泡馍是西安特有的传统风味佳肴，它以味醇、汤浓、馍筋肉嫩、肥而不腻闻名于国内外。据传“葫芦头”这一名称，与唐代医圣孙思邈有关。一天孙思邈到长安城中一家专营猪肠、猪肚的小店里进食。发觉肠子腥味大、油腻重，知其制法不当。于是，从随身携带的药葫芦里倒出西大香、上元桂、汉阴椒等芳香健胃之药物，交给店主人，请其调入锅中。顿时，香飘四方，令人垂涎欲滴。从此，这家店门庭若市，生意兴隆。店家为感谢药王的指点之恩，将葫芦悬在店门口，取名“葫芦头”。

烹制葫芦头泡馍需先处理猪肠、肚。先将猪大肠、肚用盐、醋分别翻转搓揉去油腻和腥味。清水漂洗至肠、肚白色发亮，无腥臊味为止。再在热锅上焙烤，后放入清水中煮4小时后加精盐，10分钟后捞出来，晾干待用。第二步是制汤，将猪骨洗净、砸断，配肥母鸡下汤锅烧开，撇去浮沫，放入调料包（花椒、八角、桂皮、草果等），熬成乳白色。第三步是泡馍，将掰成硬币大小的馍，放入老碗中，厨师将切好的肠、肚、鸡肉摆在馍块上，加适量粉丝，用沸汤浇泖3～4次，热汤便渗透馍块，然后加入少量熟大油、调料水、味精、香菜、蒜苗、油泼辣子，最后浇适量沸汤即成。进食时，配以泡菜、糖蒜口味更佳。

“九·一八”事变前夕，张学良将军率领东北军长途跋涉来到西安。东北军初到西安后，因水土不服有许多士兵得了疾病，茶饭不思，四肢无力。后来有几个病号兵路过西安南院门，吃了一家名叫“春发生”的葫芦头。感觉其香味诱人、胡椒辛辣、辣椒油香、补益脾胃，吃后胃口大开，身上的病去了一大半。张学良将军听了此事很高兴。便命令把“葫芦头”列为“病号饭”。每天发20个“病号饭”牌子，通知“春发生”饭店给予优先照顾。此后“西安葫芦头”的美名人皆传颂。

暖风熏杨柳　蜇虫始复苏
红墙金瓦映　善男信女众
上师烹香茗　护法弘佛旨
持杯各随缘　隐隐透禅机
参悟修正见　日日自随喜
立志发宏愿　做人敬和诚
精进不懈怠　忍辱平常心
广施大仁慈　利他为众生

康熙敕建　汉地雪莲

广仁寺

燃灯法会绕寺

走进广仁寺

西安广仁寺位于西安明城墙内西北角
为中国唯一绿度母主道场
也是陕西地区唯一的一座藏传佛教格鲁派（俗称黄教）寺院
是清康熙四十四年（1705）
玄烨皇帝来陕西巡视时
拨专款敕建的
到现在已经有300多年的历史了
1983年被国务院列为全国重点寺院
是陕西省境内唯一的一座喇嘛寺
寺内有镇寺八宝、六大匾额、六大奇树

广仁寺是包括达赖和班禅等
西藏和康藏一带大喇嘛进京朝觐路过陕西的行宫
因此又称“喇嘛寺”
寺院内供奉有世界上仅有的两尊佛祖十二岁等身像之一
陕西省境内最大的千手观音
拥有中国唯一的精品千佛殿
同时也是文成公主在长安的奉地
接下来让我们一起走进汉地雪莲
广仁寺

广仁寺游览示意图

广仁寺布局形式

广仁寺建筑自南向北依次为：寺前广场、藏传佛教旗杆、佛祖八宝塔、山门、照壁、康熙碑亭、放生池、天王殿、长寿殿、护法金刚殿、度母殿、关公殿、财神殿、千佛殿、金瓦殿。

广仁寺

广仁寺内具有浓烈的藏传佛教寺庙的特色
从殿外的装饰看
山门的正脊上
两鹿相对、中立法轮
这在汉族地区的寺院大殿的装饰中是少见的

从殿内布置看
千佛殿内供奉着喇嘛教黄教始祖宗喀巴大师
头戴尖帽
两壁的木龛里供奉宗喀巴的小铜像
号称千尊

金瓦殿内
正中供奉着香樟木雕刻的强巴佛
二楼藏经阁珍藏着明版《大般若波罗蜜多经》
6600卷

广仁寺是喇嘛庙中主修密宗的寺庙
护法殿内供奉着
佛菩萨的忿怒相

山 门——广布仁慈

山门广场上高高竖立的一对旗杆称为胜利幢（chuáng），竖立在大门口是藏传佛教寺院的标志，具有降妖除魔的作用。

山门两侧是庄严肃穆的八座汉白玉宝塔，称为如来八宝塔，也是藏传佛教特有的标志。是为了纪念释迦牟尼佛一生的八大功德。每座塔的形状不同，意义不同。第一座称为聚莲塔（纪念释迦牟尼佛降生时行走七步，步步开一朵莲花），第二座称为菩提塔（纪念释迦牟尼佛修行成正觉），第三座称为多门塔（纪念释迦牟尼佛初转四谛法轮），第四座称为神变塔（纪念释迦牟尼佛降服外道时的种种奇迹），第五座称为天降塔（纪念释迦牟尼佛从天界返回人间），第六座称为息诤塔（纪念释迦牟尼佛劝息

西安明城墙内西北角  8:00-17:00

山 门

诸比丘的争端），第七座称为尊胜塔（纪念释迦牟尼佛战胜一切魔道），第八座称为涅槃塔（纪念释迦牟尼佛入涅槃，不生不灭），转塔具有十种殊胜功德，转塔时要按照顺时针方向绕转。

山门顶上是双鹿法轮，它是藏传佛教的一种标志。法轮呈圆轮形，在佛教中代表法宝，象征着正法常转，佛教中常说的“法轮常转”即为此意。这是为了纪念释迦牟尼佛在鹿野苑首次向五比丘说法时，很多鹿赶去听经。从那时起，佛、法、僧三宝具足，在佛教史上称这次讲法为“初转法轮”。

山门上曾经悬挂的“广仁寺”匾额是由清朝康熙皇帝御笔题写，寓意为“广布仁慈”，题写的时间为公元1705年。原匾额遭破坏，现在的匾额为复制匾。

市区乘坐703路到“广仁寺”站下，步行3分钟可达

影　壁

这座影壁建寺之初就有，已经有300多年的历史。影壁起屏蔽门户的作用，来访者不能直接进入寺院，要从影壁的两侧而入，这是皇家寺院的象征。我们迎面看到的这幅图案称为蒙人驭虎图，这是格鲁派寺院常用的一幅避邪壁画，蒙古勇士、猛虎、铁链分别象征佛教密宗的三怙（hù）主——慈悲的观音菩萨、智慧的文殊菩萨、力量的金刚手菩萨。这幅图上用了蒙、汉、藏等多种文字，象征着广仁寺是一个多民族融合的团结道场。

影　壁

这座十八罗汉浮雕影壁，上方是一排人物雕像，中央端坐的是一尊释迦牟尼佛，两边是十八罗汉，形态各异，栩栩如生。在影壁的中央是一幅五爪龙的图案，在古代的时候，称皇帝为真龙天子，明清两代严格规定五爪龙只有皇帝独用，代表九五之尊。这幅图案标志着广仁寺是一座皇家寺院。

御制广仁寺碑——端庄挺拔　视为国宝

这座碑亭里保存着一座御制广仁寺碑。1703年康熙皇帝西巡时，为了加强西北地区多民族的团结与稳定（西北地区多为蒙古族和藏族，这两个民族又是全民信仰藏传佛教），因此专门选定古城墙内西北角敕建广仁寺，御意为“安定西北”。康熙皇帝拨专款修建广仁寺，后来成为班禅大师、达赖喇嘛进京朝觐途中的行宫。这块碑是康熙皇帝回到京城后，派遣他的御用石匠梅玉峰到西安来雕刻，前后用了半年多的时间。碑文上的布局和字体全部是按照康熙皇帝的真迹雕刻的，今天我们看到碑文上的字体端庄挺拔，刚劲又透出秀丽，是书法的上乘佳作。保存了三百多

御製廣仁寺碑

朕存心天下睠顧西陲惟茲關隴之區實切封疆之重歲當癸未特舉時巡省方設教訓吏寧
人已責除租行慶布德引年賜帛獎學興賢所過山川聖哲祠域遣脩祀事用殫精禋凡所以
裨邦政厚民生者靡弗致其勤焉又以運際承平無忘武備簡稽將士整飭戎行發內帑之金
錢普軍中之頒給爰於演武之塲躬親校射之典以逮威銷萌之義有觀德習禮之風願念久
安長治務在因俗宜民若乾竺之傳言雖殊尚而利濟之道指有同歸閱武之頃周覧地形相
其爽塏命創招提即大賚之餘貲為雙林之小築厥工匪侈逾載告竣斯役也經營適協乎輿
情銖黍不煩夫民力將使黃山巖岫秀比靈山渭水波濤凝如定水洪河浪息渡法海之津梁
華岳雲開通耆闍之轍迹五陵六郡之衆迴向香城外蕃屬國而遥群遊淨土貴神光之常護
上以祝
慈壽於無涯助王化之遐宣下以錫民庥於有永其尓朕綏懷寰宇順導烝黎之至意也歟於是題
廣仁之額標括三乘書多寶之碑昭垂奕葉云爾
康熙四十四年十一月初一日

年，实属不易，视为国宝，吸引着众多名家前来欣赏。当年康熙皇帝在宣纸上亲笔书写的御制广仁寺碑文的真迹，如今完好无损地保存在广仁寺里，是广仁寺最珍贵的一件文物，堪称镇寺之宝。这个碑头是复制品，原有的碑头立在亭外，曾经在历史上遭到破坏，后期在基建过程中发现了原碑头。

放生池——慈悲为怀 体念众生

两边的池子是放生池，护栏上雕刻有藏传佛教的八吉祥图案（宝伞、双鱼、宝瓶、莲花、法螺、吉祥结、胜利幢、法轮）。

放生池左右两边分别是钟鼓楼，采用传统的明清建筑风格，由信众捐资修建，于2016年完工并投入使用。每天早晚都有师父鸣钟击鼓号召并警醒大众。

千手观音殿——金光灿烂

广仁寺第一个大殿千手观音殿，上面悬挂的“广仁寺”匾额是由原全国政协副主席、中国佛教协会会长赵朴初1986年来广仁寺时题写的。广仁寺供奉的千手观音是用俄罗斯椴木雕刻、全身

千手观音殿

སྤྱན་རས་གཟིགས་ཕྱག་སྟོང་སྤྱན་སྟོང་།
千手观音菩萨

四大天王

彩绘贴金而成，高6.6米，重约2吨，目前是陕西省最高的千手观音。她头顶是阿弥陀佛，千手观音手多眼多智慧多，救苦救难有求必应，千手护持众生，千眼观照世间，正所谓“千处祈求千处应，苦海常做渡人舟”。

殿内两侧威严的四大天王是用香樟木雕刻而成，外表应用了彩绘贴金的工艺。四大天王，又叫作四大金刚，代表着风调雨顺。

东方持国天王：“持国”意为慈悲为怀，保佑众生，护持国土，故名持国天王。居须弥山黄金地，身为白色，穿甲胄，手持琵琶，是主乐神，表明他要用音乐来使众生皈依佛教，他负责守护东胜神洲。

南方增长天王：“增长”意为能令众生增长善根，护持佛法，故名增长天王。居须弥山琉璃地，身为青色，穿甲胄，手握宝剑，以保护佛法不受侵犯，他负责守护南瞻部洲。

西方广目天王：“广目”意为能以净天眼随时观察世界，护持人民，故名广目天王。居须弥山白银地，身为红色，穿甲胄，为群龙领袖，故手缠一赤龙（也有的作赤索），看到有人不信奉佛法，即用索捉来，使其皈依佛教。他负责守护西牛贺洲。

北方多闻天王：又名毗沙门，“多闻”多识，以福德名闻于四方。居须弥山水晶地。身为绿色，穿甲胄，右手持宝伞（又称宝幡），左手握神鼠——吐宝鼠。用以制服魔众，护持人民财富。又名施财天。是古印度的财神。他负责守护北俱卢洲。

唐卡——藏族特色绘画

广仁寺的唐卡也是一大看点，唐卡是藏传佛教的一种绘画艺术，用的是纯天然的矿物颜料在绸布、粗布、牛皮上来绘画。已经有一千多年的历史了。

现在看到的是一幅精美的四臂观音，代表慈悲喜舍，是用一年多的时间绘制完成。所用颜料红色的是用朱砂或红珊瑚粉，白色的是用白珍珠粉，金色的是用纯金粉，绿色的是用绿松石粉。

六道轮回图——世世沉浮 因果轮回

六道轮回图是佛教轮回理论的昭示图，正如轮回的本性一样，轮转不息，无始无终。六道众生透过佛法的修行，最后终得解脱轮回、解脱烦恼，登佛净土。在最内圈的是鸡、蛇、猪分别代表贪、嗔、痴三毒。第二圈圆环分为上升和下堕两部分，代表善业与恶业。第三圈上半部分为三善道：天道、人道、阿修罗道。下为三恶道：地狱、饿鬼、畜生道。

六道轮回图

万年灯——万年之光

灯亭里供奉的是一盏古灯，建寺之初就有。由于这盏灯是长明不熄的，称为长明灯，也叫万年灯。灯内可容纳108公斤油，佛经讲供灯可以驱除人们心中的无明愚痴。给长明灯供油，可以增长福德和智慧，明亮前程。

万年灯

长寿殿——福气、富贵、长寿

长寿殿

西殿是长寿殿，上面悬挂着康有为题写的匾额“庄严佛土”，里面供奉着长寿三尊。这座殿是民国时期杨虎城将军任陕西省主席时出资修建的。墙壁有砖雕的十相自在图，中间由时轮金刚心咒的七个梵文组成，七个梵文加上日月以及莲花刚好十相，所以叫十相自在图。此图有平安、吉祥、避邪之意，是典型的藏传佛教标志。

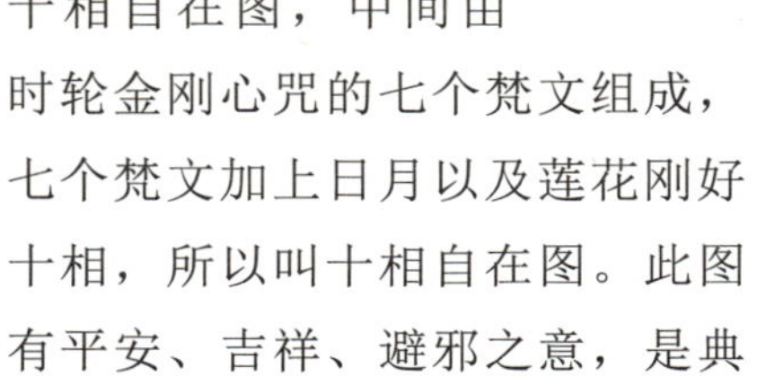

绿度母殿前是百年紫荆花树，这种树比喻兄弟和睦、家道兴旺。

绿度母殿——救八难度母

绿度母殿也是广仁寺的大雄宝殿，大殿上面悬挂的匾额是由康熙皇帝题写的“慈云西荫”。匾额边缘的九龙图案是由镂空工艺雕刻而成的，出自宫廷里的能工巧匠。这也是广仁寺最古老的一块原匾。殿内供奉着三尊菩萨，西边是大智文殊菩萨，东边是大行普贤菩萨，中央是一尊绿度母菩萨。绿度母是藏传佛教里的一尊菩萨，在藏传佛教里一共有21尊度母，绿度母是21度母之首，是救苦救难观世音菩萨的化身。在藏地，人们把藏王松赞干布从大唐迎娶的妻子文成公主称为绿度母的化身，从尼泊尔迎娶的尺尊公主称为白度母的化身。绿度母和白度母是观世音菩萨的两滴大悲泪所化现的。广仁寺供奉的这尊绿度母菩萨像，已经有1300多年的历史了，比广仁寺的历史还要久远1000多年，她是唐朝时，吐蕃王松赞干布派他的大臣禄东赞到大唐求亲时，从吐蕃带来的献给大唐皇帝的见面礼，唐太宗把她供奉在唐朝的皇家寺

绿度母殿

院——开元寺。文成公主出嫁时，请走了佛祖释迦牟尼十二岁等身像，后来唐太宗到开元寺去拜佛，当他看到那个空着的汉白玉莲花座时，心想在这个莲花座上再来供奉一尊什么佛像好呢？这时绿度母菩萨显灵开口讲话了，她说："皇上不必供奉其他的佛像了，就由我来替代释迦牟尼佛教化和普度长安的众生吧！"从此这尊长安绿度母的声名传遍了神州大地。

康熙皇帝敕建广仁寺时，把绿度母从开元寺请到广仁寺来供奉，从此广仁寺成为国内唯一的绿度母主道场。在藏传佛教地区，也许人们不知道西安广仁寺，但是提起长安绿度母老少皆知。有很多蒙藏地区的信众不远千里赶来朝拜绿度母。

转经筒——消灾避难 修积功德

转经筒是藏传佛教里的一种法器，里面装满了经文，外面刻有观世音菩萨的六字大明咒：嗡嘛呢叭咪吽，转经是一种祈福的形式，沿顺时针方向转，代表福慧双增、吉祥如意。

转经轮

关公殿——诚信为本　忠义之情

关公殿里供奉的是佛教的护法神伽蓝菩萨。旁边的红木展柜里珍藏着康熙皇帝《御制广仁寺碑》的真迹原稿。墙上的展柜里供奉着500罗汉印章，每个罗汉雕刻都形象生动、形态各异，目前已经申请了吉尼斯世界纪录。

关公殿

千佛殿——人口兴旺　国富民强

广仁寺的千佛殿是一座雕刻精美的大殿，上面悬挂的是由慈禧太后题写的匾额“法相庄严”，在八龙匾额的正上方有慈禧太后的宝印。当年慈善太后赐给广仁寺三件宝物，第一宝是楠木龙床，第二宝是慈禧御笔之宝“法相庄严”匾额，第三宝是一对楠木龙灯。楠木龙床下落不明，楠木龙灯完整地保存于寺内。我们看到大殿的梁上、柱上、顶上都雕刻有非常精美的图案和佛像。殿里主供的是宗喀巴大师以及两大高徒，合称宗喀巴师徒三尊，是用缅甸珍贵的红木雕刻而成。宗喀巴大师是藏传佛教格鲁派（黄教）的创始人。他被誉为第二佛陀，班禅大师和达赖喇嘛是他的两大弟子。西边是他的高徒贾曹杰，东边是他的高徒克珠杰。克珠杰是第一世班禅大师。此殿也是寺院的师父们早晚课诵的地方，桌子上摆放的经书和法器供师父们上殿之用。墙上佛龛里供奉着一千尊台湾铜鎏金的宗喀巴大师像，有很多社会名流和各界知名人士前来认供。

广仁寺在2011年由寺院住持仁钦上师发起并成立了广仁慈善功德会，倡导大家日行一善、每日一元，常年在寺院门口给流浪人员发放粥饭、包子等食品及衣物。慈善会每个月都有帮助残疾儿童、孤寡老人、助医、助学等各种社会慈善活动，现有会员三千多人。

宗喀巴大师像

金瓦殿——省内唯一　熠熠生辉

金瓦殿是藏传佛教规格最高的建筑，广仁寺的金瓦殿是陕西省唯一的一座。采用了铜鎏金的金瓦铺盖，西边是达赖喇嘛行宫，东边是班禅大师行宫。中间悬挂的是由乾隆皇帝题写的“佛教圣地”匾额，门上方绘的是过去佛（燃灯佛）、现在佛（释迦牟尼佛）、未来佛（弥勒佛）三世佛，两边是八大菩萨。栋梁、顶部都是采用清朝宫廷彩绘中最高规格的金龙和玺图案。殿内诸多精美巨幅唐卡是请藏区的大活佛用了一年多的时间专门为广仁寺绘制的。

中央供奉的是释迦牟尼佛十二岁等身像，目前世界上只有两尊这样的佛像，另外一尊供奉在拉萨大昭寺。广仁寺的这尊和拉萨大昭寺的十二岁等身佛像是同法相同比例，佛教认为见到等身像的功德如同亲见释迦牟尼佛。这个玻璃函里的汉白玉莲花宝座以前是供奉在开元寺里，后来几经辗转来到广仁寺。这尊是文成公主像，她被藏地人们视为绿度母菩萨的化身被供奉在很多寺庙里。公元641年文成公主作为一位年仅16岁的皇室少女，为了民族的团结和谐远嫁吐蕃，不仅为藏

金瓦殿

释迦牟尼佛十二岁等身像

族同胞带去了先进技术以及各行各业的人才，而且把自己的一生奉献给了汉藏友好的和平事业，一生都没有回到过故乡长安。经过了1300多年后，在2006年，由广仁寺住持仁钦上师发起并举行了“重走唐蕃古道迎请文成公主回娘家”的大型活动，由旅美华侨齐茂椿先生发心捐赠260万元，用印度小叶紫檀雕刻释迦牟尼佛十二岁等身像，用美国的樱桃木雕刻文成公主像，寺院组织了僧众和30多家媒体组成的80人迎请团一起重走唐蕃古道，到达拉萨大昭寺，这尊释迦牟尼佛十二岁等身像与拉萨大昭寺的释迦牟尼佛十二岁等身像面对面7天7夜，请了108位西藏的高僧大德举行了开光加持。迎请团的僧众护送着这两尊开光的圣像，从拉萨出发沿着文成公主当年入藏路线——唐蕃古道返回到西安，行程7000多公里，途中在塔尔寺、法门寺都做了大型的佛事活动。回到西安，市政府及相关部门在南门为文成公主举行了大型的入城迎接仪式，文艺演出长达三个小时。经过20多天将两尊圣像迎请回来供奉在广仁寺。

西边的舍利塔里供奉着的释迦牟尼佛真身骨舍利，是2009年由泰国的皇室南他那居士捐赠的9粒释迦牟尼佛真身骨舍利。

这尊庄严肃立的大佛就是弥

勒佛，藏传佛教称为强巴佛。高9.9米，用香樟木雕刻而成，通身贴金。左右手结说法印，据佛经记载，释迦牟尼佛之后出世的是弥勒佛，来到人间掌管未来世界，所以称为未来佛。

强巴佛

藏经阁两边的柜子是由一位加拿大华侨出资200余万，选用上等红木制做，格挡用香樟木制做，可防虫蛀，便于经书的保存。柜子里珍藏着一部1710年修订的明版的《大般若波罗蜜多经》，一共6600卷。目前是国内保存最完整的唯一一部。《大般若波罗蜜多经》的纸张是最上等的，字迹到现在都清晰完整，经书上还有御用字样，是康熙皇帝赐给广仁寺的。

钗孔柏——六大奇树之一

这两棵布满钉眼状孔的柏树被称为钗孔柏，它的奇特之处在于树身和树杈上一圈圈围绕的钉眼状小孔。传说当年八国联军入侵北京时，慈禧太后逃难到西安住在广仁寺，拿着发钗插在树干上挂衣服，从而留下了这些钉眼孔。我们也称之为挂衣柏。

四瑞和睦图——藏文化著名符号之一

照壁上的四瑞和睦图，采用的是关中传统砖雕艺术，具有古朴、典雅的艺术风格。传说某地一只鸟衔来一颗种子抛在地上，一只兔子看见了，便刨了一个坑把种子埋在土里；不久种子长出幼苗，一只在山林里玩耍的猴子看见了，为了保护幼苗，它用树枝把幼苗围了起来，并拔去四周的杂草；一头大象看到这一情景后，便每天用长鼻吸来山泉浇灌。幼苗在四瑞兽的精心呵护下长成了参天大树，结满了累累硕果，四瑞兽齐心协力将果子分给山林里所有的瑞禽共同分享，使地方安宁、人寿年丰。藏传佛教以此祥瑞图表达团结和睦、和平宁静的美好愿望。

财神殿
——生意兴隆　财源广进

财神殿里供奉的是藏传佛教五姓财神之首黄财神，也是全国首座黄财神千佛殿，左手握着吐宝鼠，右手持摩尼宝，脚踩白海螺，代表随时可以下海取宝。供桌两边放满了各种各样的酒，这是藏传佛教的一大特点，在藏传佛教里所有护法神可以用酒来供养，用酒供养护法神是最殊胜的一种供养形式。每年的大年三十广仁寺整晚开启山门，举行迎财神纳福、新年祈福法会。

黄财神

财神殿前有棵痒痒树，它的树身没有树皮，用手一挠树干，树枝就会颤动，好像人怕痒发笑一样。这棵百年紫丁香，传说是康熙皇帝亲手种植，花开时节，满寺飘香，令人陶醉，吸引着众人前来观赏。

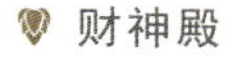
财神殿

谁给包子把汤灌？

西安灌汤包子

灌汤包子是由汉代的“笼饼”演变发展而来的。汤包的特点是：“到口难吞味易尝，团团一个最包藏。外强不必中干鄙，执热须防手探汤。”尽管汤热有可能烫嘴，但人们还是要“冒热”品尝，以饱口福。西安著名的店家有贾三清真牛羊肉灌汤包子店、西安小六汤包店等。

制作灌汤包子时，和的面必须软硬适中，所以采用一半烫面、一半凉水和面。制成面团后，反复揉搓、回饧。制馅工艺主要包括三个方面。一是选肉精良，肉末细而不成糊。蔬菜选用肉质脆嫩、味甜而香的赤水大葱，用葱白和白菜心配制而成。二是用当日煮成的鲜骨头汤打馅，骨头汤有较大的持水性能，加热后汤汁从馅中溢出，形成汤包中的鲜汤。三是做工精细，通常拌馅选用八角、花椒、小茴香等多种调料配合使用，调料按一定次序投放，不能颠倒。制成的馅料色泽黄亮，鲜香溢油。

在包制工艺上，将面团揪成小面剂儿，用手捏成核桃大小的包子，状若朵朵菊花，洁白晶莹，侧看又如一个个玲珑的小石榴。入笼蒸熟后，皮薄，不破底，筋软而有“咬劲”。端上桌后，热气腾腾。

食用灌汤包的口诀是：轻轻晃，慢慢夹，咬破皮，放勺中，流出汤，闻其香，先吃包，再喝汤。也就是左手持勺，右手持筷。轻轻咬破一个小口，把汤倒在小勺里，将包子放入盛有酱油、香醋、油泼辣子的味碟中，蘸一下入口品尝，吃完将汤一饮而尽。按这种程序吃着舒服，看着优雅，文明有趣，不烫舌唇，尽含饮食文化的情趣。风味特点：皮薄筋软，馅香鲜嫩，汤汁味美。

还有一种吃法是用筷子轻轻挟起包子，这时包子嘴儿不能裂，底儿不能漏，汪油汤在包子里晃动。在精心调制的调味汁中蘸一下整个儿入口，汤味儿鲜美，肉馅浓香，柔韧的面皮爽滑适口，

05

三月三日天气新
长安水边多丽人
态浓意远淑且真
肌理细腻骨肉匀
绣罗衣裳照暮春
蹙金孔雀银麒麟
头上何所有
翠微㔩叶垂鬓唇
背后何所见
珠压腰衱稳称身
……

火树银花不夜天　十二时辰梦大唐

西安曲江唐文化景区

走进曲江唐文化景区

曲江
位于西安城区东南部
为唐代著名的曲江皇家园林所在地

曲江新区原名西安曲江旅游度假区
是陕西省人民政府于1993年批准设立的省级旅游度假区
2003年7月，经西安市政府批准，更名为“曲江新区”
曲江新区属于雁塔区，位于西安城东南

以闻名中外的大雁塔和曲江皇家园林遗址为中心
是西安市城市中心区的重要组成部分
也是未来西安城市建设的重点区域
区内历史文化积淀深厚，名胜古迹众多
是自然风光、人文景观、民俗风情及现代都市文化的荟萃之地
旅游资源十分丰富
是市民及游客聚集游览的公共园林区

曲江
不仅在古都西安发展史上空前绝后
而且在中国古代历史上也绝无仅有

大慈恩寺与大雁塔建筑格局

在唐慈恩寺西塔院的基础上修建而成，坐北向南主要建筑有：山门、钟鼓楼、大雄宝殿、法堂、大雁塔、玄奘三藏院、藏经楼等。

大慈恩寺与大雁塔概况

大慈恩寺原为隋代的无漏寺
“无漏”即没有烦恼的意思
唐贞观二十二年(648)，李治在当太子时
为了给他去世的母亲文德皇后追荐冥福
怀念慈母大恩
下令选择
“挟带林泉，务尽形胜”之地
扩建了无漏寺，改其名为大慈恩寺

因为是皇室建造的寺院
因此大慈恩寺有其他寺院望尘莫及的
显赫地位和宏大规模
当时的大慈恩寺规模宏大
面积近400亩，占晋昌坊面积的一半，有13个院落
各式房舍1897间

西行求法的玄奘法师回到长安后
奉旨任大慈恩寺上座
主持翻译佛经，宣讲唯识宗等佛教教义
为了完好地保存玄奘法师从印度带回来的佛经
唐高宗敕令在慈恩寺修建大雁塔

大雁塔南广场——唐文化主题公园

大慈恩寺正前方的文化广场，是西安旅游的亮点。广场上园林绿地整齐划一，花岗岩地面光亮如镜，小桥流水尽显诗情画意。广场中心高耸的玄奘法师青铜雕像特别引人注目，只见他手持禅杖，神情庄重，目光坚毅，好似正走在西行求法的路上。

山　门——三解脱门

大慈恩寺的正门称“山门”，也叫山门殿，是因中国佛教寺院大都建在深山密林之中而得名，即使后来寺庙建于平原，其山门之名仍沿用至今。山门分为三座门，中为空门，东为无相门，西为无作门，象征“人生三解脱”，所以又称之为“三门”。佛教教义认为：人生来就是苦，幸福安乐稍纵即逝。无论我们生活多么美好，但都无法摆脱生老病死等各种痛苦和108种烦恼，所以只能皈依佛教，虔心修行，一心念佛，当我们感悟到了

人生皆苦，四大皆空，诸恶莫作，众善奉行，那时就达到人生三解脱了。进入这三门，即意味着人们看破红尘，摆脱烦恼，虔心向佛，修成正果。

山 门

大雄宝殿——“龙爪”护驾

大雄宝殿是佛教寺院的主体建筑。殿内供奉三身佛像，即佛的法身、报身、应身塑像及弟子阿难、迦叶的塑像，东西两侧塑有包括玄奘在内的十八罗汉像。靠后两侧，东有文殊菩萨，西有普贤菩萨。三身佛像背后有楠木雕刻的南海观音及善财童子的五十三参塑像。大殿前种植的树叫作龙爪槐。龙爪槐是中国槐的变种。中国槐是西安的特有树种，相传是西汉年间由张骞开辟的丝绸之路传入中原的。大慈恩寺的龙爪槐是1887年嫁接的，已有百余年的树龄。而龙又是中华民族的图腾，是中国古文化的代表图

大雁塔南广场

牡丹亭

案，因此龙爪槐立于此有着深远的意义。

牡丹亭——殿后“国色天香”

大殿之后的牡丹亭，堪称寺内另一道美丽的风景线。据宋初钱易《南部新书》卷四所载：“慈恩寺元果院牡丹先于诸牡丹半月开，太真院牡丹后诸牡丹半月开。”唐代，每逢春季，这里车水马龙，人们争相观赏牡丹。以牡丹为题的诗作也不胜枚举。唐代诗人裴士淹在佛殿东壁留诗一首，诗名叫《白牡丹》：“长安年少惜春残，争认慈恩紫牡丹。别有玉盘承露冷，无人起就月中看。”相传，唐太和年间，唐文宗乘车到芙蓉园，路过慈恩寺时见到这首诗，久久吟赏，不忍离去。他下令让嫔妃们诵念。等他晚上回到大明宫，就听到六宫内到处都在念诵着这首诗。由此可知，慈恩寺的牡丹在京城里的影响有多大。

法　堂——佛教课堂

法堂是为佛教徒讲经说法之处，这里供奉阿弥陀佛铜像一尊，高一米多。殿内珍藏玄奘亲手供奉的佛座一件，另有二十四诸天四面青响石一件，此石采自蓝田玉山所产青石，敲之铿锵有声，清脆悦耳，故名“青响石”。室内东壁上悬挂三幅拓片，即《玄奘负笈图》及其两大弟子圆测、窥基的画像。西壁上

西安市雁塔区雁塔路南段11号大慈恩寺内 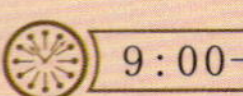 9:00-17:00

悬挂有玄奘法师生平简介。

阿弥陀佛——圆满智慧

阿弥陀佛是佛教净土宗供奉的主要对象，是西方极乐世界的教主，能够接引念佛人往生“西方净土”，故又名“接引佛”。又名“无量光佛”“无量寿佛”，与观世音菩萨、大势至菩萨合称为“西方三圣”。佛教净土宗修炼时口诵“南无阿弥陀佛”。“南无”应念为“那摩”，是“归依”或者“皈依”的意思，“阿弥陀”就是“无量寿”“无量光”的意思。“佛”就是觉悟宇宙和人生的圣者。“阿弥陀佛”就是寿命和光芒都没有限量，而且证得圆满智慧的觉者。

玄奘负笈图——不畏艰险

《玄奘负笈图》原本为宋代无名氏所绘，原画现藏于日本东京国立博物馆内。图中的玄奘大师赤足芒履，身负满载佛经的行笈，前悬灯盏。画面生动地描绘了玄奘日夜兼程、坚定取经的形象，使人们对这位跋涉数万里、历尽艰辛的文化交流使者产生由衷的崇敬和钦佩。在《玄奘负笈图》两侧分别悬挂有两位弟子的画像。

大雁塔——大慈恩塔

法堂背后耸立着举世闻名的大雁塔。玄奘法师自印度取经归来后，被请为大慈恩寺的上座，主持寺务，从事佛经翻译工作。唐高宗永徽三年(652)三月，玄奘法师为妥善安置和供奉从印度取回的佛像、舍利和梵文经典，上表高宗皇帝，“欲在寺内造石浮图(佛塔)，塔高三十丈，以显大唐之基业，为释迦之故基”。但高宗认为建造石塔工程过于浩大，建成较难，也不愿法师辛苦，建议改建砖塔。并敕令动用大内东宫、掖庭等七宫亡人的衣物金银，助师修塔。玄奘法师亲自设计监造，亲自运土搬砖，耗时两年终于建成。最初的雁塔，塔基面各一百四十尺，仿西域制度，分为五层，高一百八十尺。后来武则天在长安年间将塔改建为七层，到了明代，外表加砌面砖保护，一直留存至今。现在的大雁塔塔体呈方锥形，建在一座方约45米、高约5米的台基之上。塔高共七层，底层边长25米，由地平面到塔顶的高度为64.7米。

大慈恩塔

玄奘三藏院

玄奘三藏院——当代敦煌

大雁塔北边是一组庄严凝重的仿唐建筑，这就是玄奘三藏院。其占地11320平方米，建筑面积5000平方米，于1996年动工修建，历时4年，当时耗资4100余万元，总设计由中国工程院院士、西北建筑设计院总设计师张锦秋担纲。全院由西院光明堂、中院大遍觉堂和东院般若堂三部分组成，将玄奘大师的辉煌一生分成两个阶段、三个不同层面向世人展示：西院光明堂展示的是大师出生到40岁取经回国的经历和动人事迹，称为“参学求法阶段”；东院般若堂的内容是玄奘大师取经东归受到唐王朝的隆重欢迎和励志译经、传法弘法直到圆寂，称为“译经弘法”阶段；中间的大遍觉堂则以更深层次的内涵表现了“玄奘取经”这一历史事件的宗教背景，贯穿了过去、现在、未来三个时空观念的佛教文化核心思想。玄奘法师是中国历史上伟大的佛学家、思想家、旅行家、翻译家、中外文化交流的使者和爱国主义者，是举世公认的“世界文化伟人”，也在世界文化史和佛教史上写下了辉煌篇章。玄奘三藏院通过精美的装饰、高超的艺术手法和丰富的历史资料向大家展示了一个真实的唐玄奘。玄奘三藏院是目前我国规模最大的玄奘纪念馆，被誉为“当代敦煌”。

大唐不夜城游览示意图

西安曲江唐文化景区布局形式

曲江位于西安城区东南部，为唐代著名的曲江皇家园林所在地，境内有曲江池、大雁塔、大唐芙蓉园、寒窑、秦二世陵、唐长安城墙遗址等风景名胜古迹及历史遗存。

大唐不夜城概况

大唐不夜城
位于陕西省西安市雁塔区的大雁塔脚下
北起大雁塔南广场，南至唐城墙遗址
东起慈恩东路，西至慈恩西路
街区南北长2100米，东西宽500米
总建筑面积65万平方米
大唐不夜城以盛唐文化为背景
以唐风元素为主线
建有大雁塔北广场、玄奘广场、贞观广场
创领新时代广场等四大广场
西安音乐厅、陕西大剧院、西安美术馆
曲江太平洋电影城等四大文化场馆
大唐佛文化、大唐群英谱、贞观之治
武后行从、开元盛世等五大文化雕塑
是西安唐文化展示和体验的首选之地
2019年4月29日
大唐不夜城步行街被列为全国首批11条
步行街改造提升试点之一
2020年7月
大唐不夜城步行街入选首批全国示范步行街名单

唐朝——梦回千年的盛世华章

唐朝（618—907），是中国历史上统一时间最长、国力最强盛的朝代之一。因山为陵，昭示大唐开阔的胸怀；多姿三彩，承载唐人多样的追求。小邑犹藏万家室，这是民生的富足；春风得意马蹄疾，这是士人的昂扬。文化繁荣，诗家万人，绝律行吟于街巷。友好对待兄弟，封国渤海，册立南诏，结好吐蕃，中华民族“和同为一家”。积极进取，边关烽火，大雪弓刀，声势及于中亚。高丽来员摩学，扶桑派遣使者。

煌然盛唐，气象万千！

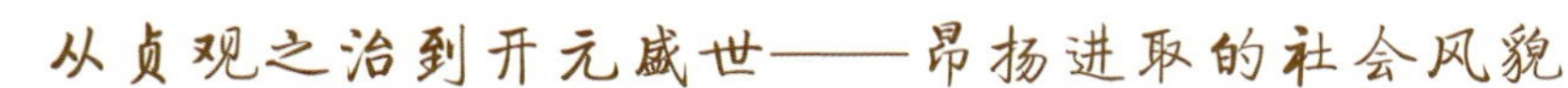

从贞观之治到开元盛世——昂扬进取的社会风貌

从太宗李世民到玄宗李隆基，开创了“贞观之治”和“开元盛世”两个流光溢彩的时代。当时是君臣一体，励精图治；社会稳定，物阜民丰；文治武功，独步当世，超越前代。文学、宗教、艺术硕果累累，长盛不衰，在各个领域都产生了光耀千古的巨人。璀璨夺目的盛唐文明，即使在千年后的今天，仍然让我们心驰神往，向往不已。民族融合和国家统一，给唐代社会带来了

西安市雁塔区曲江新区芙蓉西路99号

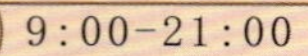

唐朝／阎立本／《萧翼赚兰亭图》／台北故宫博物院藏

崭新的面貌和清新的气息。而国家、民族、大陆之间频繁而有效的经济文化交流，对唐人社会生活的方方面面都产生了深远的影响。这些都使大唐王朝呈现出独特的社会风貌，那就是昂扬进取的民族精神、宽松自由的文化氛围、积极向上的人文气质和博大宏放的社会心态。唐代社会因为这些而充满魅力，光耀千古。盛唐文化，是中华民族的主流的、集大成的文化，盛唐气象最突出的特点就是朝气蓬勃，处处呈现出青春的丰满，处处呈现出充满魅力、蓬勃向上的精神风貌，时代的精神火花在这里凝结、积淀下来，传流和感染着人们的思想、情感、观念、意识，经常使人一唱三叹，流连不已……盛世所张扬的开放包容的精神和形成的辉煌灿烂的文明，是历史馈赠给我们的巨大财富。

大唐不夜城
——夜市千灯照碧云　高楼红袖客纷纷

“城上春云覆苑墙，江亭晚色静年芳。林花著雨胭脂湿，水荇牵风翠带长。”这是唐代诗人杜甫描绘曲江静谧夜色的诗句。而今，西安曲江大唐不夜城因流光溢彩的霓虹灯、美轮美奂的建

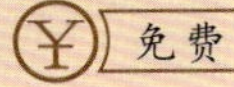

免费

乘坐161、21、23、237、通宵4号线、游8、610等路可达。

筑群及形色各异的文化广场而闻名遐迩。以盛唐文化为背景，以唐风元素为主线，以体验消费为特征，着力打造集购物、餐饮、娱乐、休闲、旅游、商务为一体的一站式消费天堂。1500米的中央雕塑景观步行街及沿途各节点的文艺表演、演艺+互动的形式和音乐喷泉等，将大唐不夜城炫美的盛唐天街、绝美的盛唐画卷尽情铺呈、完美展现。

大唐不夜城——千年辉煌　尽在咫尺

中国儒家的“居中不偏”“不正不威”的思想，要求主要建筑居中，围绕中心对称布局。把儒家思想贯穿于建筑规划中当了无疑义。在大唐不夜城的整个建筑群落中，大雁塔无疑就是这个中心，而贯穿大唐不夜城长达1500米的景观步行街则是整个建

筑群的中轴。大唐不夜城各组建筑有明确的主从关系，沿中轴线对称分布。建筑群有丰富的整体轮廓，单层建筑和楼阁交错起伏，低平的廊庑衬托着高起的檐角，形成美丽的天际轮廓。这些联系在各个布局之间表达着理性的逻辑和稳定的秩序，使全局浑然一体，大气恢宏。

玄奘广场——三藏法师

大慈恩寺南广场上庄严肃穆的玄奘青铜雕塑，成为不夜城的北起点。玄奘被唐太宗赞誉为“法门领袖”。他从13岁皈依佛门，公元628年西行，历时17年，于公元645年带回经书657部。他写的《大唐西域记》，介绍了138个国家的风土民情、人文地理，有着无可替代的价值。四大名著之一《西游记》就是在此基

大唐不夜城俯瞰图

础上写成的章回体小说。他孜孜不倦十九载，译出大乘真经75部，共计1335卷，将印度所学尽传中国。他从来都不是《西游记》中人们所熟知的“御帝哥哥”，他是我们心中延续千年的“玄奘法师”！他一生弘誓，从未有负“慈恩”二字，风姿不改“玉华”之姿，这才是真正的民族之脊梁，后辈之师尊，法门之领袖！

玄奘广场

大唐群英谱——灿若星河

华灯初上，五组栩栩如生的雕塑小品将我们带入大唐盛世文化之中，那些倾注着作者心血的雕塑作品及人物，带领我们穿越时空，回到盛唐。这里镌刻了代表诗歌的李白、杜甫，宗教的鉴真、玄奘，绘画的吴道子、阎立本，书法的颜真卿、张旭，茶道的陆羽，医学的孙思邈等33人的雕像，集中地表现了唐代诗歌、宗教、绘画、书法、医药、天文等领域的精英人物，使我们流连于唐朝著名人物身边，领略盛唐之风，感受群英风采。

佛教雕塑——盛极一时

大唐王朝“儒释道”并重，皇帝既尊崇儒学，又扶持道教和佛教，三家思想交相辉映，成就了唐文化的高度繁荣。而其中佛

大唐群英谱

教最为盛行，唐代很重视佛教的弘扬。玄奘西行，鉴真东渡，中外佛教交流频繁，禅宗的创立，标志着佛教的中国化和本土化，而其中最具代表性的人物便是我们在不夜城这组雕塑看到的四位唐代高僧：西天取经的玄奘、东渡日本的鉴真、佛教禅宗祖师慧能、日本派来中国进行文化交流的空海大师。

绘画艺术——精密雅致

唐代是中国造型艺术全面发展的鼎盛时期，其绘画更具有划时代意义，人物画达到巅峰，山水画得到迅速发展，花鸟画已成为独立的画种，在选材、技法等方面都近于完美。金碧辉煌的青山绿水，意韵浑融的泼墨山水，圣灵风动的壁画浮雕，风格多样，反映出唐代画家的巨大生命力和创造力。道子画，惠之塑，吴带当风，曹衣出水，精绝殊胜。这组雕塑表现的人物分别为开元时期雕塑家杨惠之、天宝年间画家韩干、开元时期宫廷画家张萱（即《虢国夫人游春图》等著名画作的作者）、画圣吴道子、画家兼工程学家阎立本。

绘画艺术

诗歌艺术——诗歌的黄金时代

唐诗既是唐朝时期最普及的艺术，又是当时最成熟的艺术，更是中国古典艺术的精华，诗歌创作的巅峰。唐诗是长安的灵魂，长安是唐诗的载体。唐朝的诗书，精魂万卷，卷卷永恒；唐朝的诗句，字字珠玑，笔笔生花。便如眼前的这组雕塑，王昌龄、王维、李白、杜甫、刘禹锡、白居易、杜牧、李商隐。耳熟能详的每个名字背后，都留有千古名篇，成为历史的瑰宝。

当我们得意时会说：“春风得意马蹄疾，一日看尽长安花。”艰难时会说：“艰难苦恨繁霜鬓，潦倒新停浊酒杯。”激励时会说：“莫愁前路无知己，天下谁人不识君。”真挚时会

说："桃花潭水深千尺，不及汪伦送我情。"牵挂时会说："劝君更尽一杯酒，西出阳关无故人。"温暖时会说："晚来天欲雪，能饮一杯无。"告慰时会说："洛阳亲友如相问，一片冰心在玉壶。"祝愿亲友时会说："长风破浪会有时，直挂云帆济沧海。"这些名传千古的人物聚在一起真可谓是群星璀璨、灿若星河。

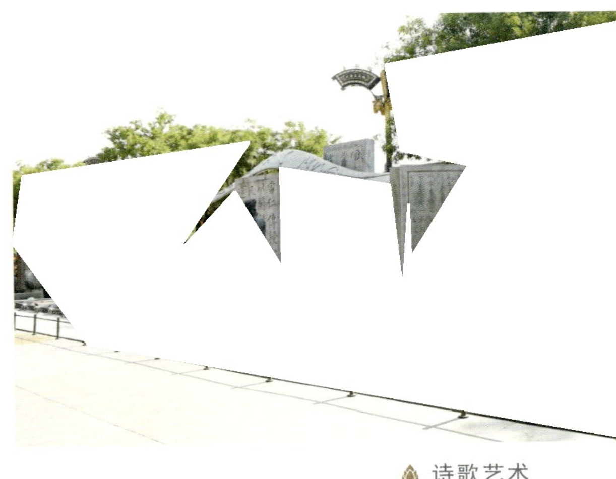

诗歌艺术

书法艺术——群星熠熠

唐代除诗歌外，书法艺术也达到了顶峰。这与当朝帝王的大力提倡密不可分。唐代帝王大多能书，在他们的倡导下，书法艺术达到了新的高峰。书法创作、书法欣赏、书法评论成为当时的艺术生活。真草篆隶行，百花齐放，争奇斗艳；欧虞褚薛，李孙颜柳，颠张狂素，群星熠熠；浩瀚书论，百世流芳，形成了中国书学史上空前绝后、最为辉煌的巅峰时代。湖笔、徽墨、宣纸、端砚已具规模，从"颜筋柳骨"到"颠张醉素"名家辈出，各有佳作。把中国"线的艺术"推向极致，最直接的表达了唐代意气风发、激昂奋进的时代精神。眼前的这组雕塑分别为怀素、张旭、孙过庭、柳公权、颜真卿、欧阳询、虞世南和褚遂良。颜真卿站在三层石阶上，头戴冠冕身着宽袍，一手挽袖一手持笔，儒雅而稳重。

贞观之治群雕——天地之道 贞观者也

贞观纪念碑是不夜城的地标性雕塑，总高17.95米。由李世民骑马像及周围的附属雕塑组成，周围辅以"水能载舟亦能覆舟""房谋杜断"等历史故事雕塑，共同烘托出唐太宗治下的盛世场

贞观之治群雕

景。主雕塑南北长36米，东西宽18米，总高17.95米，总重量8～10吨。李世民身穿龙袍，双目坚定有神，神情威严有度，一手持缰，另一手略抬微侧，有安抚天下之意。胯下战马雄壮威猛，李世民自信豪迈。雕像着力表现唐太宗天地之道的“正”气，高瞻远瞩、胸怀四海的帝王风范。基台四周是文臣武将，乐队战马更是鼓乐齐鸣，号手、旗手各半的24人仪仗队、鼓手2人及文臣武将各3人紧密相随，次序井然。碑体雄伟富丽，碑身正面刻有“贞观之治”四字，背面为贞观政要名录数百字。据中央美术学院雕塑研究院副所长、教授段海康介绍，该纪念碑是他和他的创作团队将大唐时期的雕塑元素和西方纪念碑雕塑创作手法相结合精心创作的，以反映大唐帝国的繁荣盛况和李世民的文治武功。碑体正面刻有“贞观之治”的字样，基座台阶层层递进，共同烘托出大唐盛世唐太宗卓越的成就。

房谋杜断——玄龄善谋 如晦能断

唐太宗李世民有两个得力的宰相，一个是“尚书左仆射”房玄龄，一个是“尚书右仆射”杜如晦。唐开国未久，许多规章典法都是他们两人商量制定的，所以把他们并称为“房杜”。《旧唐书·房玄龄杜如晦传》说，唐太宗同房玄龄研论国事的时候，房玄龄总是能够提出精辟的见解和具体的谋划，但是往往不能作决定。这时候，唐太宗就必须把杜如晦请来。而杜如晦一来，将

问题略加分析，就立刻肯定了房玄龄的某个意见和办法。他们二人一个善于出计谋，一个善于作决断，彼此相辅相成，所以被称为“房谋杜断”。“房谋杜断”亦反映了唐太宗知人善任，用人唯才是举。房玄龄在李世民刚起兵之际，投奔李世民，与其一见如故，并成为谋士，一直不离其左右，运筹帷幄，被李世民认为是大唐开国第一功臣。

玄武门之变后，房玄龄主管朝政长达二十二年，直到去世。房玄龄去世未满一年，李世民也病逝了。二十三年的“贞观之治”落下了帷幕。房玄龄不仅是大唐开国谋主、大唐开国第一功臣，也是大唐第一名相。李世民还是秦王时，杜如晦任秦王府兵曹参军，不久调任陕州长史。当时王府的幕僚很多被调任地方官，李世民十分担忧。房玄龄说：“其他人没有什么可惜的，杜如晦是辅佐帝王的人才，大王想经营四方，一定要有他才行。”于是李世民立刻上奏请求让杜如晦做自己王府的属官。杜如晦与房玄龄经常跟随李世民征伐，出谋划策。军队里的事务很多，杜如晦拿到手上，即刻分析决断，非常迅速。李世民常派房玄龄入宫奏事，高祖感叹说：“玄龄为我儿奏事，虽然远隔千里，却好像与世民面谈一样。”玄武门之变，房玄龄和杜如晦也都参与了谋划。他们秘密出入秦王府，帮李世民拿定主意，出谋划策，诛杀了太子李建成、齐王李元吉，最终辅佐李世民当上了皇帝。

房谋杜断

万国来朝——盛唐气象 大国风范

要说中国古代最强盛的朝代，估计很多人第一个想到的是唐代。唐朝强盛时期地域广阔，万国来朝，大唐更是先后击败了强大的东突厥和西突厥，令他们俯首称臣。大唐对外政策的宽松，加上丝绸之路的广泛推动，吸引了许多外国定居者向东迁移到中国，长安成为了名副其实的国际化大都市，城市和郊区农村人口达到200万。人口也是非常的国际化，当时的长安城就有5万～10万外国人在此居住，有波斯、中亚、日本、新罗、越南、印度……那时的大唐简直令人神往，异国情调的蓝眼睛、金色头发的女士们在玛瑙和琥珀杯中品尝葡萄酒，在酒馆里唱歌和跳舞，吸引顾客，有诗为证：

胡姬貌如花，
当垆笑春风。

——李白

自从胡骑起烟尘，
毛毳腥膻满咸洛。
女为胡妇学胡妆，
伎进胡音务胡乐。
火凤声沉多咽绝，
春莺啭罢长萧索。
胡音胡骑与胡妆，
五十年来竞纷泊。

——元稹

盛唐气象，发之于诗歌，是超逸宏伟开阔；发之于文化，是兼容并蓄，万川入海。欲穷千里目，更上一层楼，万国来朝，皆能为我所用，这才是实至名归的大国风范！

大唐文化柱

大唐文化柱——刻石为雕　承文作塑

历史上没有一个王朝像大唐那样有着海纳百川的胸襟，有着傲视天下承接异域文化的气魄。同时它也传递着丝绸之路的辉煌，僧旅络绎不绝，胡姬载歌载舞。唐时玄奘法师西行万里，到达印度。印度国王听说中国来了高僧，非常高兴，立刻接见玄奘法师。他见到玄奘法师第一句话就说："高僧来自中国，听说中国有曲《秦王破阵乐》？"那么《秦王破阵乐》究竟是什么曲子呢？这里面的秦王啊，不是秦始皇，而是唐太宗李世民。唐太宗李世民，十九岁领兵打仗，二十七岁当皇帝，两败薛举、破王世充、灭刘武周、擒窦建德、平刘黑闼(发音"踏")，亲自指挥六大战役，五年时间横扫三千里，统一中国北方。他一贯以少胜多，擅长长途奔袭、短促出击、防守反击、两翼包抄，而且自己也武功高强，总是一马当先。清朝末年，在敦煌藏经洞发现了唐朝一个远在边塞的普通士兵的诗："皇帝持刀强，一一上秦王。斗贼勇勇勇，拟欲向前汤。应手三五个，万人谁敢当。从家缘业重，终日事三郎。"生动描述了当时唐太宗李世民在人民群众心目中的印象与威望。《秦王破阵乐》，就是根据唐太宗出生入死所向披靡的军事生涯创造的舞曲。国家庆典中，要演出《秦王破阵乐》的舞蹈。大唐的将军与文臣、全世界各个国家的使节或者国王上千人观赏。一部歌舞史诗，让从罗马、拜占庭到日本京都，都领略到一个世界最强王朝的气度与国家魅力！

武后行从雕塑群——芳流剑阁　光被利州

以唐代仕女画家张萱的《武后行从图》为蓝本，连接在开元广场和贞观广场之间，上承贞观之兴，下启开元之盛。

贞观十五年秋夜，武媚娘第一次受唐太宗“宠幸”被封为才人。及至太宗死后，按照唐例，武媚娘被遣往感业寺出家为尼。然而李唐王朝的继任者高宗李治早已与其情愫暗生，因此武媚娘在感业寺出家为尼期间，即生下了自己的第一个儿子。其后更因再次怀孕被高宗接进宫中，由侍女又一次成为才人、昭仪。在一系列宫廷斗争中她亲手扼杀自己的女儿嫁祸皇后，击败宰相长孙无忌，终成为皇后。她与高宗相互依存又恨爱交加，她以自己卓越的政治才能逐渐掌握实权，直到垂帘听政。高宗死后她废黜太子，任用酷吏，把大唐天下变成了武周帝国，成为空前绝后的一代女皇。公元701年，七十多岁的武则天从洛阳回到长安，她在长安接待了一批来自吐蕃的使臣，其中有一位叫论弥撒，看到那气势恢宏的大殿、不可一世的女王、衣冠华丽的仕女，听着那曼妙动听的宫廷音乐，竟然被惊得瞠目结舌。而武则天时期的长安也的确依然保持着贞观年间的繁荣，这不得不功归于女皇那不输于男子的政治智慧与治国方略。在武则天的统治时期，女人的地位得到了从未有过的提高，很多以前只有男子才可以做的事情女

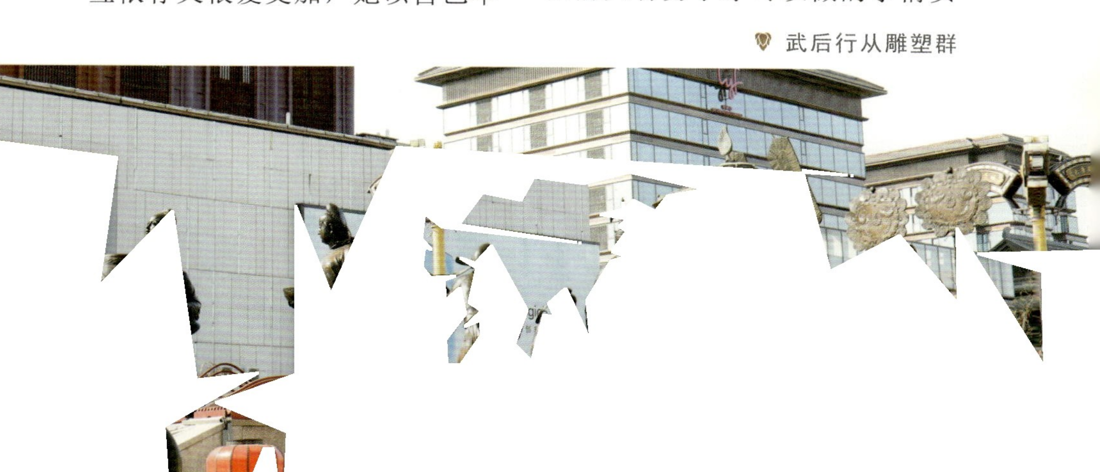
武后行从雕塑群

子也可以参与，包括官员的任免。这一时期的宫廷里就出现了很多女官，她们身着男装，仪态端庄，缓步前行。簇拥在武则天身旁的大臣、侍女、乐手等纷纷躬身相伴，万人之上的武后展示了她无与伦比的气魄，也展现了大唐盛世气象。

开元盛世雕塑群——忆昔开元全盛日　小邑犹藏万家室

它是大唐不夜城中轴线的景观高潮，也是人数最多的雕塑。群雕总高12.95米。最高一层基座上是4.59米高的“唐玄宗李隆基”。4.59米取意为九五之尊，“李隆基”站立在巨大的圆形龙壁前，帝王风范尽显。第二层是唐玄宗最器重的6位重臣及20个番邦使节。第三层42个乐俑手持各种乐器尽情演奏，壮美恢宏。整个雕塑群由78个人物组成，营造出一种大唐盛世百姓安居乐业的欢乐气氛。

开元盛世是唐玄宗李隆基在位前期建立的极盛之世，不论经济、文化，均为中国封建社会巅

峰。大唐盛世，路不拾遗，夜不闭户，四海承平。大唐海纳百川的胸襟和它缔造的伟大盛世，在中国的历史上留下了浓重的一笔，而最能形象说明开元时期的繁荣局面的是杜甫的那首《忆昔》：

忆昔开元全盛日，
小邑犹藏万家室。
稻米流脂粟米白，
公私仓廪俱丰实。
九州道路无豺虎，
远行不劳吉日出。
齐纨鲁缟车班班，
男耕女桑不相失。

广场上的8根朱红LED灯斗拱柱分别立于群雕两侧，蟠龙柱高20米，柱头直径8.9米，柱身直径2米，取意为四方、四极、四周、四海，与八数相合，意为四面八方、四通八达，诠释了大唐不夜城的建筑美学，使得开元广场成为一个露天宫殿，每位置身其中的游客仿佛回到鼎盛王朝，当LED灯柱在古城夜色中点亮，不夜城更加焕发出“不夜”之魅。

开元盛世雕塑群

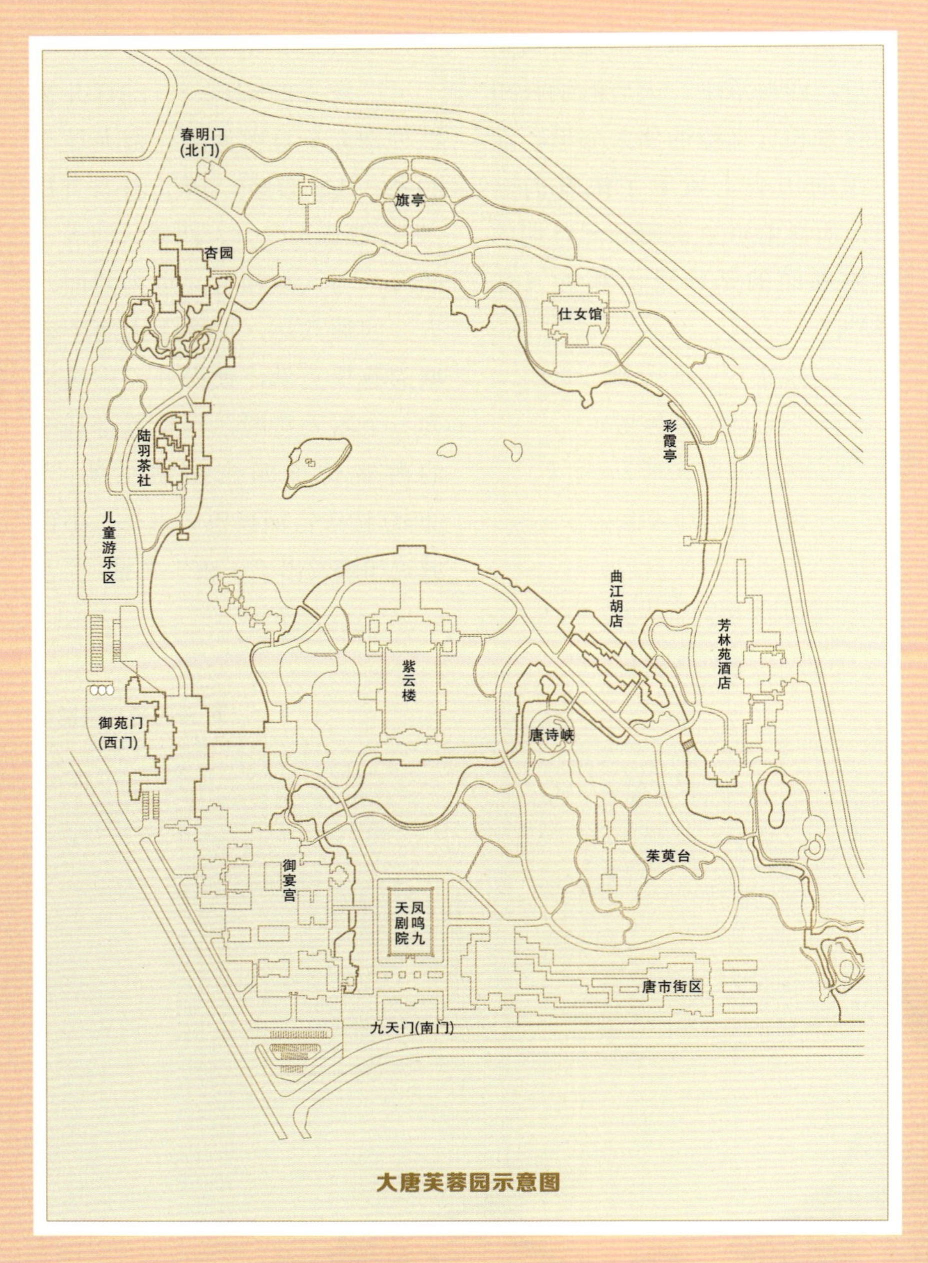

大唐芙蓉园示意图

大唐芙蓉园布局形式

大唐芙蓉园内建有紫云楼、仕女馆、御宴宫、杏园、芳林苑、凤鸣九天剧院、唐市、陆羽茶社等恢宏大气的仿唐建筑，以水景为核心，集体验观光、休闲度假、餐饮娱乐为一体。

大唐芙蓉园

总投资13亿元，占地1000多亩

仿唐式建筑在规模上居全国第一

是世界上最大的仿唐建筑群

几乎涵盖了唐代的所有建筑形式

普遍采用了张锦秋大师所创造的

“新唐风”建筑，简约、淡雅

被专家誉为“中华古典建筑的博物馆”

是国内全方位展示盛唐历史风貌的

大型皇家园林式国家级5A景区

大唐芙蓉园堪称中华

“历史之园”“精神之园”“自然之园”

“人文之园”和“艺术之园”

充分、集中展现了唐王朝辉耀四方

横阔八极的风貌以及璀璨多姿、无与伦比的文化艺术

可谓“国人震撼，世界[illegible]

大唐芙蓉园开园以后

迅速成为古都西安新的旅游胜地

一道亮丽的旅游风景线

成为来西安旅游的必游之地

大唐芙蓉园

——我国第一个全方位展示盛唐风貌的大型皇家园林主题公园

大唐芙蓉园采取了南园北池的大格局。在山水布局上，南园丘陵起伏，北池曲水萦回；在建筑布局上，南依丘陵，北临湖泊，东滨池岸，西望雁塔，以湖为主，环水布局；北岸景点适当分散，南园景区相对集中。可以说是疏密有致、虚实相应，仿佛一首优美动听、前后呼应的完整乐章。

芙蓉园共分为4个景观区：

第一个是中轴区，是以全园标志性建筑紫云楼南北向延伸线为主轴，自南而北设置南门、凤

鸣九天演艺区、山水组景、紫云楼南院机动演示区、紫云楼内唐乐舞演出厅、唐代文化展厅以及动感电影等以现代科技展现的历史文化演示区、水幕电影及其他传统水上活动观览区。

第二个是东翼区，位于中轴线以东，有全园最高最大的山峦。设置有唐诗峡、“诗魂”雕塑群和其他形式多样的唐诗小品。山的南麓设置唐集市。在东区东侧较宽敞的场地上有唐民间游艺活动场。

第三个是西翼区，有大型餐饮中心御宴宫，东侧就是有名的传统景观“曲江流饮”。

第四个是环湖区，湖滨岸线全长2.6公里。根据不同的方位和地形环湖设置有24个景观。

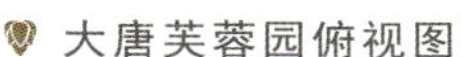
大唐芙蓉园俯视图

御苑门

芙蓉园的格局——南园北池

西御苑门——盛唐印记

芙蓉园开有东南西北四个大门。西门御苑门是大唐芙蓉园的正门；南门是皇门，叫九天门；东门是贵宾门，叫芳林门；北门是百姓门，叫春明门；四个门一门一主题，一门一特色，一门一景观，突出不同的大门文化主题。御苑门，是皇家园林给我们的"第一印象"。它造型华丽的两层主门楼与左右紧接的三重阙相得益彰，显得气势恢宏；大门正中"御苑门"这三个黑底金字由我国著名书法家、美术评论家沈鹏所写。大门两旁黑底金字的楹联更是意味深长："炎汉宜春苑曲水千载相如赋中皇家气象；大唐芙蓉园柳烟三春唐人诗裹帝里风光。"其皇家御苑的气派让人即刻能够想象出皇帝游曲江的恢宏气象及大唐迎宾礼仪的泱泱气魄。它是芙蓉园的正门，意思是御驾临幸皇家别苑。之所以把西大门作为正门，有两种说法：其一说是李唐王室来自陇西，所以门朝西开；其二是因为长安是丝绸之路联结西方的起点，象征着大唐王朝的兼容并蓄，贸易往来的兴盛发达和八方来朝的繁荣景象。进入此门，便开始了"梦回大唐"之旅。徜徉在这恢宏的大唐皇家园林之中，用我们毫无拘束、丰富浪漫的想象力，去遥想大唐，感受那个具有着博大、雄浑、开放、自信精神的时代；

感受那拥有着璀璨、多彩的文化年代的泱泱气魄。

黄金巨玺——笑迎四面八方宾客

一进西门，首先看到的是矗立在眼前的一枚黄金巨玺。玺是中国古代皇帝的印章，为皇权的象征。这枚金玺，通体金黄，以两条在水中翻腾盘绕的蟠龙作钮，印章正面阳刻朱红色的五个篆书大字“大唐芙蓉园”，字体古朴典雅而又意气风发，玉玺下方的地面上“盖”有这五个大字的印文。这枚金玺象征的是盛唐的辉煌和它在中国历史上所留下的鲜红印记。金玺所渲染的雍容华贵、恢宏大气的神韵，足以表明大唐芙蓉园在古代是皇家园林、皇家禁苑。

黄金巨玺

银桥飞瀑——水瀑奇观

芙蓉桥是用汉白玉按赵州桥的造型修建而成,反映了隋唐时代我国高度发达的科学技术和辉煌灿烂的建筑艺术。桥长66米，宽11米，整体呈银白色，故有“银桥”之雅称。走上这座宏伟壮观的拱桥，眼前是山石峻峭、水雾弥漫的景象，使人犹如进入了仙境，这就是所谓的“银桥飞瀑”。银桥飞瀑源自于唐代长安“白龙显灵”的优美传说，是运用高科技演绎的水瀑奇观。

银桥飞瀑

“白龙显灵”的传说

相传在唐代宗时，长安城大旱月余，当时萧昕为京兆尹，他听说不空三藏能够作法行雨，乃坚请之。三藏答应下来，让其徒取尺余长的树皮，放置一小龙于其上，以香炉圣水置于前，念一番咒语后，乌云翻滚，电闪雷鸣，暴雨下了起来。这溅击起的团团水雾漫天飞洒，让站在这芙蓉桥头的萧昕看见水雾烟云之中，在池中翻腾滚跃的曲江白龙。

御宴宫

唐代饮食（酒）文化主题区

御宴宫——品美味 用美器 饮美酒

御宴宫是一组宏大的建筑群，在这里可以体味大唐饮食文化的精妙。唐朝是一个兼容并蓄、有容乃大的极其开放的盛世，各种各样的文化相互交融、相互影响并相互促进。作为人类文化之一的饮食文化在当时也是一种重要的代表性的文化。唐代是我国菜肴发展的重要阶段。

唐代饮食文化的主要特点是：菜肴的烹饪方法明显增多；制法更加精良；品种相当丰富；

风味多种多样，制作出大量的美味佳肴。这一时期的菜肴分为高、中、低三个档次，除了民间家常用菜，还有一般官吏日用菜，而最高档的就是宫廷宴用菜。其中最著名的是唐代长安城的名宴——“烧尾宴”。凡被封高官之后，必须向皇帝献食，称为“烧尾宴”，意在像鲤鱼跳过龙门，天火烧焦尾巴而成龙，从此进入高层社会，象征前程远大，官运亨通。此风习是在唐中宗景龙年间开始的。烧尾宴有名贵的菜肴和点心，品种齐全，唐韦巨源在烧尾宴中有58款肴馔留存于世。“唐风食府悦客来，道逢佳肴口流涎，依水品花饮美酒，逍遥自在随意间。”这是唐代御宴宫的真实写照。御宴宫是集中显示唐代饮食文化的中心，是集美食、美器、美景、美乐为一体的主题餐饮区。

曲江流饮——杯随水势 轻漂漫泛

曲江，是唐代长安城文化荟萃之地，文脉之所在，也是唐代长安最有活力的标志性区域。这里，水流屈曲，环境优美；这里，青山绿水，风景宜人；这里，文人诗酒，淡泊休闲；这里，也是最能拨动文人墨客创作灵感的诗情画意之地。在唐代，这里是皇帝赐宴，进士们推杯换盏、聚宴言欢、抒发豪情壮志的宴饮场所。作为长安八景之一的“曲江流饮”，便是这种曲江诗酒文化的集中体现。

曲江流饮景观在凤鸣九天剧

曲江流饮

院和御宴宫之间，是游客游览过程中一处可小憩的过渡空间，以自然山水的景观形式，营造出一种自然、淡泊、幽雅、含蓄的景观氛围。“曲江流饮”源于古人“曲水流觞”的习俗，最早出现于东晋时期，到唐代成了一种很盛行的活动，是文人墨客最流行的一种娱乐形式。中国书法史上独步天下的行书作品“天下第一行书”《兰亭集序》就是在此情景下产生的。

唐时，众文人聚集曲江，在欣赏良辰美景的同时，也置酒杯于曲水当中，酒杯顺水漂流，流到谁的面前，谁就要按韵题诗，再由众人对诗进行吟诵评比。如果诗做得不好就要罚酒三斗，这种活动被称为“曲江流饮”，一直延续到宋，以至影响到明清和近现代，成为著名的“关中八景”之一。而这种诗酒文化的形成过程在一定程度上来说，也是文人借酒寄情、探求深层次人生意义的过程。

唐代歌舞文化主题区

盛唐歌舞——盛唐风韵 引颈高歌

盛唐时期，长安城到处充满了艺术的天籁，到处氤氲着创造的神思与灵感。歌舞戏剧，就在这丰润的艺术土壤中生长。唐代宫廷，特别是唐玄宗李隆基本人偏好歌舞戏剧，可以称得上是一个“音乐皇帝”。元稹、白居易都推崇他“雅好度曲”，他一生

盛唐歌舞

凤鸣九天剧院

作曲制谱的作品，为盛唐之冠。他采取各种措施，为歌舞、戏剧的生存和发展提供了丰裕的条件，这是唐代歌舞戏曲得以繁荣兴盛的前提。他在宫中设立中国最早的“中央戏曲学院”——梨园，并亲自进行教习。兴之所至，还亲自装扮上台表演，这也是后代的戏曲艺人奉他为“梨园之神”、称自己为“梨园弟子”的原因。著名诗人白居易写有《霓裳羽衣歌》，诗中写道：“千歌万舞不可数，就中最爱霓裳舞。”可见，唐代舞蹈中最著名的作品要数《霓裳羽衣》舞了。《霓裳羽衣》的乐曲就是唐玄宗吸收《婆罗门曲》曲调创制的，后来由杨贵妃将此曲编为舞蹈。《霓裳羽衣》由“散序”“中序”和“曲破”三部分组成。其乐舞着力描绘虚无缥缈的仙境，塑造了一群楚楚动人、传神姿态优美的仙女形象，舞蹈极为精美。

凤鸣九天剧院——现代化皇家剧院

顶部有四个金色凤凰的这座建筑便是凤鸣九天剧院。剧院金碧辉煌，一派皇室风范，并设有贵宾休息厅等辅助空间。是一个蕴含盛唐风韵、具有一流现代化设施的皇家内院式剧院，也是全国盛唐文化主题演出的核心表演区。剧院的保留主打节目，是由著名导演陈维亚、著名作曲家赵季平、著名灯光设计师沙晓岚等国内最佳编导阵容和国内一流的艺术家联手精心打造的大型梦幻歌舞剧《梦回大唐》。全剧以现代艺术的手法，配以全新的视听效果，表现了壮丽恢宏、大气磅礴的盛唐风貌。《梦回大唐》剧组的演职人员也曾多次出国巡演，“仙乐飘飘何处寻，雁塔高耸入青云”，唐代的歌舞文化，永远是唐文化斑斓夜空中的那颗最璀璨的金星。

唐代诗歌文化主题区

茱萸台——大唐诗表

“独在异乡为异客，每逢佳节倍思亲。遥知兄弟登高处，遍插茱萸少一人。”这是王维的诗《九月九日忆山东兄弟》。在这里我们看到的茱萸台正是出于此诗，茱萸台最高点的雕塑是大唐诗表。华表最早起源于遥远的尧舜时代。传至唐代，从修建武则天的乾陵开始在陵前列置华表，以彰显其皇家至高无上的权力与威仪。而我们所看到的这通高大雄伟的大唐诗表，是为了纪念大唐诗歌文化无法超越的鼎盛地位而立的。

茱萸台

唐诗峡——唐诗高峰

唐代是诗歌的黄金时代，唐诗也是古人留给我们的一笔丰富厚重的文化遗产；通过这些押韵工整、内容丰富、意境优美、寓意深远而又朗朗上口的古诗旧词，让我们感觉千年之遥已不是距离。我们从这些诗词当中，与一千多年前的古人有了情感的共鸣、心灵的交融。与“诗仙”李白一起去共邀明月，与“诗圣”杜甫共同忧国忧民，与“诗鬼”李贺一道奇思诡想，与“诗佛”王维相约去幽篁参禅，与“诗魔”白居易齐叹长生殿上绵绵之恨……唐代诗歌是博大精深的，同时又是雅俗共赏、没有等级的，是唐代社会生活方方面面的折射，更是中国文化史上不可超越的一段辉煌。

唐诗峡总长度为120米，有人物造型19个，是一组以表现唐代诗歌为主题的综合性文化景观。

共镌刻了唐代著名诗人的57首诗，内容涉及政治、宗教、文学、艺术、人生、社会、情感、家庭等方面，体裁有古风、律诗、绝句等。

峡中将精选的唐诗，由著名书法家书写，镌刻于摩崖之上，又辅以相关的大唐榜书、中国印、瓦当图案以及雕塑等多种形式补白，诗刻与奇峻的山势、回旋的曲径、潺潺的流水等自然景观完美结合，唐诗入境，意境入景，形成人文精神与自然情景完美交融的意境，让游客们在游览的过程中乘着古人的诗风雅兴，吟诵唐诗，学习唐诗，感悟唐诗，体验唐诗，感受中国传统文化精髓的无穷魅力。

唐代外交文化主题区

曲江胡店——笑入胡姬酒肆中

穿过风景优美的桃花坞，便来到了紧邻芳林苑的曲江胡店。它位于三面环水的陆地之上，是来往船只的停靠码头，也是水上游客休闲娱乐的最佳去处。唐代长安城是一座国际化的大都市，由于当时开放的外交政策，唐长安城胡人云集、胡店林立，“胡风”“胡俗”盛行。“汉人胡化、胡人汉化”“胡戴汉帽、汉戴胡帽”“胡服”“胡食”“胡舞”“胡乐”“胡床”“胡妆”等“胡风”劲吹，“胡俗”浸润。胡人还来我国经商开店，众多的胡人店铺中，大多数是经营珠宝杂货生意，同时酒肆也是主

唐诗峡

要行业。酒肆的服务员就是西域的妙龄女子，被称为“胡姬”，这些胡人经营的酒店，就称为“胡姬酒肆”。胡姬的任务一是招徕客人，二是当垆（柜台）卖酒，三是陪客人喝酒，四是为客人跳舞唱歌。她们年轻、漂亮、风骚，引得文人墨客、五陵少年趋之若鹜。胡姬是促使胡酒在唐代城市盛行的一个重要因素，在我国古代青年女子当垆不多的情况下，“胡姬酒肆”曾为唐代长安饮食市场开创了新的局面，而当年长安城中的文人骚客为了胡姬而去酒店饮酒，在唐代长安城里是一种世风。酒肆主要开设在唐代长安城西市和春明门到曲江一带的城门路边，人们送友远行，大多在此饯行。正所谓“送君系马青门口，胡姬垆头劝君酒”。酒肆中除了美酒，还有美味佳肴和音乐歌舞，正是“胡姬春酒店，弦管夜锵锵”。当时长安以歌舞侍酒为生的胡姬尽管为数不少，但胡姬侍酒，收费一般很高，大概只有贵族少年不会囊中羞涩，才敢不断光顾胡姬招手的酒肆。胡姬来到中原，克服了许多旅途的艰辛。为此，她们在酒肆里强颜欢笑的同时也在思念自己的家乡和亲人。如李贺《龙夜吟》所述：“卷发胡儿眼睛绿，高楼夜静吹横竹。一声似向天上来，月下美人望乡哭。直排七点星藏指，暗合清风调宫徵。蜀道秋深云满林，湘江半夜龙惊起。玉堂美人边塞情，碧窗皓月愁中听。寒砧能捣百尺练，粉泪凝珠滴红线。胡儿莫作陇头吟，隔窗暗结愁人心。”不过，胡姬在酒肆里服务态度和经济收入都是不错的，这是数百年间酒肆里仍能保留胡姬侍酒的主要原因。

如今大唐芙蓉园内新修的曲江胡店，表现的就是千年之前长安城内胡店林立、中原文化与周围各国异域文化之间相互交融的情景。

曲江胡店

唐代女性文化主题区

彩霞亭——巾帼风采 不让须眉

唐代的开放，不仅表现在宏大的外交场面与各国的商贸往来以及文化交流上，同时也表现在社会生活的方方面面，尤为突出的是唐代女性的开放。这个时期的女性思想解放，乐观自信，积极向上，大胆参与政治，热烈追求自己的爱情；她们以丰腴为美，着装服饰大胆开放，她们可以身着男装，穿戴胡服胡帽，像男子一样外出观灯、春游、荡秋千、打马球。这种风貌，完全是一种积极健康的社会环境造就的。这种风貌，使得唐代女性成为中国历史上颇具特色的群体。它既不同于南北朝的温和、婉约，更不同于宋明时期的清丽、端庄。只有大唐盛世，才能出武则天、上官婉儿、太平公主这样开放、大气的女性！芙蓉湖北岸的彩霞亭与仕女馆，就是展示开放的唐代社会里女性的“巾帼风采，敢与男子争天下；柔情三千，横贯古今留芳名”的精神风貌。彩霞亭，实际上是一组亭与廊相结合的建筑，沿芙蓉湖由北向东依水延伸。总体造型呈流线型，如同一抹彩霞。它的总长度近300米，是全国最长的文化长廊。是表现唐代妇女精神风貌的一组建筑，也是仕女馆主题的延伸。彩霞亭由金亭、玉亭和故事长廊组成。外围有11个镜像柱，特点是通过柱体镜面的反射，360度展示一幅幅生动的中国传统吉祥图案。长廊的故事取材于唐代的诗歌、传奇、史书等资料的记载。共选了100位杰出女性。反映了唐代女性生活百态，意在展示“大唐巾帼，风情万种”的文化主题，如《李娃传》《莺莺传》《薛涛》《寒窑》《飞烟

传》《离魂记》《花王和皇后》《无双传》《红线盗盒》等，反映唐代女性的生活百态。

仕女馆——柔情三千 横贯古今流芳名

仕女馆是以展现唐代空前开放的社会里，自由开放的女性风貌为主题的展示区域，是一组仿唐建筑群，半掩建筑，微露羞涩。整个建筑以望春阁为中心，主体建筑望春阁有三层。第一层由壁画、场景、实物等来展示唐代女性服饰文化；第二层由壁画、场景、高分子仿真雕塑组成，展示唐代女性“巾帼不让须眉”参政议政的主题；第三层由壁画、场景、声光电特技等展示唐代女性的爱情主题；而其他空间则不定期举行各种唐代的女性主题展示活动。在仕女馆和彩霞亭附近以及芙蓉湖畔，我们还会看到一些反映唐代女性生活的精美雕刻，如《月光镜台》《月亮之路》《古琴》《柳莺百啭》《丽人行》《八人铜镜》等。其中的《丽人行》雕塑，是由西安美术学院院长时宜、马改户教授等顶级的艺术家创作的，由四部分组成：欣喜踏春、骑马游春、清歌曼舞、湔衣戏水等。题材取自杜甫的诗《丽人行》“三月三日天气新，长安水边多丽人”。上巳节是唐代最受重视的节日之一。原指阴历三月上旬的巳日，三国魏以后固定为三月初三。这一天，青年男女踏青沐春，在水边嬉游，以祓(fú)除不祥，称为“修禊”。在唐代，这个节日的游艺娱乐性日益增强，唐帝王在

仕女馆

曲江池亭大摆豪华筵席，宴请文武百官；文人雅士则与诗友相约曲水之畔，褉饮赋诗，可谓盛况空前。

唐代科举文化主题区

旗亭——《旗亭赌诗，画壁传名》的故事

唐代流传着《旗亭赌诗，画壁传名》的故事：相传唐玄宗开元年间（713—741），诗风日盛，不分朝野，无论官民，都喜欢吟诗唱曲。唐诗最初是按曲谱填词，供人吟诵和歌唱的。芙蓉园内的旗亭位于紫云楼的对面，隔湖相望，就是取自此故事。旗亭，在古代也就是指酒楼。有兴致的游客，可像唐代诗人一样在旗亭酒肆，畅饮论诗。旗亭的周围，是我国的民乐乐器雕塑，有竖琴、古琴、排箫、葫芦丝、编钟、石磬、铜锣等，为我们展示了我国古代乐器及传统艺术的内涵，感受历史文化的情景交融。既与旗亭画壁的浮雕相互呼应，又烘托出旗亭画壁典故的历史趣味。

旗亭

杏园——探花游戏 雁塔题名

我们现在看到的杏园是一座庭院式的仿唐建筑群。仿唐时杏

园探花宴的习俗，杏园内供奉有中国著名的教育家、被封为“大成至圣先师文宣王”、被中国儒家奉为“文圣人”的孔子的雕像。杏园门前的三彩马共七匹，骏马造型各异，形象地再现了唐代举子高中之后在杏园内举行“探花宴”时的喜悦之情。作品采用了唐时最负盛名的唐三彩工艺烧制，体量如同真马大小，在全国尚属罕见。门前的五子登科台，取自五代人窦禹钧“五子登科”之典故。据说他修身行善、教子有方，五个儿子在他的教育下都高中进士，被世人称誉为“五子登科”。《三字经》里也说：“窦燕山，有义方，教五子，名俱扬。”登科台中央为一只冠峨威武的大公鸡，周围有五只正在觅食游戏的小鸡。如果你站在中间的大公鸡图案上击掌，就能听到有“啾、啾”的小鸡鸣叫声，所谓“一呼五应”。以鸡“叫”谐音“教”，以“窠”(鸡的巢穴)谐音“科”，寄托了期望子弟能够学业成功、金榜题名的愿望。寓意深远，趣味盎然。杏园的周围，文杏桥拱立，流水潺潺，铜雕点缀，环境幽雅宜人。环绕一圈，我们可以从中了解到“破天荒的由来”“魁星点斗，独占鳌头”“陈子昂摔琴”等经典的文人趣事。

杏　园

整个杏园通过对科举文化的展示，表现的是唐代社会“倡学”的风尚和“学而优则仕”的人生理想、价值取向。

唐代茶文化主题区

陆羽茶社——一屋一轩一亭 一石一竹一花

中国茶文化的精髓我们大家都知道，中国的茶文化源远流长，从五千年前的神农氏开始，我们的先祖已经开始认识并利用茶来解毒了。到了唐代，“茶圣”陆羽写成了世界上最早的茶叶专著《茶经》，从此中国的茶文化开始正式形成和发展，并深深影响着其他的一些亚洲国家，甚至流传到了世界其他各国，茶成为世界三大饮料之一。

中华民族是一个热爱自由、热爱和平的伟大民族。中国人的性格也像茶，不卑不亢，执着持久，总是清醒、理智地看待世界，强调人与人之间相扶相依，在友好、和谐的气氛中共同进步、共同发展。所以，在中国土壤上产生并发展起来的优秀传统文化——中国茶文化，就深深地留下了中华民族的这一性格的烙印。深受儒、释、道等朴素的哲学思想所影响的中国人，有着自己心中的理想社会，即“大同世界”；而“天人合一”“天地自然”“五行和谐”则是中国人朴素自然的辩证观。和谐，已成为中国茶文化的不朽灵魂。所以，在中国茶道中无不体现出儒、释、道三家的精神——儒家的“雅”、道家的“清”、佛家的“静”，最后无不力求达到“和”。因此，茶道的精髓在四字，即“清、静、雅、和”，“和”是最高的境界。

唐代茶道文化

以陆羽为首的中国茶人把茶道思想引入茶艺之中，陆羽所作的煮茶风炉，除了运用易学象数原理严格制定了尺寸、外形外，

陆羽茶社

还根据《易经》的五行学说严格地规定泡制方法，要求达到一种天地自然和谐的境界。中国茶文化中的“以茶表敬意”“以茶待客”“以茶为礼”“以茶会友”等，说明茶对中国人而言，已不是简单意义的消渴的物品，饮茶已成为体现中国人的礼义、情感、性格、品味等精神境界的重要活动。

唐朝是中国茶文化确立的时代，唐人饮茶，不仅要讲究茶本身的口感，对饮茶环境也有特殊要求，所以茶馆也是从唐代开始出现的。在心情舒畅的环境里，对着良辰美景，品评茶色、茶香、茶味、茶器。以茶会友，既放松心情，舒畅精神，又显示出文化品味，这就是茶道文化所讲究的天地自然和谐之道。唐代饮茶，对茶具及烹茶流程、方法的要求非常严格，1987年，法门寺出土了唐懿宗、唐僖宗时期精美的金银茶具，其中鎏金茶碾用来碾茶，鎏金仙人架鹤纹壶门座银茶罗子用来罗茶，鎏金银龟盒用来储藏茶末，蕾钮摩羯纹三足架银盐台用来放盐和胡椒，鎏金飞鸿纹银则作为投茶时的量具，鎏金伎乐纹银调达子用来“调膏”搅拌，鎏金带盖卷荷叶圈足银羹碗子则用来“吃茶”。这些器具为我们形象而细腻地再现了唐人的茶文化。

唐代帝王文化主题区

紫云楼——不睹皇居壮 安知天子尊

这座高大宏伟、金碧辉煌的建筑就是大唐芙蓉园的标志性主体建筑紫云楼，它是盛唐气势恢宏、大气磅礴的时代精神与傲视古今的历史风骨的全面展现。

紫云楼建在高达12米的高台之上，每层环以空廊，南含宫院，北依高台，主体为三重檐庑殿顶式，是唐代皇家最高级别的建筑形式，四角阙楼拱卫，虹桥飞渡，巍峨壮丽，非皇家莫属，真是“不睹皇居壮，安知天子尊”啊！

根据历史记载，唐代紫云楼建于开元年间，每逢曲江盛会，唐玄宗必登上紫云楼，在皇家禁苑芙蓉园内和他的嫔妃宫娥、梨园弟子以及学士宠臣欣赏歌舞、赐宴群臣，同时常凭栏观望芙蓉园外浩浩荡荡的万民游曲江之盛况，与民同乐。园外民众则雀跃欢呼，以争相一睹龙颜为快。

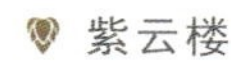
紫云楼

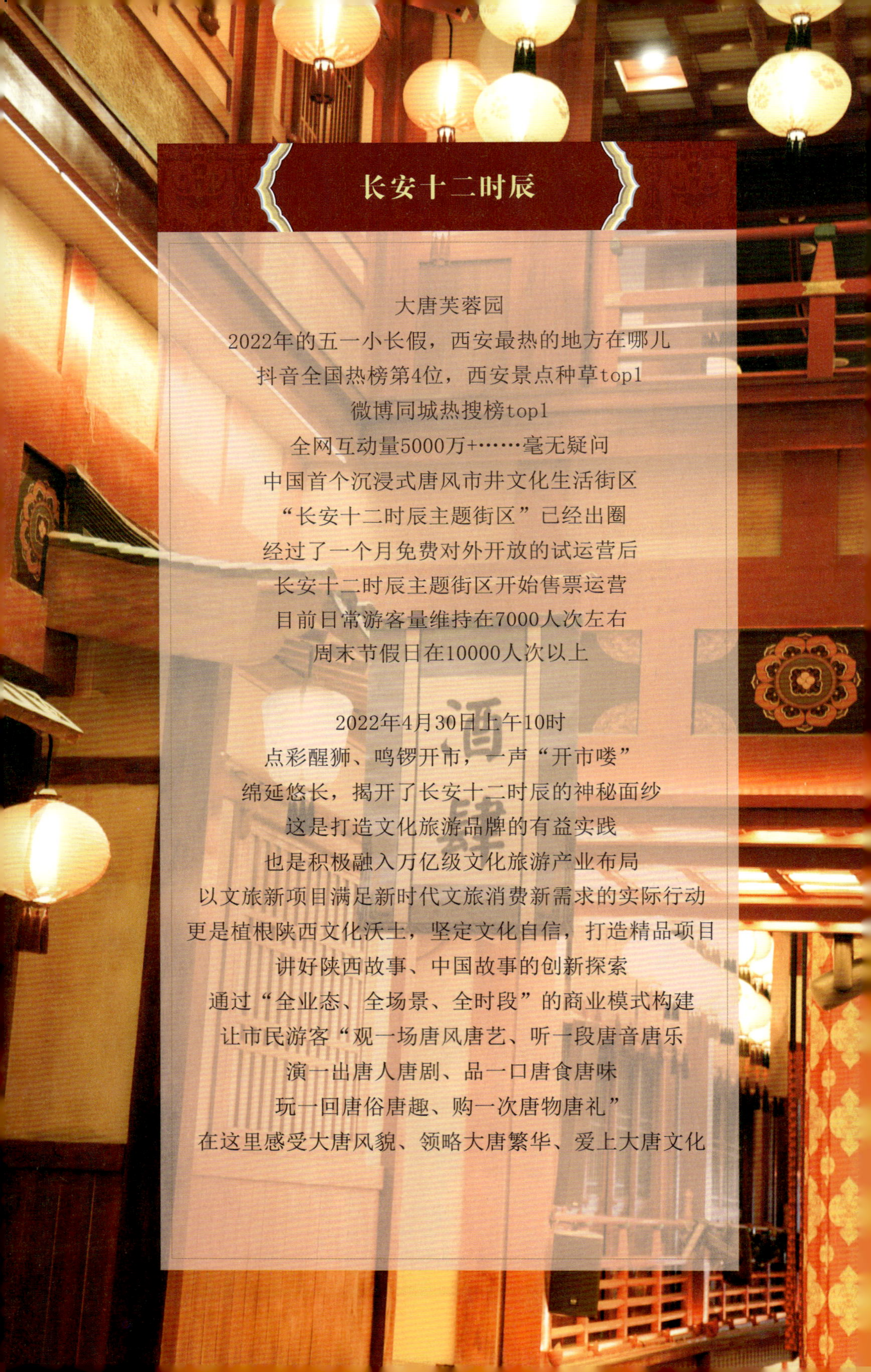

长安十二时辰

大唐芙蓉园
2022年的五一小长假，西安最热的地方在哪儿
抖音全国热榜第4位，西安景点种草top1
微博同城热搜榜top1
全网互动量5000万+……毫无疑问
中国首个沉浸式唐风市井文化生活街区
“长安十二时辰主题街区”已经出圈
经过了一个月免费对外开放的试运营后
长安十二时辰主题街区开始售票运营
目前日常游客量维持在7000人次左右
周末节假日在10000人次以上

2022年4月30日上午10时
点彩醒狮、鸣锣开市，一声“开市喽”
绵延悠长，揭开了长安十二时辰的神秘面纱
这是打造文化旅游品牌的有益实践
也是积极融入万亿级文化旅游产业布局
以文旅新项目满足新时代文旅消费新需求的实际行动
更是植根陕西文化沃土，坚定文化自信，打造精品项目
讲好陕西故事、中国故事的创新探索
通过“全业态、全场景、全时段”的商业模式构建
让市民游客“观一场唐风唐艺、听一段唐音唐乐
演一出唐人唐剧、品一口唐食唐味
玩一回唐俗唐趣、购一次唐物唐礼”
在这里感受大唐风貌、领略大唐繁华、爱上大唐文化

梦回大唐，360° 唐风市井体验第一街区

文化学者萧云儒老师在参加“沉浸在唐风唐音唐韵之中”主题分享活动时说：“长安十二时辰通过品牌+、故事+、网络+、体验+、消费+的‘5+’创意，使历史转成现实，让宫廷走进市井，将回忆变为体验，又让体验扩散为消费，实现了文旅项目新的提升。”长安十二时辰项目位于西安大唐不夜城核心区的曼蒂广场，以“全唐”市井文化生活体验为核心定位，营造“全唐”概念的消费场景，即在建筑、软装、节目、人物、故事、音乐、器物、餐饮等方面全方位还原唐朝文化，让市民游客一步进入唐朝。这样一种“可沉浸，可触摸，可体验，可消费”的新潮文化娱乐方式得到了众多年轻人的喜爱。

长安十二时辰项目共3层，以总计2.4万平方米的立体商业空间为载体，涵盖长安小吃、主题文创、特色演艺、沉浸游戏、文化包间、场景体验等多元“原唐”业态；在商业空间注入电视剧《长安十二时辰》IP和唐市井文化内容，涵盖唐食荟萃、百艺手作、文化宴席、沉浸演艺等多种业态，多维打造一个集主题沉浸互动、唐乐歌舞演艺、文化社交休闲等为一体的全国首个沉浸式唐风市井生活街区。长安十二时辰在循环变化中将大唐盛世繁华和市井日常生活进行呈现，从一个时辰出发，精耕一日十二序列内容，拓展至一年四季的维度。项目形成“十二时辰业态各异，

一年四时景致不同”的独有项目效果，打造以“12”为维度的系列亮点体验内容，“12处长安场景”“12条长安街巷”“12道经典菜品”“12味地道小吃”“12个长安礼品”“12位唐朝人物”“12场特色演艺”“12场沉浸故事”“12个唐朝节日”，形成九个系列合计108个项目亮点的内容，进行多层次、多角度、多方位的呈现，打造一处淋漓尽致、多彩至极的唐朝时空。不远处，“上元安康踏歌台”更是吸引了众多的游客前来打卡，大家都在纷纷等待在这里上演的《霓裳羽衣舞》。在长安十二时辰，特色美食也是不容错过的体验，庾家粽子、水晶龙凤糕、萧家馄饨、金石凌汤坊等100多种特产美食足以满足游客的味蕾。长安十二时辰开市当日，已吸引众多市民游客前来打卡，因为疫情防控，街区实行预约制，游陕西小程序线上预约火爆。市民游客盛赞这里还原了大唐盛景，有望成为古城西安又一张文化名片，“唐潮人”也将成为古都西安新时尚。

独辟蹊径——影视&文旅跨界融合

长安十二时辰将时间元素进行项目空间的实际转化。一年四季，春夏秋冬，四时之景要各有不同：长安之春——绝胜烟柳，“最是一年春好处，绝胜烟柳满皇都”；长安之夏——绿树阴浓，“绿树阴浓夏日长，楼台倒影入池塘”；长安之秋——落叶满城，“秋风生渭水，落叶满长安”；长安之冬——雪花落瓦，“千门万户雪花浮，点点无声落瓦沟”。项目利用两大三层立体敞开空间的特点，通过“美陈装置+虚拟科技”的组合手法，将唐诗中的四时代表景色进行现场复刻，营造长安四季景致。

长安十二时辰主题街区揭开面纱后，不少人被美轮美奂、富丽堂皇的盛唐风情打动了。电视剧《长安十二时辰》美术组操刀，将三层24000平方米的商业空间注入电视剧《长安十二时辰》IP和唐风市井文化内容，首次将影视剧IP全场景还原，同时也是将影视剧IP转化为文旅项目的行业样板。在这里，靖安司、花萼相辉楼等剧中经典场景还原；还有在剧情中点染紧张气氛的日

晷、李必坐镇靖安司使用的沙盘、富丽堂皇的太上玄元灯……张小敬、李必、崔器、闻染、不良人等这些剧中人物也不时出现在街区，与市民游客互动。此外，长安十二时辰主题街区结合原剧中的特色剧情、人物、道具、故事，倾心打造原汁原味的全唐市井生活体验空间，雅俗共赏的唐风主题互娱休闲空间，追溯盛唐市井风貌，让游客感受唐朝人的日常生活，游客可以先来“李必茗铺”看一场有关《长安十二时辰》饮茶剧情的短剧，品一杯用大唐手法煎出的香茗；也可以在“杨贵肥”小姐姐的兰亭雅集，与她聊天对弈，品茶畅谈；还可以在吃喝玩乐之余，欣赏《长安十二时辰》剧中大唐头号“爱豆”许鹤子上元节花车斗彩巡游的场景以及再现繁华长安的《霓裳羽衣舞》的艺术魅力。

有媒体认为长安十二时辰将长安市井时空进行极致化呈现，用小体量空间承载了人们对于长安“人间烟火气”的向往，是对长安文化的重新挖掘。文化沉浸的创意和代入感极强，真正让游客宛如穿越到唐朝一样，填补了游客对于在西安旅游选择中“长安印象”更接地气的目的地空白。

历史久远的滋补美食

甑糕

甑糕是西安乃至关中地区特有的风味小吃。因蒸制的炊具叫“甑”，因此叫甑糕。《古史考》有“黄帝始作釜甑，火食之道始成”，可见，甑糕可能在原始社会后期已经产生了。新石器时代已有了陶甑，商周时代发展成铜甑，以后又由青铜变成铁制。从此，铁甑这个炊具就世代沿袭，流传至今。这种铁甑形似圆筒，底部有许多透蒸气的小孔，置于鬲和釜(即大口锅)上蒸食。现在西安的甑糕，就是用这种古老的铁制甑蒸的。蒸制甑糕，先将糯米用凉水浸泡4个小时，待米心泡开后，用清水洗净沥干水分。红枣同样浸泡洗净，在桶形的甑锅中加半锅水。锅中放一带孔的铁箅，在铁箅上先铺红枣一层，再铺一层米，如此间隔反复，共铺4层枣3层米。铺完后盖上湿布和锅盖。用大火猛烧40分钟后向米上洒温水，反复烧开加三次水后再用文火焖蒸5~6小时即可。食用时最好趁热，撒上白糖，米枣交融，色泽鲜艳，绵软粘甜，枣香浓郁。实为一种滋补养身食品。

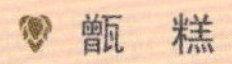
甑 糕

御赐美食赞玄奘

千层油酥饼

千层油酥饼以其色泽金黄、层次分明、脆而不碎、油而不腻、香酥适口等特色被誉为“西秦第一点”。

据说千层油酥饼与唐僧翻译千卷佛经有关。相传唐高宗李治在武则天的影响下，特别信奉佛教，当玄奘法师翻译佛经达千卷时，曾命御厨专门用清油作成“千层烙饼”赏赐给玄奘，以表彰他那百折不挠的毅力和一丝不苟的工作态度。

玄奘圆寂后举行遗体安葬的那天，长安附近500里地内赶来送葬的100多万人中，也都带着寓意千卷佛经的各种食品来祭奠。

京都长安的厨师们怀着对玄奘的崇敬之情，对“千层烙饼”作了精心改进，取名“千层油酥饼”投入市场。由于完全用植物油制成，又有纪念玄奘法师的情意，因而曾风靡一时，流传千余年至今。

千层油酥饼的制作技艺精细，要经过制酥、和面、制饼和烙烤四道工序。

宝轮金地压人寰
独坐苍冥启玉关
北岭风烟开魏阙
南轩气象镇商山
灞陵车马垂杨里
京国城池落照间
暂放尘心游物外
六街钟鼓又催还

帝都国宝呈万象　雁塔晨钟响千年

西安博物院(小雁塔景区)

小雁塔

小雁塔(荐福寺)——雁塔晨钟　胜迹庄严

在南稍门西侧不远处
有一处清幽的古刹
古刹内已经失去了梵音袅袅
却依旧林荫绵绵，一片静谧，这就是荐福寺

在寺内
有一座高大宏伟的佛塔
塔顶却是部分残缺的
这就是小雁塔

小雁塔饱经千年的历史沧桑
依然端庄娟秀地耸立在蓝天白云下
成为西安博物院的古朴厚重且富有人文气息的背景图画

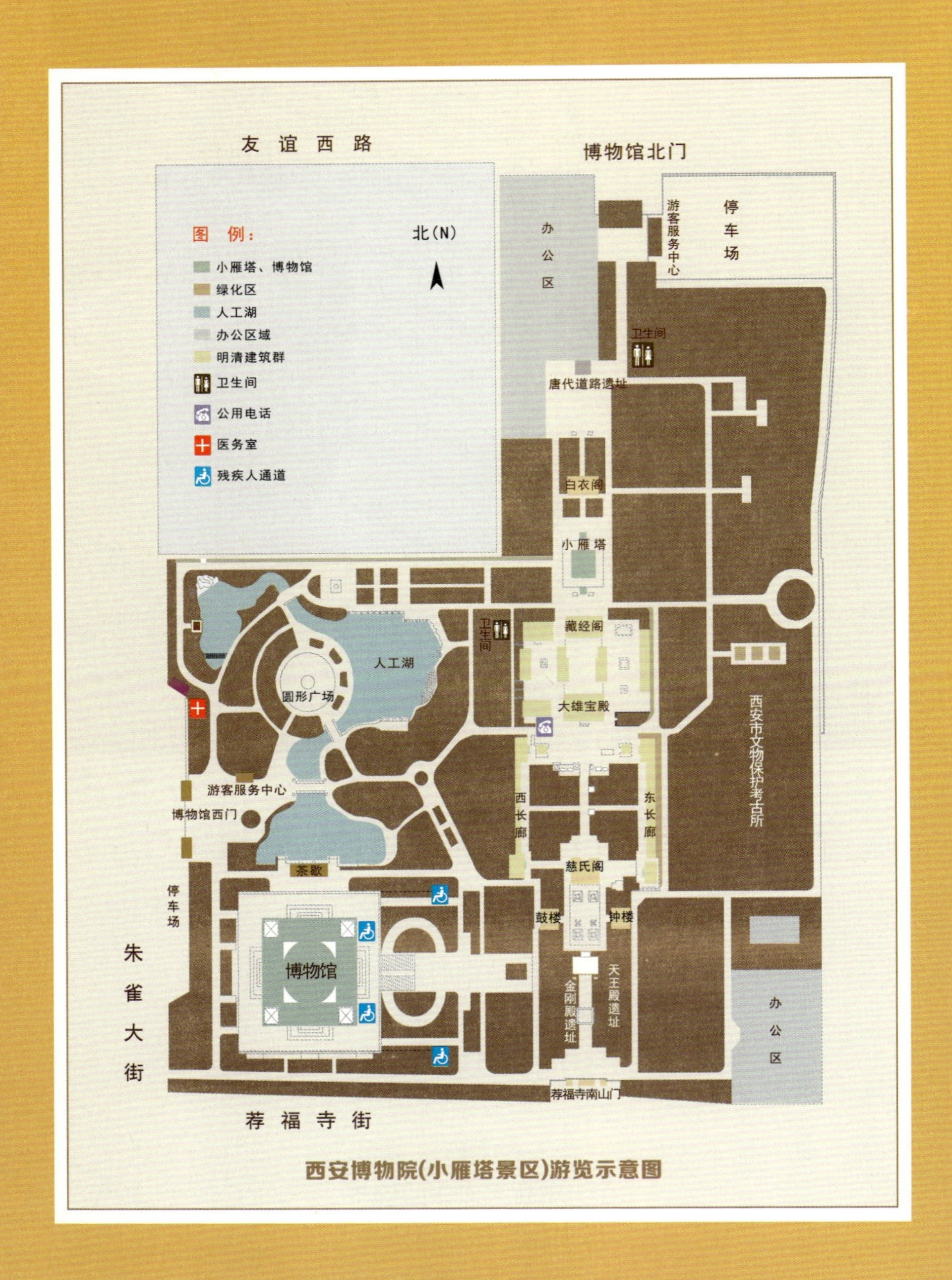

荐福寺的建筑布局形式

荐福寺坐北朝南，主要建筑南山门、金刚殿、天王殿、钟鼓楼、慈氏阁、东西小亭、大雄宝殿、藏经阁、方丈殿、小雁塔和白衣阁沿中轴线对称排列。

博物馆概况

荐福寺

位于唐长安城安仁坊（今西安市永宁门外友谊西路）

始建于唐睿宗文明元年（684）

是唐高宗李治驾崩百日后

武则天为其献福而兴建的寺院

故最初取名“献福寺”

天授元年（690）改为“荐福寺”

神龙二年（706）

扩充寺庙为译经院

成为继大慈恩寺之后的又一个佛教学术机构

会昌五年（845）

武宗灭佛

荐福寺是当时长安城明令保留的四座皇家寺院之一

唐末荐福寺主体毁于兵祸

后以荐福寺塔院为主体，再建荐福寺

即今址。塔寺合一。

宋、元、明、清荐福寺迭经修整

现今布局和规模为明清时期形成

小雁塔——环境幽静　底蕴深厚

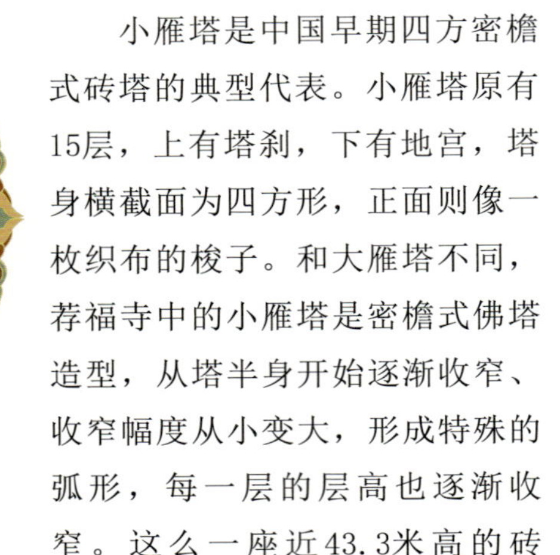

小雁塔是中国早期四方密檐式砖塔的典型代表。小雁塔原有15层，上有塔刹，下有地宫，塔身横截面为四方形，正面则像一枚织布的梭子。和大雁塔不同，荐福寺中的小雁塔是密檐式佛塔造型，从塔半身开始逐渐收窄、收窄幅度从小变大，形成特殊的弧形，每一层的层高也逐渐收窄。这么一座近43.3米高的砖塔，即使放在如今也是一幢高层建筑。小雁塔历经千年风雨，塔顶、塔刹损毁，现存13层（14、15层残），高43.38米，约15层楼高，是唐代佛教建筑艺术遗产，是佛教传入中原地区并融入汉族文化的标志性建筑。它外形秀丽，自地面直插天际，其塔身纵线条逐渐收缩，看上去既挺拔，又没有高楼所带来的压迫感，显

陕西省西安市碑林区友谊西路72号　 8:30-17:30　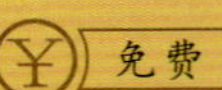 免费

西安博物院(小雁塔景区)

得敦厚而内敛。

蒙曼教授曾说，小雁塔带给人的那种舒服感，是一种谦谦君子的包容心。朴实、内敛、不张扬，并不代表它平平无奇。

*大雁塔、小雁塔列入联合国教科文组织“世界文化遗产”名录；

时间：2014年；项目名：丝绸之路 长安——天山廊道路网；

*小雁塔为国务院1961年公布的第一批“全国重点文物保护单位”；

*大雁塔为国务院1961年公布的第一批“全国重点文物保护单位”；

*西安城墙为国务院1961年公布的第一批“全国重点文物保护单位”。

可乘坐游7、游8、21、203、224、410、508、521、700等路公交或地铁2号线

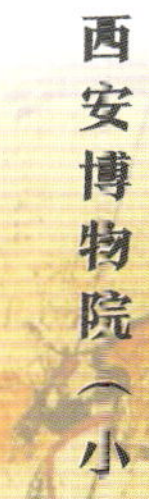

雁塔晨钟——“关中八景”之一

晨钟暮鼓，是中国佛教寺院每天早晚的功课。每天清晨，悠扬的钟声都会从荐福寺钟楼传出，为西安全城百姓报时。

金章宗明昌三年（1192），荐福寺藏有一口重约8000公斤的铁钟。钟通高3.55米，口径2.45米，钟表面用界格划分为6个部分，铸字1000余个，首款祈愿语“皇帝万岁，臣佐千秋，国泰民安，法轮常转”，铸造地为陕西省富县阳务村，被誉为“梵钟之最”。在南朝兴起的晨钟暮鼓，在唐代形成定制。荐福寺僧侣每日晓扣铁钟，清音远震，悠远的钟声为早起的人们打点定时，充满祥和，裹挟无尽幽思。再辅以雁塔秀影，成为很有意境的画面。钟声洪亮，塔影秀丽，清晨朝阳下的小雁塔与浑厚的钟声仿佛时光的“沙漏”一样，让人们窥见这座古刹千百年来的岁月沧桑。后清人朱集义把此景列为关中八景之一——雁塔晨钟，并题诗云：“噌吰初破晓来霜，落月迟迟满大荒。枕上一声残梦醒，千秋胜迹总苍茫。”从此“雁塔晨钟”成为关中非常有代表性的胜景之一。

钟　楼

雁塔“神合”——三裂三合

在漫长的岁月中，小雁塔还有一段“神合”的历史呢！

在小雁塔建成的1300多载岁月更迭中，曾经历过六次较大规模的地震。明成化二十三年（1487），小雁塔因为地震，从塔顶至底被震开了一条一尺多宽的缝，然而在正德十六年（1521）于一次地震中合拢了。听闻了这段奇事后，一位名叫王鹤的官员便将经过刻在了小雁塔的门楣上。嘉靖三十四年（1555），小雁塔因为华县大地震再次被劈开，八年后再一次“塔合无痕”；清康熙三十年（1691）“塔又裂”，三十年后“塔复合”。新中国成立后，文物专家在修复小雁塔时才发现，它不是“神合”，而是“人合”。根据现代科学技术的探测，小雁塔有一个较大的地基，但并不深，而小雁塔本身的建筑质量非常坚固可靠，虽历经70余次地震，仍巍然屹立。这不能不令人叹服我国古代能工巧匠的精湛技艺和注重建筑质量的匠心追求！

武举题名

从唐代神龙年间进士张莒雁塔题名以后，唐代科举进士及第后，考中进士的文人墨客会争相在大慈恩寺内的大雁塔的内壁上题诗，寓意“跃登龙门”，这就是“雁塔题名”。明清两代，陕西省地方乡试中的武举人，也会到荐福寺内的小雁塔题写自己的名字，这就是“雁塔武举题名”。明代嘉靖年间之后，朝廷下令各地增设武试，以选拔民间习武人才。被选中的文、武举人进士及第者，也模仿唐代进士“雁塔题名”的雅举，聚集小雁塔下题名留念。1983年小雁塔出土明代“陕西武举雁塔”记名碑，其内容多是陕甘两省乡试举人在小雁塔题名。清代雍正、乾隆、嘉庆、道光、同治、光绪年间均在小雁塔留有陕西武举题名碑。

长安城内一大一小两座雁塔，穿越时空形成了一文一武的题名佳话，见证着这座城市文脉的延续，代代相传。

西安博物院馆藏陈列——瞬息三千年

2007年5月18日，由著名建筑大师张锦秋院士设计并主持建设的西安博物院正式对外开放。这座占地245亩的博物院，以著名唐代建筑、全国重点文物保护单位小雁塔为中心，整体按文物鉴赏、旅游观光、综合服务三大功能区设计，形成集博物馆、名胜古迹、城市公园为一体的历史文化休闲场所。像这样馆、塔、园三位一体的建筑布局，在全国博物馆界可谓独树一帜。

2015年2月15日，习近平总书记考察西安博物院时说，一个博物院就是一所大学校。

西安博物院作为国家一级博物馆，馆藏文物数量超过很多省级博物馆。藏品序列完整、品类齐全，众多精品文物见证了历史上的西安作为世界文明古都所具有的繁华气象和独特地位。西安博物院现有藏品13万余件/套，包括青铜器、玉器、金银器、陶瓷器、石雕、书画、碑帖等。院藏古籍8920部，有35部入选国家珍贵古籍名录。

在“古都西安”的总标题下，又分为“千年古都”“帝都万象”和“府城华章”三部分。

西安都城变迁图

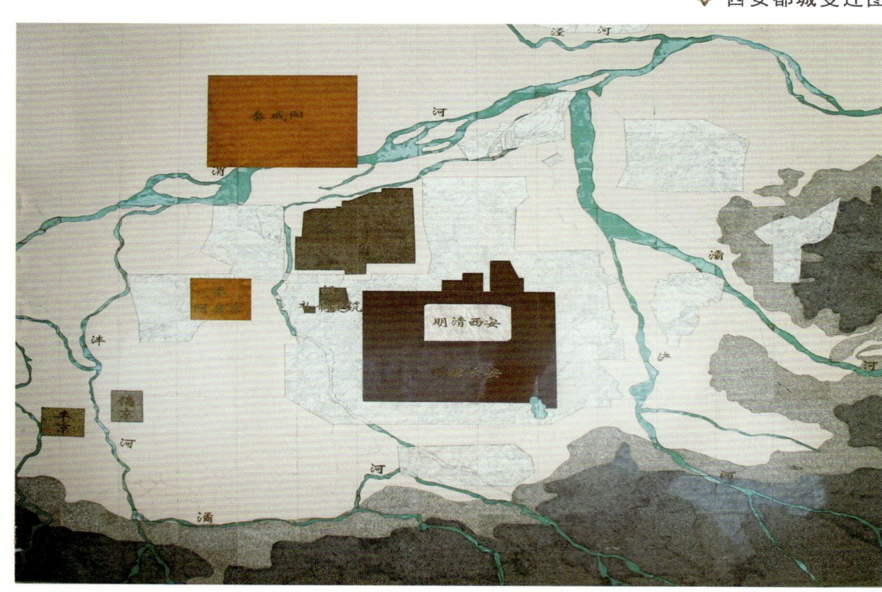

千年古都 帝都万象

“千年古都”部分包含“西周丰镐”“秦阿房宫”“汉长安城”“隋唐长安”“明清西安”五个章节，用汉长安城、唐长安城、宋京兆府 、元奉元路 、明清西安府等城市微缩模型以及各种丰富的图版资料、出土文物，让游客清晰地了解西安这座城市三千年的城市发展史、建都史以及不同历史时期的规模、布局。

西周丰镐——考卜维王 宅是镐京

周王城复原模型是根据《周礼·考工记》所记载的西周都城制度所构思复原的周王城模型。西周的都城丰、镐毁于周幽王末年犬戎入侵，汉武帝时修建昆明池又毁掉大部分的遗址，因此，到秦汉时期，西周的都城遗址已经难以了解了。但战国时期流传下来的《周礼·考工记》给我们揭示了周代王朝的大概建筑布局，“匠人营国，方九里，旁三门，国中九经九纬，经涂九轨，左祖右社，面朝后市”。通过这段记载，我们知道周代的王城平面布局呈正方形，四面城墙四面各开三门，城门可通过九车并行的纵横道路，将王城划为相等的九个区域，宫殿位于都城的中

部，宫殿前左边是祖庙，右边是社稷，宫殿后边是市集。周王城的这种布局反映了“王者居中，为数崇九”的王权思想和严谨对称的规划思想。

秦阿房宫——天下第一宫

由于秦襄公护送周平王迁都洛阳立了头功，秦人被封诸侯，并有了自己的封地雍城(今宝鸡凤翔一带)，他们开始励精图治，发展壮大，势力崛起。秦始皇在渭河北岸营建了富丽堂皇的咸阳宫，又在渭河南岸皇家上林苑中营建新的朝宫阿房宫。阿房宫堪称是历史上规模空前的宫殿建筑群，据文献记载，“上可坐万人，下可建五丈旗”。由于工程巨大，直至秦朝灭亡，尚未全部竣工。在西安城的西郊后围寨附近就有遗留了两千多年的阿房宫前殿遗址，经过多年的考古勘探与发掘，在遗址范围内发现的夯土台基东西长1320米、南北宽420米，最高处达7～9米，是中国目前已知最大的夯土建筑台基。另在前殿遗址东面，还有一座高约15米，底边长42.5米、宽20米，被当地群众称为“始皇上天台”的夯土台基。丰富了人们对阿房宫的认识。

汉长安城——古罗马 汉长安

公元前202年，汉高祖刘邦在渭水以南秦旧宫兴乐宫、章台宫的基础上兴建长安城。汉惠帝、武帝时又大规模增修了城墙与宫室。汉长安城布局独具一格，根据城市布局而定。平面呈方形，但并不规整。据实测，东墙长6000米，西墙长4900米，南墙长7600米，北墙长7200米，合计25700米。由于城墙在长乐宫和未央宫建成之后才开始兴建，因此为了迁就二宫和河流的位置，形成南墙曲折如南斗六星，北墙曲折如北斗七星的形状，因此有了斗城之称。城墙全部用黄土夯打而成，高12米，基宽12～16米，墙外有宽8米、深3米的城壕沟。城内有长乐宫、未央宫、北宫、桂宫、明光宫等宫殿区，且街道纵横、坊市有序，规模宏大，面积约为36平方公里，是同时期罗马城的四倍。汉长安城成为堪称与西方罗马双峰并峙的东方文明之都、中国历史上第一座国际化

大明宫麟德殿复原模型

的大都市。此后，新莽、东汉(献帝)、西晋(愍帝)、前赵、前秦、后秦、西魏、北周、隋九个王朝先后仍以汉长安城为国都，沿用了近八百年之久。

隋唐长安——上京 天都

展区中心最大的复原模型是唐代的长安城模型，按照1:1500比例缩建。我们今天所说的唐长安城，其实是隋文帝杨坚的决策、建筑大师宇文恺的杰作。公元618年，唐国公李渊在山西起兵，兵锋直指大兴城，成事后，改名长安城，寓意“长治久安”。透过唐长安城的平面图我们可以看到，整个长安城规模庞大，其东西9.721公里，南北8.652公里，总面积达84.1平方公里，是世界上最大的城墙围绕着的城市。城四面各开三门，城外周边有五条水系自东、南、西三面进入城中，形成了丰富的河渠苑囿水景。全城由宫城、皇城、外郭城组成，城墙夯筑构成“城中套城”的格局。宫城由三大宫殿群:太极宫、大明宫、兴庆宫组成，是真正的权力和政治中心，是唐朝皇宫之所在，也就是宫殿区；皇城即中央百官官署所在，也就是行政区；外郭城被14条东西向和11条南北向大街划分成了方方正正的108个里坊，简称为“坊”(即街区)。中部宽155米的朱雀门大街将整个城市分成东、西两部分。东边是咸宁县所辖，西边是长安县辖制。

鎏金铜铺首

大明宫遗址出土

鎏金铜铺首——神态威猛

出土于大明宫遗址。这铜铺首上的兽面叫椒图，相传是龙生九子之一，其母为螺蚌，也就是贝壳。椒图龙首、螺蚌的身子，看起来十分凶猛。它最反感别人进入它的巢穴，遇到外敌侵犯总是将壳口闭紧。椒图最早的记录出现在汉代，明清以前叫“铺首衔环”，浮雕形象是龙狮嘴里含一个圆环，可敲打圆环问主人在否。人们将它用在门上，除取“紧闭”之意，以求平安外，还因其面目狰狞以负责看守门户，镇守邪妖；另外还有一个原因，即椒图“性好僻静”，忠于职守，故常被饰为大门上的铁环兽或挡门的石鼓，让其照顾一家一户的安宁，被民间称作“性情温顺”的龙子。

三彩院落模型——唐代民宅

由九座房屋组成，各座房屋形制略有差异。院落由门、前房、后房及左右对称的三间房屋组成，院子里有栩栩如生的人物和充满生活气息的家禽、家畜，是典型的唐代民宅院落。

宋京兆府、元奉元路、明清西安府

这里为我们展示的是宋京兆府、元奉元路以及明清西安府城的各个不同时期的城市模型。经过唐末的战乱，长安城遭到了毁灭性破坏。在宋金时期，西安被称为京兆府。元世祖忽必烈至元十六年（1279），改京兆府为安西路。元皇庆元年（1312），又改安西路为奉元路。明太祖朱元璋洪武二年（1369）正式改为西安府，清《西安府志释名》说：本元安西路，明改府，即安西意。由于当时的国都为应天（今南京），西安在国都之西，除了是四关之中的“军事要冲”，同时又是进入中原之地的“咽喉之地”，乃西部重镇，对西部的安定起着至关重要的作用，因此，西安其实就是取“西部平安、安定”之意。从此“西安”成为这座城市响亮的名字，并沿用至今。明代以唐代皇城为基础，对西安城进行了扩建，向东、向北各扩建了约1/3的范围。今天要是走上西安城墙转一周，你会发现只有西南角的城墙外沿为圆形，而其他三个角则为直角。这是因为明代扩建城墙时保留了西南角原唐代城墙形制，而其他三个角则是经过重新砌就建成了方角的形制。扩建后的城墙平面呈长方形，城垣周长13.74公里，面积为11.5平方公里，城墙由城河环绕，城上雉堞相连，敌楼、角楼分布。四面各开一门，即西安定门、南永宁门、东长乐门、北安远门等，每个城门各有正楼、箭楼、闸楼和两个瓮城形成“三楼两瓮城”格局。因四座城门不是在城墙上对称的位置，以城中心的建筑钟楼为原点向城门辐射出的东、西、南、北大街也就长度不等。600多年过去了，西安城墙经过清代、现代的多次维护和修葺，成为我国迄今保存的规模最宏大、最完整的古城垣之一。

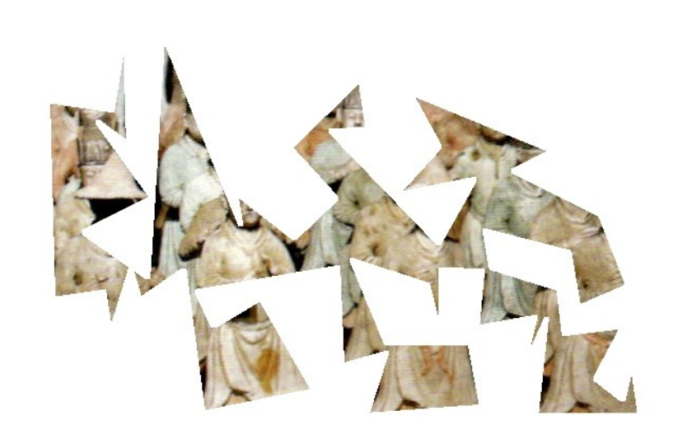

古都西安　府城华章

这个部分分为两个展厅，包含“周秦文明”“汉唐风采”“府城华章”三个章节。用西周青铜器、汉代唐代金银器、陶器和瓷器等各个历史时期文物的基本用途分类组合，让一件件精美的文物穿起了这座城市3100多年不同历史时期的中国社会生活、生存状态，为我们揭示了这座城市作为帝都的辉煌。

周秦文明

钟鸣鼎食　藏礼于器

西周时期的中国便有了完善的礼乐制度。贵族们过着“钟鸣鼎食”“车马人殉”的奢靡生活。西周时期，青铜器的使用已经达到了其巅峰状态，因此，西周被称为“青铜时代”。“青铜”即铜锡铅三元合金，因颜色青灰而得名，与红铜（纯铜）相对应。在关中平原西部的周原，也就是周人先祖的西岐封地，出土了大量的青铜器，周原也被称为“青铜之乡”。

吕服余盘

1978年西安市文物商店收购

吕服余盘——与历史相互佐证

夏、商、周三代都有青铜器出土，其中考古价值较高的是刻有铭文的西周时期的青铜器。“铭文”也称“金文”，就是刻在青铜器上的文字。当时的文字只被少数的统治阶级所掌握，因此将文字刻于礼器上，作为统治者专属的与神灵、祖先和天地对话的媒介。除了用来祭祀，铭文还用来记录国家大事，所以对研究当时的政治、经济、文化等方面都有很重要的作用。陕西出土的青铜器大部分都刻有铭文。这件叫作吕服余盘，器腹内就有66字的铭文，记录了周王册命吕服余协理军务的事情。从其造型和铭文的字体推测，应属于西周晚期前段或是夷王晚期铸造的。

永　盂

1969年西安市蓝田县洩湖镇出土

永盂——腹有“铭文”气自华

永盂是一件国家级文物，是西安博物院的重点展示文物。高47厘米，口径58厘米，重36公斤。1969年出土于陕西蓝田县。用于盛水或者盛食。

永盂的底部铸有123字铭文，记述了在西周时期的一次授田的活动：益公代周天子来给一个叫师永的人授田，参加仪式的有刑伯、荣伯、尹氏、师俗父等重要的贵族。而且文字讲述的农业背景是井田制，对我们考证西周时期的土地所有制具有十分重要的价值。

甬 钟

1973年西安市长安区沣西出土

甬钟——为盛世奏响的国之重器

钟是古代常见的打击乐器之一，组合编排的钟为编钟，而甬钟是编钟中的一种，均为古代统治者与贵族专享的乐器，是古代地位权力的象征。成语“钟鸣鼎食”就是形容古代贵族击钟奏乐、列鼎而食的奢华场景。

西周时期的乐器钟，不同的悬挂方式有不同的名称，单独悬挂的叫特钟，成组按序列悬挂的叫甬钟。编钟又分为甬钟、钮钟、镈钟。甬钟,属打击乐器类,合瓦形结构,因最上面的平面“舞”之上立有“甬”而区别于舞部上立有悬钮的钮钟而得名。甬钟主要分成以下几部分：甬、舞、干、篆、钲部、鼓、枚、铣。每枚钟能发出两个乐音，即正鼓音为“隧音”和“侧鼓音”为鼓音，两音为大三度关系。

大家经常会用到一个成语“五音不全”，学过音乐的朋友都知道西洋乐中一个八度中包含有“do、re、mi、fa、sol、la、si(或ti)、do(高音)”（多、来、米、发、索、拉、西、都）七个音，而中国传统的音律只有“宫、商、角、徵、羽”即“多、来、米、索、拉”五个全音而没有“发、西”两个半音，因此古代的乐器都只有五音。

云纹玉杯

1976年西安市车张村阿房宫遗址出土

秦代云纹玉杯——华丽纹饰的“秦玉杯”

1976年于西安市车张村阿房宫遗址出土。口径6.2厘米，足径4.5厘米，高14.5厘米。玉杯为上下两部分。上部为陡直的杯身，口略大；下部为像“豆”造型一样的圆润底座，整体稳固。外部装饰有大量的云纹、柿蒂纹这样的吉祥如意的纹饰。据相关专家推断，此杯应该为古时王公贵族追求仙道所使用的承露杯，是目前秦汉玉杯中最具代表性的器物之一。

西周陶鬲

旧藏口径32厘米，高33.3厘米，敞口，收颈，三尖锥足，器身布满竖楞纹。陶鬲，出现于新石器时代晚期，是早期的盛水器或可加热的装置。商周时期陶鬲与青铜鬲并行存在，至春秋战国时退出历史舞台。器型多为侈口、短颈、三个拼接的袋状足，有的口沿处或者颈部有双耳。陶鬲有实用器、明器双重属性。实用器多为夹砂陶，胎质坚硬，导热性好，器壁较厚，烹煮食物时，直接在袋状足下点火加热即可，这样设计可以增加受火面积，更快地煮熟食物；明器则多为泥质陶，烧成火候较低，胎质较疏松，表面磨光，有用天然矿物颜料绘出各种颜色的纹饰。

汉唐风采

现在中国主体民族被称为“汉族”，中国的文化被称为“汉文化”，中国人写的方块字被称为“汉字”，我们使用的语言叫作“汉语”，中国人传统的服饰被称为“汉服”，汉作为一个民族、一种文化的标志性符号，在世界上依然名声响亮。有了汉代的繁荣的基础，唐代又将这份繁华演绎到了极致，经济发达，商贸繁荣，文化交流层次多样，各种文化融汇交融，各个民族融合发展，唐朝成为中国历史上最繁荣昌盛的朝代。

“维天降灵延元万年天下康宁”瓦当

瓦当是古代建筑屋顶椽头前端圆形的遮挡物，具有极强的艺术特色。这件文字瓦当为国家二级文物，其上铭文“维天降灵延元万年天下康宁”十二字铭文，字体古朴有力，均匀规整，是古代艺术与实用性相结合的体现。

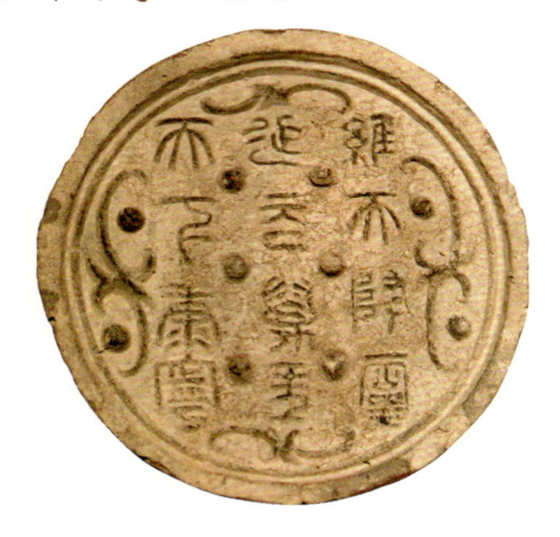

“永寿无疆”瓦当

云纹瓦当

“长生未央”瓦当

“宗正官当”瓦当

“与华相宜”瓦当

“鼎（胡）湖延寿宫”瓦当

“延寿长相思”瓦当

“千秋万岁”瓦当

马蹄金

1974年西安市雁塔区出土

马蹄金——福寿绵长 工艺精良

据《汉书》记载，太始二年(前95)，汉武帝梦见天马和麒麟，认为是祥瑞之兆，遂做成马蹄金和麟趾金，用以赏赐臣下。汉代的重量和今天的重量有很大的区别，一般汉代的一斤是250克左右，现在的一斤是500克。

金饼

西汉时期的一种称量货币，也叫“柿子金”。马克思说过，黄金天生就是货币。在2000年前的西汉时期，金饼可以用来支付、储值、赏赐。而汉代多见于赏赐。金饼的重量在250克，纯度可以达到97%左右，接近今天的千足金的纯度。由于黄金质地较软，延展性也很好，可以根据自己的需求，任意切割、铸造。

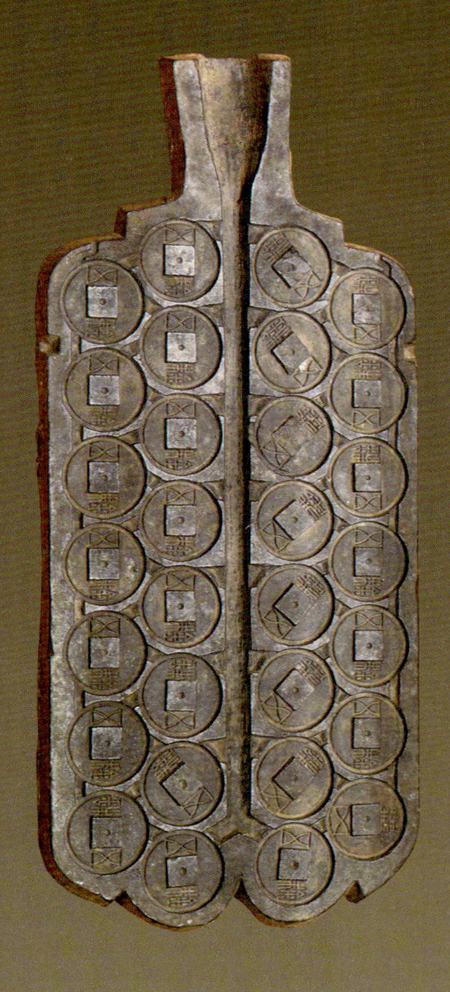

钱范

西安博物院旧藏

钱 范——统一铸钱

是中国古代范铸金属钱币技术的产物，根据材质可分为：陶范、石范、铜范、铁范等。我们现在看到的大多是铜范。钱范分为面范和背范，相合浇铸，从浇口处注入熔融的铜液，待冷却后取出铜钱，检测质量并进行打磨，使外廓齐整。

采用范铸法可以实现钱币的批量生产，铸出的钱币大小一致，重量相当，形制规整，合乎标准。

汉代铸钱采用合范浇铸技术，依据钱范形制及合范方式的不同，可分为竖式浇铸工艺和叠铸工艺两种。竖式浇铸工艺是指浇铸钱币时面范与背范竖直放置合范，浇口位于范首正中；叠铸工艺则是采用面范与背范水平横置合范，浇口位于钱范中心。叠铸工艺是从竖式浇铸工艺发展而来的更进步的铸币工艺。

五铢钱正面

西汉鎏金凤鸟铜锺

2003年西安市北郊出土

西汉鎏金凤鸟铜锺——威装西汉佳酿

西汉鎏金凤鸟铜锺2003年出土于西安市北郊文景路中段一座大型的积炭墓当中，它整体高度为78厘米，表面鎏金，在盖子的顶部有一只非常精美的口中衔珠的朱雀，堪称是我国现已出土的西汉酒具当中形制最大、级别最高的酒具。锺，就是壶的一种，因为壶使用的时间非常长，现在我们也在用，所以它器形演变的过程也非常复杂。一般来说，圆型的壶，我们就称它为锺；方型的壶，我们称它为钫。当时最让人称奇的并不是这件酒具，而是在它内部盛装着的重达26公斤的距今已经有两千多年的西汉美酒。它色泽翠绿，清香，酒精含量在0.1%，为我们研究西汉时期的酿酒技术和酒文化提供了一个重要的实物资料。它以碧绿清澈和香气扑鼻引起了世人的关注，被称为“液体国宝”。汉代没有现在的蒸馏酒，现在的蒸馏酒始于元代。古代酒一次酿造成的叫醴。多次酿造的叫酎。浓烈的酒叫醲或者醇。

三彩凤首壶

1959年西安市三桥蔺家村出土

三彩凤首壶——中国特色 异域风情

三彩凤首壶属于三彩器中非常独特的器形，中原地区没有这样的器物，应为仿波斯银器的造型，顶端壶口部为凤鸟的造型，腹部一面为凤鸟纹，另一面为骑马狩猎纹。关于唐三彩有一种说法："三彩点蓝，价值非凡。"凤首壶上面蓝色的钴料，是青花瓷的蓝颜料，但在唐朝这种颜料并不出产，主要依靠进口，所以这个时期有蓝色的三彩器更为珍贵。唐三彩距今已有一千多年的历史。

三彩，指陶器上的釉色。釉色有许多种，如浅黄、赭黄、浅绿、深绿、天蓝、褐红、茄紫等，但主要以黄、绿、白（或绿、赭、蓝）三色为主，因此称为"三彩"。其制作采用二次烧成法，先高温烧胎，再低温烧釉。先用窑内温度1000℃～1100℃烧素胎，然后用含有铜(绿色釉)、铁(赭黄色釉)、锰(紫色釉)、钴(蓝色釉)、锑(浅黄釉)等挂色，窑内温度保持850℃～950℃。然后加铅、铝用作助熔剂。自然流动的釉色，互相渗透，斑驳淋漓，再加上年代久远，颜色变化产生新的颜色，使其具有极高的艺术价值。唐三彩在唐朝烧造地域分布很广，多用于陪葬。

唐代金树

1971年西安市郭家滩出土。高13.5厘米,上部宽7厘米,下部宽0.5厘米,根部宽1.9厘米。由树根、树干、树枝、树叶组成。树冠有花朵和叶，树干上有树节，树根有长藤向上攀援，树根裸露。树上的花朵由花丝嵌有绿松石或者多彩有机宝石，整体呈现出金树、红花、绿叶。整体多彩炫目，分外富丽，有古朴厚重之感。在树的主干、根部及叶片上有小孔，系穿丝线之用，这件金树应为某件器物或衣物上的装饰品。

鎏金走龙

1979年西安市文物商店移交

唐代鎏金走龙——一身威世大唐气派

1979年西安市文物商店移交。长18厘米,高10.8厘米。通体鎏金，呈行走状态，左侧双腿向后，右侧双腿向前，尖嘴呲牙，长舌卷曲，独角长耳，头顶卷鬃，锯齿状背脊板，长尾拖曳末梢上卷，全身鱼鳞纹，强健有力。龙是各个动物局部的综合体，蛇信、鹤颈、狮胸、虎肘、豹尾、鱼鳞、鹰爪。

唐代海棠形摩羯纹银杯

1968年西安市城建局移交。高3.2厘米，长径13.6厘米，短径7厘米。椭圆形杯为四周翻卷的荷叶构成，口略呈菱形，圈足脱落。锤击成形，花纹平，杯身内外錾以荷叶装饰，杯内部中心有隆起的火焰宝珠，双鱼环绕宝珠嬉戏于杯底，通体錾金。

摩羯纹，又称“鱼龙变化纹”，最早出现于南北朝时期。摩羯是佛教中的一种神鱼，地位类似于中国的河神，是生命之本，可创造一切，也可融化万物。有吉祥和平步青云的寓意。

文官俑、武官俑

1985年西安市灞桥区洪庆塬出土

文官俑、武官俑、武士俑

这里展出的文官俑出土于康文通墓。康文通是青州高密郡人，出身豪门望族。其生前并没有身居要职，但死后的墓葬形制却采用大型前后室砖墓，这在西安地区发掘的唐墓中十分少见。武官俑、武士俑于1985年出土于西安市灞桥区洪庆塬。武官俑头戴鹖冠，冠上饰鹖鸡，因鹖鸡“勇健斗，死乃止”，因此唐人以鹖为冠，取其勇敢善战、不怕牺牲的精神。

天王俑

三彩腾空马——生动逼真 釉色鲜美

1966年西安市西郊制药厂的唐墓出土了三彩腾空马。马蹄腾空飞奔，马背上坐着一个胡人少年，面带微笑，神情镇定，操缰控马。胡人衣着使用扣子，是一种明显带有异域风情的服饰文化。腾空马造型有几处发力点，例如马的脖颈、前胸以及臀部，使马匹飞奔姿态的稳定性很好。胡人臂围大，证明当时胡人身体素质非常好，生存的社会生活富足安逸。这件文物的珍贵之处不只在于它的艺术表现，古代工匠在制作这件陶俑的时候，跳出了过去的惯性思维，做了这个绝无仅有的腾空飞奔造型，具有强烈的艺术感染力。

1966年西安市西郊制药厂的唐墓出土

三彩腾空马

唐三彩动物俑中塑造最为传神

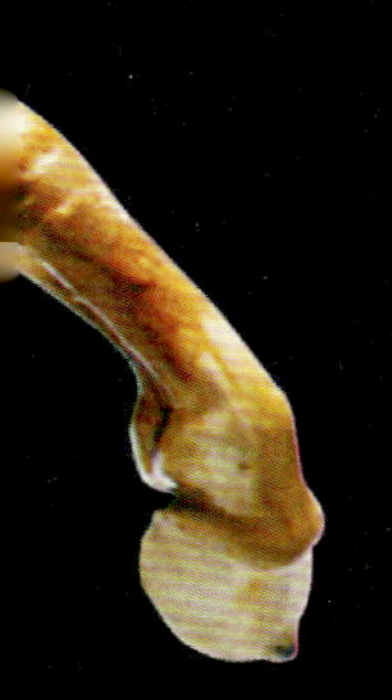

三彩挂蓝，蓝色在唐三彩中十分罕见

骑驼小憩俑

1987年陕西省西安市韩森寨出土

骑驼小憩俑——怀揣梦想 枕臂小憩

1987年于陕西省西安市韩森寨出土，现藏于西安博物院。这是古代丝路繁荣的真实写照，骆驼曲颈昂首，背上有一人俑，侧身盘腿横骑驼背，左手搭在左腿上，右手搭在驼峰上，头枕右臂作小憩状，生动形象地展现了丝路人的艰辛。

唐代三彩载物卧驼

2002年于西安市南郊陕西师范大学郭杜校区唐墓M31出土。通高29.1厘米，长45厘米。这只卧驼头部仰天嘶鸣，身体趴卧在地，前肢卷曲，后腿向外撤，准备站立。两个驼峰之间有一载物驼囊，我们能看到象牙、丝绸、宝相花盘、凤首壶等。一般来说丝路漫漫，路途艰险。尽管如此险恶，但是商贸往来获利颇丰，引得很多商队结伴而行，赚取巨利。陶俑将十分珍贵的丝路商品放置在外，让我们“一览无余”，着实将我们了解历史文物的视角一下子拉到了那“丝路花雨”的大唐长安。

童子叠置伎俑

2002年西安市长安区郭杜乡唐墓出土

童子叠置伎俑

这个唐代杂技俑由七个人物组成，身体强壮的胡人力士头顶六个小孩，尤其是最顶端的小孩的形态十分顽皮可爱。在博物馆小雁塔景区西北区域，就有一个以这件实物为原型的1:10放大的叠置伎铜雕。

汉代彩绘步兵俑

2003年长陵吕后陪葬坑出土，市公安局移交。约52厘米。这一组西汉步兵俑,面部扁平，脑后有一个发髻，包有黑色头巾。上身穿红色过膝长袍，配有甲胄；下身着宽腿裤，并有绑腿。兵俑原持兵器，但久已腐烂。他们双目平视，神情严肃。两脚与肩同宽，站姿威武。

在历史学的研究层面，政治制度上秦汉不分家。汉承秦制，西汉的帝陵及诸侯王、重臣、大将陵墓随葬大批兵马俑。虽然俑的形体大为缩小，约为秦兵马俑的三分之一，但形象则比秦俑更为生动。由于经历了秦末的战争，汉王朝初建，一切百废待兴，故而在汉刘邦、刘盈、文景时期崇尚节俭。

董钦鎏金铜佛造像

董钦造佛像通高41厘米，宽24厘米，通体鎏金，由23部件组合而成。中阿弥陀佛、右观世音菩萨、左大势至菩萨、两个金刚力士、狮子护法、莲花宝座、高足床及其他附件都为单独铸造，中有榫卯结构相接，可以拆卸，方便携带。底座呈长方形，侧面有118字，记述造像者和时间。记述开皇四年（584）七月十五日，宁远（河北）将军武强县丞董钦敬造弥陀像。人物神态庄严慈祥，制作精良，被誉为铜造像中的国宝。

唐代铸铁佛像

这尊真人般大小的唐代铸铁佛像很是罕见。发现于碑林区西何家村陕西水文站基建工地，佛像高187厘米。背有项光，螺旋肉髻，面容丰满，长眉窄目，眉间有白毫，鼻梁直挺，含笑。右袒肩于袈裟外，内着僧祇支，下着长裙，系带。施说法印，坐于方形莲花座上，下方置方形叠涩台座，双脚下踩同质掌形莲花座。

天下第一碗

牛羊肉泡馍

牛羊肉泡馍是西安最具特色的小吃，它烹制精细，料重味醇，肉烂汤浓，肥而不腻，营养丰富，暖胃耐饥，香气四溢，诱人食欲，食后余味无穷。各地游客、外宾来陕也乐于品尝，以饱口福。牛羊肉泡馍已成为陕西名食的“总代表”。

牛羊肉泡馍是在古代牛羊羹“礼馔”的基础上演变而成的。牛羊肉泡馍与一般食馔不同，烹饪技术要求很严格。烙馍、煮肉、切肉、煮馍等工艺，环环必须技术精湛，一丝不苟。烙饼是九成麦面加一成酵面，揉均匀后制成馍坯，入铁鏊烤至八分熟即可。这种与肉合烹的“饦饦馍”酥脆干香，入汤不散。用餐之前，顾客须把“饦饦馍”掰成碎块。掰馍讲究越小越好，最好是掰碎成黄豆般大小，这是为了便于五味入馍，然后交给厨师烹制。厨师在碗里放一定量的熟肉、原汤，并配以葱末、料酒、粉丝、盐、味精等调料，单勺制作而成。煮馍时讲究以馍定汤，调料恰当，武火急煮，适时装碗，以达到原汤入馍、馍香扑鼻的要求。牛羊肉泡馍不仅讲究烹调，更讲究“会吃”。泡馍从煮汤到掰馍都是一个慢活，尤其是掰馍，更是别有一层深意藏焉。旧时食家讲究掰出的馍要像蜜蜂头或黄豆大小，太大了五味不入；太小了又易煮糊。于是很多人早上是在家一边听戏，甚至一边会客一边细细地掰馍，时候到了端到泡馍馆就行。泡馍的吃法也有讲究，一是“单走”，馍与汤分端上桌，这馍(饼)最好是发面的，掰到汤中泡着吃。二是“干泡”，煮好碗中不见汤。三是“水围城”和“口汤”“水围城”，即宽汤大煮，把煮熟的馍、肉放在碗中心，四周围以汤汁；“口汤”食后碗底余一口汤。本地的吃家多爱要“干泡”，即将汤汁完全渗入馍内。吃完馍、肉，碗里的汤也被喝完了。这样清汤味鲜，肉烂且香，馍韧入味。如果再佐以辣酱、糖蒜，别有一番风味。吃时切记一定要从碗两边一点点地拿筷子刨，美其名曰“蚕食”。

蓬莱宫阙对南山
承露金茎霄汉间
西望瑶池降王母
东来紫气满函关
云移雉尾开宫扇
日绕龙鳞识圣颜
一卧沧江惊岁晚
几回青琐点朝班

全国首座考古学科专题博物馆

陕西考古博物馆

走进陕西考古博物馆

这是中国首座考古学科专题博物馆
占地面积250亩，其中主体建筑10700余平方米
室内展厅陈列面积5800平方米
室外展出陈列面积10000平方米

展厅共分三层，展出文物4218组5215件
展出文物中有大量拥有“首次”
“第一”“最早”等标签的特色文物、明星文物
其中90%以上珍贵文物系首次与公众见面

颜真卿书丹《罗婉顺墓志》
北宋吕氏家族墓随葬器物总计1000余件（组）
郁久闾（lǘ）可婆头墓出土的单件体量最大的隋代陶俑
北周武帝宇文邕（yōng）与皇后阿史那氏的合葬陵
孝陵出土的帝、后陵志及十三环玉带、玉璧等随葬品

这些珍贵文物都是出土后首次展出
生动地将陕西考古、中国文明的故事向世人娓娓道来

第一篇章　考古历程

“考古历程”主要展示陕西考古的诞生、发展和成熟历程，分为三个单元。

第一单元：金石稽古证经崇礼，讲述中国考古学在金石学阶段的积淀过程。

第二单元：科学考古兴史救国，在展示中国考古学诞生的基础上，着重讲述陕西考古的开端——斗鸡台考古，以及逐步确立的中国考古类型学和地层学。

第三单元：顺应时运考古扬帆，以考古项目为依托，系统梳理了新中国成立以来陕西考古的发展历程。涵盖了半坡遗址、周原遗址、秦陵兵马俑、法门寺、耀州窑等重要遗址的发掘以及汉唐都城、帝陵等“大遗址”考古工作新理念、新方法的介绍。

这一篇章通过三个单元，介绍了中国考古的诞生、陕西考古的开端，以及新中国成立以来陕西考古的发展历程。其中介绍了半坡遗址、周原青铜器窖藏、秦始皇帝陵兵马俑坑、法门寺唐代地宫、汉景帝阳陵陵园等著名遗址的考古工作单位及成果等情况，还穿插介绍了“大遗址考古”等考古工作理念与方法。

第二篇章　文化谱系

“文化谱系”主要分为五个单元。第一单元“旧石器时代”，着重讲述现代人的起源以及古人类的交流与迁徙。

第二、三、四单元“新石器时代”“夏商时期”“先周文化”，介绍了在陕西境内这一时段各文化类型，包括分布范围、文化特征和代表性遗址，同时穿插动物考古、植物考古、体质人类学等介绍。

第五单元“周原遗址”，全面总结了60余年来周原遗址的考古收获，并将整体搬迁后的贺家车马坑搬入展厅。

这一篇章的主题是梳理谱系、文化溯源，更加聚焦于陕西的考古文化谱系，按照时间顺序分为旧石器时代、新石器时代、夏商周时期。其中新石器时代和夏商时期，重点介绍了前仰韶时期、仰韶时期、龙山时期和夏商时期诸多考古学文化和类型的分布范围、文化特征和代表性遗址。之后则介绍了西周文明之前先周文化的类型划分、文化特征和代表性遗存，总结了60多年以来周原遗址的考古收获。展厅中还设置了贺家车马坑特展，陈列了整体搬迁后的车马坑，非常壮观，令人震撼。

第三篇章　考古发现

“考古发现”分为三个单元，主要介绍陕西境内各时期重点考古项目。

第一单元“探源文明构建先史”，重点展示杨官寨、芦山峁、石峁三个都邑遗址。

第二单元“寻踪帝国盛世再现”，介绍陕西境内极具代表性的秦、汉、唐遗存。

第三单元“追迹古都陶冶风雅”，主要展示以耀州窑址、吕氏家族墓等为代表的宋代之后的陕西考古发现。

这里展示的都是获得过国家考古类奖项的重点项目，分别讲述了作为文明摇篮、帝国中心和地方重镇的陕西，历数了陕西考古的各大重点项目。按照时间的顺序，首先重点展示了杨官寨、芦山峁以及石峁三个都邑性遗址，再现史前时期文明辉煌。其中，石峁龙山时代遗址是距今4000年前后东亚地区保存最好、规模最大、内涵最丰富的都邑性城址，代表了中国北方早期国家文明的发展高度。展厅内展示了石峁遗址的外城东门址遗址模型，展厅还模拟了一段石峁的墙体。之后介绍陕西境内丰富的秦、汉、唐文化遗存，包括都城、帝陵、贵族及平民墓葬等内容。看点有秦始皇陵与政治思想、西汉帝陵与帝国制度、唐代帝陵与国际地位和文化交流、唐代贵族墓与社会生活。

我们可以看到从唐僖宗李儇的靖陵挖掘出土的壁画、石函、玉佩等。这一部分的最后一个单元，还介绍了“王气黯然”后的陕西社会，展示士人生活、瓷业发展等内容。看点有吕氏家族墓园与关学传播和金石学发展、耀州窑与北方瓷业。

第四篇章　文保科技

“文保科技”介绍了陕西考古保护工作发展阶段以及陶瓷器、青铜器、壁画、纺织品、漆器等保护修复和研究。

展厅中的李倕冠饰是国内第一个通过实验室微观发掘、科学复原的冠饰。作为唐代宗室的高等贵族墓葬，李倕墓最大的看点就是她的冠饰、铜器、银器等，真是让人大开眼界！复原后的李倕冠饰，使用了金、银、珍珠、绿松石等各类材料十余种，采用了铸造、捶打、鎏金等工艺，是唐代珠宝和工艺的集大成者。

“文物保护篇”在总体介绍文物保护工作后，分门别类展示了对陶瓷器、青铜器、复杂遗存、壁画、纺织品和漆器等的修复、保护与研究，重点展示了新技术、新手段、新材料在不同质地文物保护中的运用，向公众展示了文物工作修复者“巧手良医”的责任和担当。

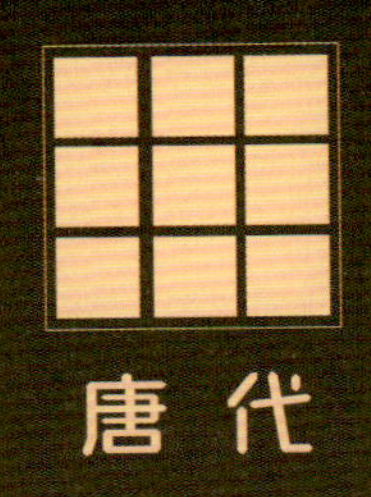

唐代

李倕冠饰

2001年陕西省西安市西安理工大学曲江新校区出土

李倕冠饰——玉蝉金雀三层插 翠髻高丛绿鬓虚

李倕是唐朝王室后裔，她的冠饰是国内第一个通过实验室微观发掘、科学复原的冠饰，从某种意义上来说，也是国内文物修复的经典案例。

这件修复复原的冠饰整体高约32厘米、宽约16.5厘米。由4件鎏金铜发簪、1件铁质发簪、1件铁质发钗、1件金质发钗、13件大型金质饰件、250余件小型金质饰件组成，镶嵌有410余颗珍珠、千余块绿松石等。另外还有近300处空位，可能镶嵌有绿松石或珍珠等。材质分析与研究显示，冠饰中用到的材料包括金、银、铜、铁、珍珠、贝壳、玛瑙、绿松石、红宝石、琥珀、象牙、玻璃、羽毛及纺织品等。

工艺考察表明，其制作方法有铸造、锤揲、鎏金、贴金、掐丝、镶嵌、金珠、彩绘等。其中金珠的直径大概是几百微米，在指甲盖大的面积上就有成百个小金珠。由此可以想到即便是做这样一个很小的装饰件，工匠们都需要花很多的时间和精力，是唐代珠宝和工艺的集大成者。

仰韶时期

镂空人面覆盆形器

2008年陕西省杨官寨遗址出土

镂空人面覆盆形器——形象古朴 神情温和

杨官寨遗址自2004年首次发现以来，受到考古界的广泛关注，这得益于其本身独特的文化面貌，以及一些重要遗迹遗物的发现。杨官寨遗址是仰韶文化时期的一处重要聚落遗址，随着陕西省考古研究院对其考古工作的不断推进，陆续发现庙底沟文化时期唯一保存完整的大型环壕、庙底沟文化大型公共墓地、半坡四期文化制陶作坊区等重要的遗迹，并且出土了一大批仰韶时期独具特色的陶器。其中在庙底沟文化环壕聚落西门址两侧的壕沟内，分层堆积了大量的陶器、骨器、石器等遗物，其中有一件镂空人面覆盆形陶器最为引人注意。

整体器型似一倒扣的盆，器壁上作出人面形象，以朱砂涂红。双眼和嘴部以镂空表现，均作弯月状。鼻梁堆塑，细而挺直。人面形象古朴，神情温顺。这件造型奇特镂空人面覆盆形器的陶器出土于陕西高陵杨官寨遗址，据推测可能是器座，或用于祭祀活动中。

彩陶盆

石峁遗址

石雕神面纹立柱

2015年陕西神木石峁遗址出土

石雕神面纹立柱——神态庄严肃穆

中国规模最大的史前石城遗址——陕西神木石峁遗址，在2011年至2015年的考古发掘中，在石城的墙体发现众多“石雕人面像”，初步证实古城曾在原始宗教信仰中发挥过重要作用。

主持石峁遗址考古发掘工作的陕西省考古研究院研究员孙周勇介绍说，2015年7月，考古人员在外城墙一处马面旁坍塌的筑石中意外发现一块完整的石雕人面像。这一石雕人面像高20多厘米，宽十几厘米，深目高鼻，表情沉静，面部轮廓成几乎标准的椭圆形，从底料中被清晰地勾勒出来，雕刻得栩栩如生。

专家推测，这些雕刻可能与中国西北地区早期青铜时代的同类雕刻有关。

2013年宝鸡石鼓山商周墓地出土

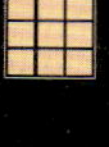

商周牺尊

青铜器珍品国宝

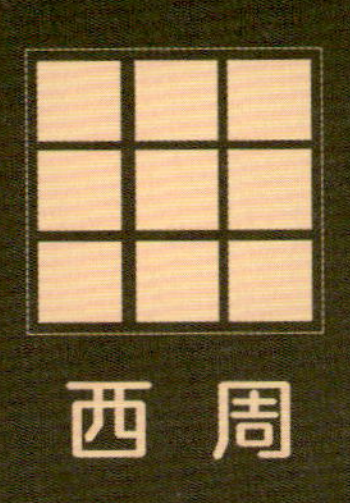

西周

青铜小罐

2017年陕西澄城县刘家洼芮国遗址出土

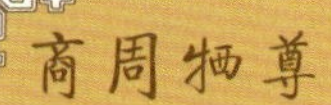

商周牺尊

2013年，宝鸡石鼓山商周墓地出土头部似食草动物的牺尊，被誉为史上最萌的商代牺尊。研究报告介绍：头部似食草动物，头上两柱形龙角之间有一对尖状鹿角相互交错。尊身似鹿，两耳细长竖起，四肢刚健，但四足却长着食肉动物的利爪。臀、腹滚圆，小尾巴竖起。一对似鸟翼又似鱼鳍或鬃毛的突起物，从下腹部和两腿弯处伸出。前腿直立、后腿蹬地作弯曲状，看姿势似乎要撒腿狂奔，又好像在祥和地俯视着什么。牺尊除腿部无纹饰外，其他部位布满夔龙纹、凤鸟纹、兽面纹、双身共首的蛇纹和窃曲纹等精美纹饰。整件器物形体厚重精致，纹饰风格诡异奇特。这对牺尊通高分别为42厘米、32.5厘米。造型独特，极为罕见，具有极高的考古研究和艺术观赏价值，是非常难得的商代青铜器艺术珍品。

青铜小罐——盛有中国最古老的男性面霜

中国北方陕西澄城的刘家洼地区发现了中国古代男性使用化妆品的最古老证据。那是一种可以用来使脸部看起来白皙的乳霜。

研究人员在挖掘现场确定了古代贵族的生活区。他们找到了青铜陪葬武器和一个由青铜制成的罐子，里面装有研究人员认为是软膏的黄白色物质。

对材料的分析表明，它大约有2700年的历史，由动物脂肪和月乳(一种碳酸盐泥，干燥后会变成白色粉末)制成；它们混合在一起时，可以用作面霜。研究人员认为，这位贵族曾用它抹脸，也许以此作为展示个性的方式；又或者，那是古代宗教仪式的一部分——当地原始信仰中那是具有神奇特性的矿物。总之，从功能上来说，那是有史以来最古老的男性化妆品。

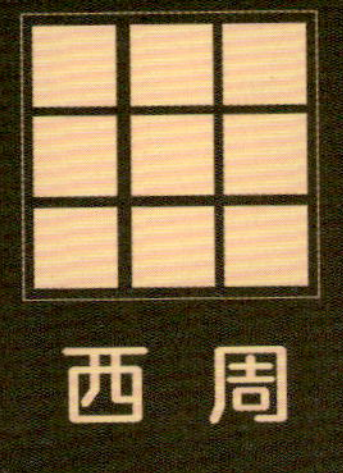

西周

周原贺家青铜轮牙马车

2014年陕西宝鸡市岐山县贺家村周原遗址出土

周原贺家青铜轮牙马车——第一豪车

2017年到2019年，陕西省考古研究院文物保护人员对周原遗址贺家村出土的青铜轮牙马车进行清理保护。通过清理可以看到，这套马车遗迹由车体和四匹马的遗骸组成。随着清理和保护工作的逐步开展，这套西周晚期的青铜轮牙马车逐渐揭开了神秘面纱。

这套马车不仅车辆形体较大，而且装饰华丽复杂，车厢装饰有大量镶嵌绿松石的青铜构件、薄壁青铜兽面装饰以及玉器和彩绘构件。

测量数据显示，这套马车长3.13米，宽2.7米，高1.5米。DNA分析结果显示，与马车配套的四匹马不仅都是成年公马，而且都是纯色的黑马。除了装饰豪华，它最独特的地方在于整个车轮的外沿全部由青铜铸造而成。这是目前所发现的第二例，也是唯一一套保存完整的“青铜轮牙马车”。

陕西省考古研究院研究员王占奎根据车轮上的痕迹判断，这辆马车很少使用过，它不是用来作战的战车，而是代表着某种西周高等级贵族的礼制，是仪仗用车。

车軎

西周

西周木俑

2007年陕西省韩城市梁带村M502墓室出土

西周木俑——最早发现的木偶

梁带村 M502 墓室四角二层台上各站立 1 件木俑，是我们最早发现的周代木俑，为什么说是最早发现的呢？因为这些木俑在出土时已经腐朽了，仅在地表留下了空洞，按照通常逐层清理的发掘方式，木俑就难以保存下来了，但当时发掘的张天恩先生经验非常丰富，在发现有机制残留时，创新地采用了浇灌石膏液体的方法，从而获得了完整的木俑形态，甚至还保留了木俑的部分漆皮，非常难得。

生肖俑

中国早在商代已用十天干、十二地支记日；汉代把12种动物与十二地支相配，称“十二生肖”，即子鼠、丑牛、寅虎、卯兔、辰龙、巳蛇、午马、未羊、申猴、酉鸡、戌狗、亥猪。其后，生肖与人的命相结合，逐渐神秘化。至南北朝时，民间始用生肖俑随葬，以厌胜避邪。到唐代，铜镜、金银器及墓碑上常有十二生肖形象，墓葬中出土的生肖俑亦较多。其造型一般有三种形式：人抱生肖动物、人身兽首、生肖动物趴于人头顶上。这组十二生肖俑为兽首人身立俑，造型端庄，生动传神。

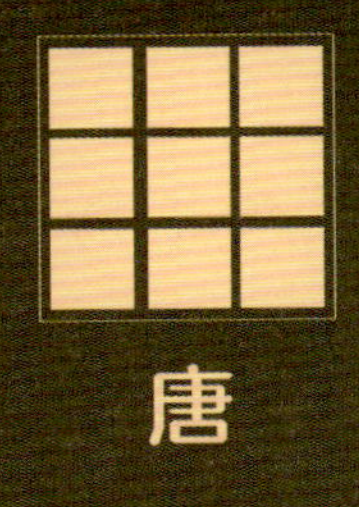

唐

上官婉儿墓志

2013年陕西省西安市西咸新区空港新城出土

上官婉儿墓志——千古独一的女相

2013年8月，陕西省考古研究院在西咸新区空港新城的考古勘探中，发现一座单室砖券墓，甬道内放置墓志一合，盖题“大唐故昭容上官氏铭”，青石质，正方形。志石高、广皆74厘米，厚15.5厘米。划细线棋格，阴刻正书32行，满行33字，共计982字。四侧在整体联珠纹框内减地线刻十二生肖，衬以缠枝忍冬。生肖皆为动物形象，生动写实。志盖四刹和志石四侧的线刻图案造型优美、錾刻精细，在唐代墓志线刻装饰图案中属难得的上乘之作。

上官婉儿墓志铭表明墓主为上官婉儿，补充了她在唐隆政变被杀后由太平公主为其礼葬的相关信息。从展板中的墓葬平剖面图可以看出，墓室被严重毁坏，可能是因为唐玄宗认定她是太平公主一党，进行毁墓。但保存完好的唐代墓志记载了上官婉儿的世系、经历、死因、葬地等具体信息，具有重要的史料价值，其本身也是一件精妙的艺术品，值得细细观赏。

那个时代，千古唯一的女帝武则天、千古独一的女相上官婉儿和千古耀眼的太平公主汇聚在一起，不得不令人感叹，那个时代涌现了众多“气质美如兰，才华馥比仙”的奇女子！

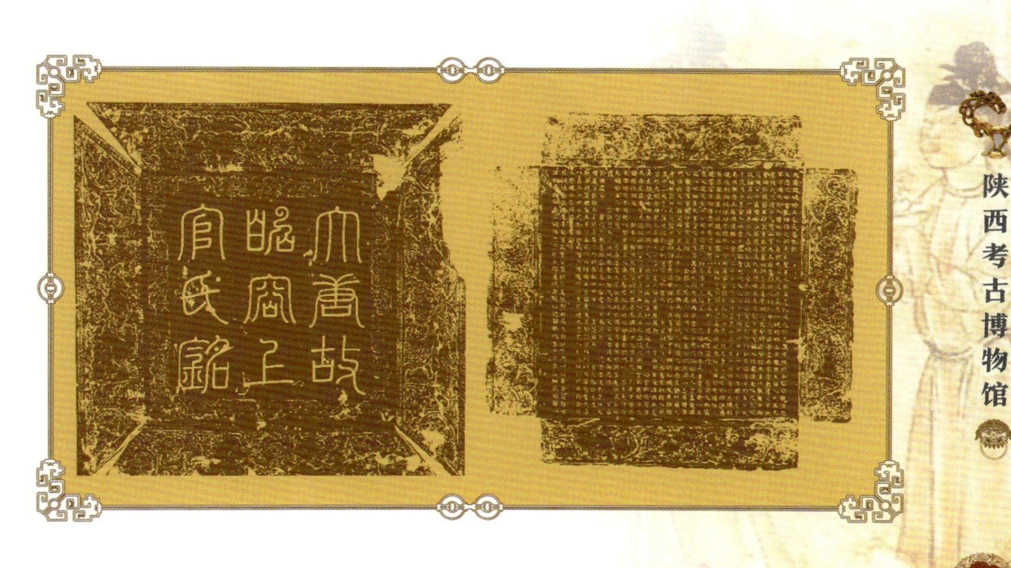

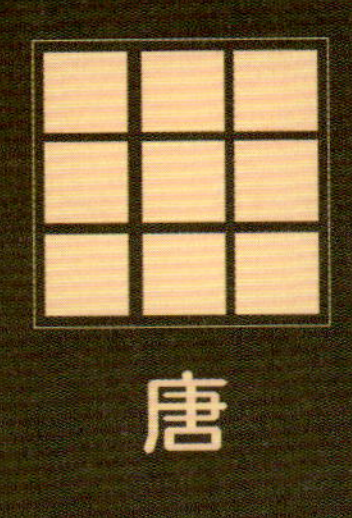

唐

颜真卿手书墓志《罗婉顺墓志》

2020年陕西省秦汉新城政府储备用地出土

颜真卿手书《罗婉顺墓志》——丰腴秀丽 完美之作

2020年夏，陕西省考古研究院秦都咸阳城考古队对陕西省秦汉新城政府储备用地内发现的百余座汉唐墓葬开展了考古发掘工作。在发掘唐代元氏家族墓葬时，出土颜真卿手书的《罗婉顺墓志》。墓志为颜真卿早年38岁时的书法，本次发现是目前国内唯一经由科学考古发掘出土的颜真卿早年书迹真品。

罗婉顺墓志铭由其外侄孙特进上柱国汝阳郡王李琎（唐睿宗李旦之孙）撰写，颜真卿书丹。志石高、宽均为51.4厘米，楷书，27行，满行28字，共728字。志主罗婉顺卒于天宝五载，而这一年颜真卿任长安县尉，与史载相合。

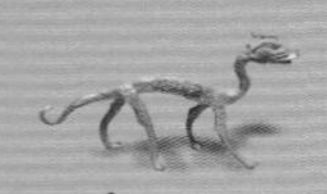

细裁玉纸薄筋软

凉皮

这是让无数美食达人追捧的西安小吃，其种类很多，花样百出，令人咂舌。陕西小吃虽然多，但都不离两样东西，那就是面和肉。只是一个面，就有百种之多，先不说有陕西关中八大怪之称的裤带面，单就说一个凉皮，就让众食客馋涎欲滴。

在西安，无论男女老少，几乎每周都有那么三四顿饭是凉皮，尤其是上班族，很多人以凉皮为日常主食。其实这凉皮，几块钱一碗，一般人一碗也就饱了。吃凉皮，辣椒要多，醋要酸，吃得唏溜唏溜唆舌头，还说：再来一碗！在外地打工学习，有人要来陕西，问他带什么，连思索也不思索：凉皮儿！

凉皮，是陕西的传统风味小吃，已有200余年的历史。陕西凉皮制法多，品种繁，突出酸辣鲜香，口感或滑利爽口或筋韧耐嚼，深受大众欢迎。陕西凉皮分米皮和面皮两种。一般都是把面调成稀糊状，放在特制的铁笼上蒸。但擀面皮做法很特别，是先擀成面，然后再蒸。蒸者绵软，擀者筋道。以户县秦镇米面皮、西府擀面皮最为著名。食时将其晾凉切条，加入焯（chāo）熟的绿豆芽，调入精盐、芝麻酱、醋、蒜水、香料、辣椒油等即成。

制作凉皮是用面粉加水和在一起成稀汤，浇在铁制的圆形锣锣里，在沸水中蒸熟。由于吃者众多，凉皮经营者也将其发展成用直径1米的大锅载以数层蒸笼进行制作。切凉皮一定要用铡刀，就是过去农村铡草用的刀，这种刀宽背薄刃，1米多长，重达3～5公斤。切凉皮的时候，凉皮放在湿布上，刀的一端固定在对头，这边手如疾风，一指多宽的擀面皮就出世了。调制凉皮更是一绝，一定要用关中的辣椒炒制的辣椒油与辣椒面，用陕西的柿子醋配以在沸水中焯过的嫩豆芽，吃起来爽口润心。

好多外地游客到西安后第一餐必吃凉皮。

08

鸡鸣紫陌曙光寒
莺啭皇州春色阑
金阙晓钟开万户
玉阶仙仗拥千官
花迎剑佩星初落
柳拂旌旗露未干
独有凤凰池上客
阳春一曲和皆难

中国宫殿建筑巅峰之作

大明宫国家遗址公园

盛世繁华的历史——大唐辉煌

在中国源远流长的文明史中
有一个被公认为最繁荣昌盛的朝代
那就是被誉为“巅峰盛世”的唐朝
在世界繁星闪烁的文化史中
有一座和开罗、雅典、罗马齐名的文化古都
那就是被誉为“世界帝都之冠”的长安
而在中国灿烂辉煌的建筑史中
有一座历史上从未被超越的皇家宫殿群
那就是被誉为“中国宫殿建筑巅峰之作”的大明宫

大明宫
如日之升，辉煌璀璨，她是历史创造的古老神话
是智慧凝结的东方神奇
如果说长安是一本精彩厚重的史书
那么大明宫一定是那波澜壮阔中最激越澎湃的篇章
如果说长安是一幅辉煌瑰丽的名画
那么大明宫无疑是斑驳色彩中最耀眼绚烂的描画
现在就让我们穿越公元七世纪盛世大唐的时空迷雾
一起漫步在大明宫国家遗址公园这座恢宏的东方帝王圣殿
揭开那神秘庄严、雍容瑰丽的大明宫的神秘面纱
寻找消逝的盛唐辉煌
品味世界级遗址公园的东方神韵

大明宫国家遗址公园游览示意图

大明宫国家遗址公园建筑布局形式

大明宫四面共有11座门，南部为前朝，自南向北由含元殿、宣政殿和紫宸殿为中心组成；北部的内廷中心为太液池。

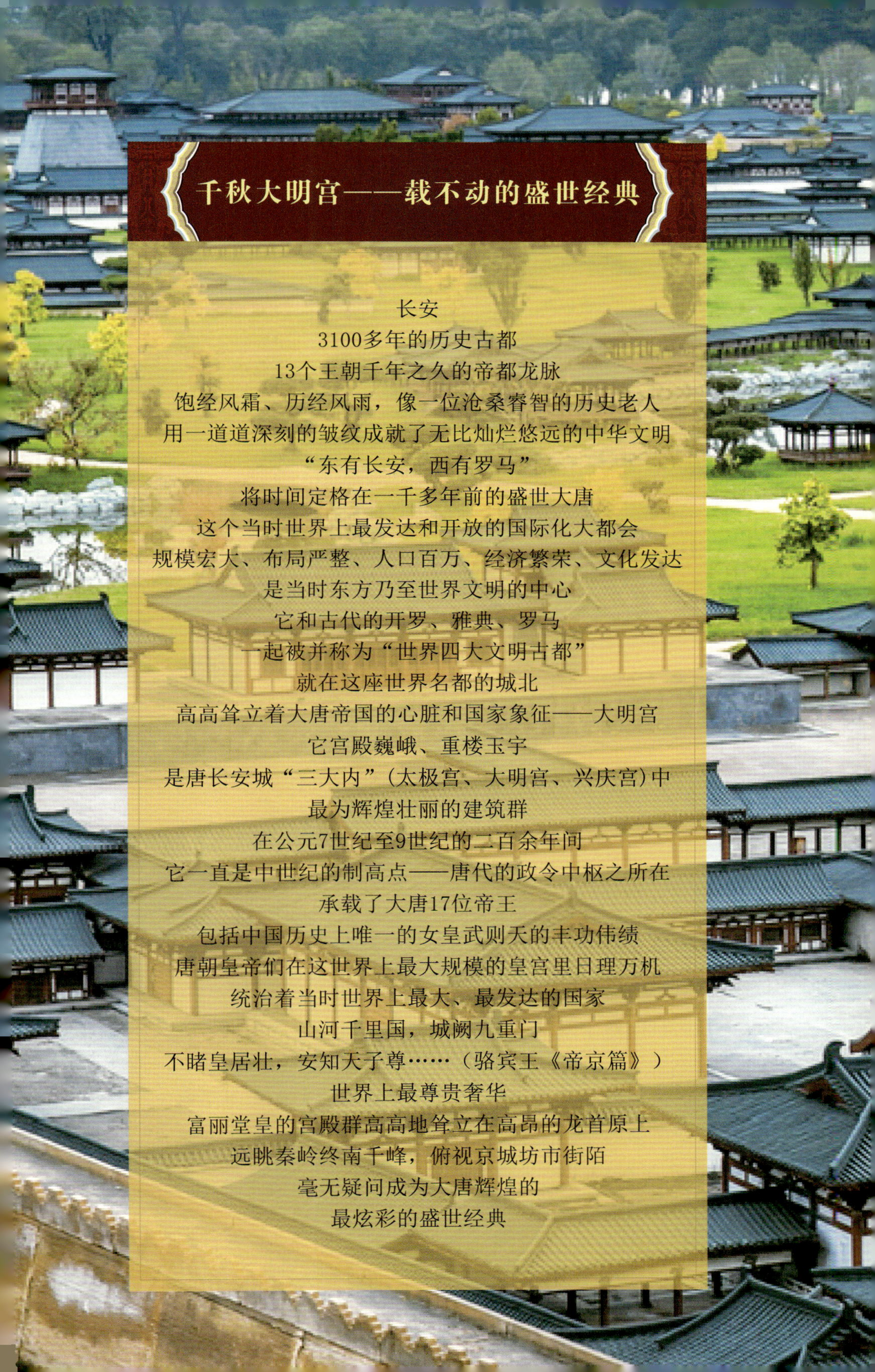

千秋大明宫——载不动的盛世经典

长安
3100多年的历史古都
13个王朝千年之久的帝都龙脉
饱经风霜、历经风雨，像一位沧桑睿智的历史老人
用一道道深刻的皱纹成就了无比灿烂悠远的中华文明
“东有长安，西有罗马”
将时间定格在一千多年前的盛世大唐
这个当时世界上最发达和开放的国际化大都会
规模宏大、布局严整、人口百万、经济繁荣、文化发达
是当时东方乃至世界文明的中心
它和古代的开罗、雅典、罗马
一起被并称为“世界四大文明古都”
就在这座世界名都的城北
高高耸立着大唐帝国的心脏和国家象征——大明宫
它宫殿巍峨、重楼玉宇
是唐长安城“三大内”(太极宫、大明宫、兴庆宫)中
最为辉煌壮丽的建筑群
在公元7世纪至9世纪的二百余年间
它一直是中世纪的制高点——唐代的政令中枢之所在
承载了大唐17位帝王
包括中国历史上唯一的女皇武则天的丰功伟绩
唐朝皇帝们在这世界上最大规模的皇宫里日理万机
统治着当时世界上最大、最发达的国家
山河千里国，城阙九重门
不睹皇居壮，安知天子尊……（骆宾王《帝京篇》）
世界上最尊贵奢华
富丽堂皇的宫殿群高高地耸立在高昂的龙首原上
远眺秦岭终南千峰，俯视京城坊市街陌
毫无疑问成为大唐辉煌的
最炫彩的盛世经典

大明宫国家遗址公园——千宫之宫　悠远磅礴

大明宫这座古老的东方传奇，曾经演绎了无数的悲喜与跌宕曲折的故事，昔日金碧辉煌、笙歌萦回的皇城宫闱，凝聚着一千多年时空的历史随想。大火烧毁了大明宫的繁华胜景，但是烧不断传承历史的文脉。经历了一千多年的风雨沧桑，如今的大明宫地面建筑多数早已无存，但整个遗址仍保存较完整，范围清楚，遗物埋藏极为丰富。遗址平面略呈梯形，面积约3.2平方公里，相当于3个凡尔赛宫、4.5个紫禁城、12个克里姆林宫、13个卢浮宫、15个白金汉宫！是世界上最重要也是规模最大的土遗址。奢华壮丽的大明宫号称“千宫之宫，万园之园”，是东方园林建筑艺术的杰出代表，被誉为“丝绸之路的东方圣殿”，其代表的唐代建筑技术与艺术的高度成就，被认为是世界建筑史上的奇迹。现在就让我们一起置身于大明宫国家遗址公园，一起穿越

大明宫国家遗址公园俯视图

盛唐，拾起断瓦残垣间铭刻的灿烂辉煌的深刻记忆！

丹凤门——盛唐第一门

在丹凤门广场上高高耸立的巍峨高大、气势雄伟的门，就是被文物考古界誉为“盛唐第一门”的丹凤门。门内是约500米长的御道，北抵大明宫主殿含元殿，东西为顺城街，南为长安城南北最宽（长1500米，宽176米）的街道——丹凤门大街，与唐大雁塔遥相呼应，构成了唐长安城的重要景观轴线，展示了盛唐皇室的无上威仪。丹凤门是大明宫的正南门，是唐朝皇帝进出宫城的主要通道，丹凤门上的丹凤楼，是常供皇帝临御、举行宴会等大典的重要活动场所。从肃宗起，丹凤门还成为皇帝颁布敕令的固定场所。唐代大多皇帝继位，都要在南郊祭天之后登上丹凤门楼，宣布大赦和改元的敕令。唐李益的诗就表现的是唐代丹凤门大赦的情景：“大明曈曈天地分，六龙负日升天门。凤凰

飞来衔帝箓，言我万代金皇孙。灵鸡鼓舞承天赦，高翔百尺垂朱幡。宸居穆清受天历，建中甲子合上元。”作为皇帝宣赦的固定场所，每逢宣赦日，丹凤门前一侧立高杆，上悬金鸡，一侧置鼓，百姓聚集门前广场，待皇帝登楼，囚犯在鼓声中被引至门前，赦令宣读完毕，当场释放。唐人杨巨源有诗为记：“丹凤楼前歌九奏，金鸡杆下鼓千声。”游客可以登上丹凤门城楼远眺，一睹大墙内外风光，也可以到一楼进入内部的丹凤门遗址博物馆参观。遗址博物馆由中国工程院院士张锦秋女士担纲设计。淡棕黄色的丹凤门就像一个“遗址保护罩”。遗址保护展示工程为三层全钢结构，内部有广阔的空间。丹凤门的考古发掘对研究唐长安城和中国都城考古均有重要价值，丹凤门其建筑规格之高、规模之大、门道之宽、马道之长均创中国古代宫门之最，是毫无疑问的“盛唐第一门”。

丹凤门

龙首渠——百官下马

目前发掘出的唐代大明宫龙首渠遗址距含元殿遗址一层大台130米，渠道两壁较陡直，局部有砖砌护岸。水渠的这种规格建制对后世宫室制度的建制产生了深远影响。遥遥望去，渠上建有等距间隔的三道桥，东边正对东朝堂的是东桥，最西边面对西朝堂的为西桥，东西两桥在唐代乃是文武百官上朝前的下马桥。中间的桥，才是大唐天子走的东西宽17米的御桥，遗址公园对龙首渠及御桥都进行了复原展示。

龙首渠

大明宫微缩全景模型

大明宫微缩全景模型——惟妙惟肖

大明宫国家遗址公园，在大明宫遗址的基础上延续了唐代大明宫的历史格局。因为殿阁遗址之间距离较远，为使广大游客更直观地感受大明宫这一世界上规模最大的砖木结构宫殿群，大明宫国家遗址公园采用模型展示手段，将大明宫全景1：15原貌微缩复原，1100座建筑精雕细刻、描金彩绘。穿梭其间，仿佛回到盛唐皇家宫殿，让人不禁赞叹大明宫无与伦比的规模及气势。

大明宫格局——中轴对称 前朝后寝

在中国历史上，大明宫应该是中国古代规模最宏大的宫殿群，它规划严谨、制度完备，是中国古典建筑的代表作，反映了唐代宫室的规划建制在继承和创新方面所取得的高度成就。大明宫平面形制呈南宽北窄的楔形。面积5000余亩，相当于500个足球场大小。其主要宫殿严格按照中国传统建筑中轴对称法沿中轴线分布，对称严整，等级森严。同时将宫区由南至北隔成五重或五进的形式，以体现帝王至尊的“九五之说”。宫内按功能布局为“前朝后寝”，南半部为政事区，北半部为居住区。前朝区的规划严密规整。进入丹凤门，即进入大明宫的前朝区，在中轴线

上，经过宽阔的御前广场后，依次坐落着含元殿、宣政殿、紫宸殿，它们是大明宫的三大正殿，分别是唐皇宫的外朝、中朝、内朝。除了前朝区，还有供皇帝、嫔妃、皇子、皇孙们居住的后寝区。后寝区利用自然地形围绕太液池建制。号称“千宫之宫”的大明宫，有至今尚无法确知其总数的众多殿宇和房舍错落分布于其中。其建筑按类别分有殿堂、亭、台、楼、阁、院和房舍以及人工湖泊等，使用功能亦各不相同。这些建筑为我们勾勒出一幅幅大唐皇室生活的鲜活画面，同时反映了中国古代宫室建筑在营建规模、规划布局尤其是使用功能和礼仪制度方面至此以臻完善，并达到顶峰。大明宫高度发达的建筑文化也对后世影响深远，并成为周边国家宫室规划的楷模。

千宫之宫

宫门锁禁苑——大明宫庞大严密的宫门系统

一重重院落迂回曲折，一道道宫门错落连环，让这座号称“千宫之宫”的世界上最大的宫殿群宏伟壮观、整齐严谨、功能齐备、安全严密，成就了三百年盛世昌隆。那么我们现在就来了解一下大明宫庞大的宫门守卫体系。一套严整的宫门制度在大明宫有条不紊地运转。在长安城，皇家卫队金吾卫或许是每天最早起床的，他们不仅负责宫廷的安全，还负责整个长安城的治安。大明宫有11座宫门，所有宫门的钥匙由金吾卫统一掌管，开闭宫门必须核对门契，门契分为两半，一半在宫中保存，另一半由门官掌握，两半契合才能打开大门。门契刻成鱼形，有特定的含义，在古人看来，鱼不管白天黑夜从不闭眼，警惕性最高，也最为可靠。根据大唐制度，官员们五更左右就要去上朝。大明宫在长安城的东北方向，与官员居住的地方有不短的路程，五更点卯的时候，天还没有亮，大大小小的官员们已经走出家门，开始进入工作状态。白居易《登观音台望城》就有描述：“遥认微微入朝火，一条星宿五门西。”官员大多骑马上朝，高级官员一般有一个或两个仆人随行，在夜色中为主人掌灯。级别比较低的官员俸禄有限，只能一个人独行。风里雨里上朝更不是一件轻松的事。在大唐，官员们必须准时上朝，如上朝迟到，后果很严重！轻则罚去一个月俸禄，重则丢掉官职。地位显赫如宰相者都不敢无故迟到。进入宫门的每一位官员都须核对身份后方得进入。所有上朝官员的信息都要登记在册，登记的内容不仅包括姓名、官职和年龄，甚至还包括身高和体型特征。身份核对无误后，一些官员还必须接受搜身，保证不携带任何攻击性武器。经过一连串严格确认后官员们才能进入朝殿。到了夜晚，长安实行宵禁制度，以大明宫的鼓声为信号，大大小小的宫门听着鼓声开始关闭，整个城市的街鼓也依次响起，这个当时世界上最大的城市就此进入梦乡……

玄武门——重要的防卫性建筑

玄武门是北宫墙正门，也是单门道形制。由于玄武门是大明宫北通禁苑的主要门户，这里成了唐朝廷北衙禁军主要的屯驻之地。从唐玄宗以后，宫中所发生的多次政变都仰仗玄武门屯驻禁

玄武门

军的力量才得以取胜。公元710年，唐玄宗平韦后，曾亲自动兵于玄武门；公元762年，唐代宗在此除掉蓄意作乱的张太后。尤其是唐朝后期，宦官掌握了北衙禁军的统帅权以后，对于宫廷的安危影响极大。因此，玄武门在唐中后期的政治生活中一直处于举足轻重的地位。

含元殿——九天阊阖开宫殿　万国衣冠拜冕旒

大明宫最主要的殿宇是含元殿。虽然宏伟壮观的含元殿早已残迹斑驳，但从遗迹高高的殿基和宽大的柱础，我们不难想象当年盛世含元殿的规模和气势。唐代是一个踌躇满志、昂扬向上的时代。大度而不浮华，雄浑而不雕饰。含元殿就是这个时代最好的写照。含元殿是都城长安的主要标志建筑，称著当时，传名后世。据史料记载，含元殿建成于唐高宗龙朔三年（663），毁于光启二年（886）。武则天时含元殿曾改成“大明殿”，使殿名与宫名相统一，至唐中宗即位后才恢复旧称。含元殿巍峨高耸在龙首原的南坡台地上，为大明宫中轴线上南起第一座殿宇，属皇宫前朝三大正殿之首，规制宏伟，地位尊崇，与北京故宫太和殿地位相当。从残留的殿基来看，含元殿的面积和高度都超过了明清紫禁城的太和殿。现殿基基台上仍遗留一大型础石，边长1.4米。

含元殿遗址

《营造法式》上记载：“础一尺柱一丈”，足以想见当年含元殿主殿高大宏伟的程度。含元殿并非是一个孤立的殿堂，而是一组建筑。在殿堂西南30米处建有“栖凤阁”，东南对称则建有“翔鸾阁”，两阁与殿堂间以曲尺形长廊相连。此二阁为三重子母阙形式，下方为高大的砖砌墩台，可谓居高临下、两翼张开，但由于破损严重，现仅存长约28米的斜坡道、为大臣登殿用的龙尾道遗址。一个有趣的故事可以说明龙尾道蜿蜒曲折的程度，说的是唐宣宗大中十二年（858）元日朝会时，宣宗在含元殿上尊号为“圣敬文思和武光孝皇帝”，年过八十的柳公权，登上龙尾道后，气喘吁吁，力已委顿，误读尊号为“光武和孝”，结果被御史弹劾，罚了一个季度的俸禄。“双阙龙相对，千官雁一行”，白居易也生动地描绘了含元殿文武百官上朝时列队行进在龙尾道上的情景。当时的唐王朝国力强盛、经济繁荣、文化开放、国威远播，被叫做“天朝”，而太宗李世民则被各个北方游牧民族尊称为“天可汗”，足以见得唐王朝在当时世界上无与伦比的崇高地位。鼎盛的文明

和开放的胸襟使得唐王朝外交盛况空前，据《唐六典》记载，当时来长安与唐通使的国家、地区多达300个，阿拉伯帝国曾36次派使节到长安，日本遣唐使抵长安达15次，东罗马帝国先后7次遣使来长安，西域各国“入居长安者近万家”。不少人甚至在长安长期居住，并供职于唐王朝。公元663年，大唐和日本在朝鲜半岛的白江村爆发了一场战争，日本水师几乎全军覆没，白江村战役使日本人突然发现自己和大唐之间的差距，从此日本努力修缮与大唐的关系，并开始大规模派遣使者和留学生。当时从日本到中国的航海非常危险，船只经常被大海吞没，但是死亡也挡不住日本人往返大唐的脚步。大唐气象深深地震撼了日本人，遣唐使返回日本的时候，不仅带走大量的典

千官望长安 万国拜含元

籍，还包括不少艺术珍品，一些大唐工匠也受朝廷的派遣，随船前往日本，帮助日本人营建庙宇宫室。仿照长安城的形制，日本建造了自己的都城——平安京；根据大明宫的风格，日本天皇建造了自己的皇宫——平成宫，平成宫的大殿不仅是含元殿的微缩版本，连名字也来自于大唐。从都城营造到风俗习惯，从典章制度到律法规范，日本文化深受大唐影响。这里曾经还发生过非常有意思的小插曲：据日本史籍记载，天宝十二年(753)元旦，唐玄宗在大明宫含元殿举行了盛大的诸藩朝贺庆典。在随后举行的招待日本、新罗、吐蕃和大食等国使节的宴会上，因新罗使节被安排在首席，日本使节被安排在末席，日本遣唐使团的遣唐副使大伴古麻吕强烈表示抗议。他说：从古至今，新罗一直是日本的朝贡国，让新罗位居日本之上席于礼不合。负责执掌宴会礼仪的吴怀义将军为大伴古麻吕的话所折服，更换了新罗与日本使节的座席。这次日本遣唐使与新罗使节关于礼宾席位的争执，最后以日本使节的胜利而告终，一时传为佳话。

宣政殿——中朝正殿

大明宫中的第二大殿宣政殿，也是大明宫前朝中轴线上三大殿之一，属于中朝正殿，地位最为尊崇。大家现在可以看到的宣政殿殿址东西长近70米，南北宽40多米。唐时盛大的庆典如元

宣政殿遗址和模型图

紫宸殿遗址和模型图

日、冬至大朝会一般在含元殿举行，而举行常朝、朔望大朝会、皇帝即位、册尊号、册太子、制举殿试、读时令等重大礼仪活动则在宣政殿进行。可以说，宣政殿才是真正的权力中心。在这里曾经举行过一场特殊的殿试，主考官就是唐玄宗李隆基。公元712年，唐玄宗刚刚即位就亲自考核吏部最新任命的一批县令，结果100多位考生当中，只有一人为可造之材，20多人基本合格，一半之上为滥竽充数之辈，唐玄宗开始下决心改革科举制。

紫宸殿——内朝正殿

紫宸殿是大明宫中轴线上的第三个主殿，属内朝正殿，因连接许多嫔妃的后宫别殿，所以政事活动较少。而安史之乱后，皇帝多于其前殿坐朝问政，后殿退朝休息，因此，这里也是唐代君臣每天议决国事的地方，当时只有五品以上和五品以下的重要官员才有资格被宣召入紫宸殿，称为“入閤（hé）”。紫宸殿也曾举行宴见四夷君长、外国使节，庆贺重大军事胜利、举行制举考试（为选拔各种特殊人才临时设置的考试科目）等活动。历史上紫宸殿内曾经发生过“甘露之变”这一重大事件，唐文宗大和九年（835）十一月二十一日，唐文宗在紫宸殿和李训等人试图诛灭宦官。文宗以观露为名，将宦官仇士良等骗至禁卫军的后院欲行刺，后与宦官集团发生了激烈冲突，结果李训等朝廷重要官员被宦官杀死，株连甚众。史称“甘露之变”。

麟德殿——盛世风华

麟德殿建于唐高宗麟德年间，因此以“麟德”命名。是唐代宫内宴会乐舞、接见外国使节、设立道场的主要场所，是大唐王朝等级最高的皇家宴会厅。麟德殿是大明宫生活区中最显赫的宫殿，也是唐代形制最复杂的一座建筑，同时也是中国历史上规模最大的单体木结构建筑。整个宫殿坐落在一万多平方米的大台上，宫殿总面积超过5000平方米，总共用了192根柱子，是今天故宫太和殿的3倍！在梁柱和屋檐之间，大型斗拱层层叠叠，错落有序地托起巨大的屋檐向外伸展，像巨鸟的翅膀一样高挑上扬，庞大而不失轻灵，威严中透着活泼。这样巨大的宫殿，亘古未有；这样的设计，空前绝后。麟德殿代表着大唐建筑艺术的辉煌成就。据载，麟德殿大宴时殿前和廊下可坐下3000人，并表演百戏，殿前还可以击马球。

清思殿——沸腾活跃的马球场

清思殿名字听起来雅致宁静，但千年之前这里却呈现着一派热闹非凡景象，因为这里除了是宫内起居便殿，同时也是皇帝游乐、休憩之地，殿前开阔的地域也曾经是赛事沸腾的马球场。马球，在我国古代的史籍上叫击鞠、击球或打球。马球运动传说起源于波斯，盛行于唐代。唐代开展马球运动的目的就是为了骑兵的军事训练。同时马球也是一种很好的娱乐活动：“百马撵蹄近相映，欢声四合壮士呼”。无论是参加打球，还是观看比赛，马球运动都能使人精神振奋。唐代上自皇帝，下至诸王大臣、文人武将，大多都“以此为乐”。

清思殿遗址雕塑

翰林院——社会精英 汇聚于此

翰林院是中国历史上曾长期存在着的一个带有浓厚学术色彩的官署，尽管其地位在不同朝代有所波动，但性质却没什么大的变化。唐代著名诗人李白、张九龄、张说等都曾当过翰林学士，在翰林院供职多年。李白渴望报效朝廷，为大唐建功立业。在大明宫金銮殿，李白即兴赋诗，为宫廷歌手填词助兴，唐玄宗欣赏李白的稀世才华，留他在翰林院待诏。唐玄宗时期的翰林院有点类似皇家文学艺术委员会。生活在翰林院的李白终日无所事事，常偷偷溜出去在长安的胡姬酒肆喝闷酒，他满怀报国志，可惜无用武之地。

翰林院模型

太液池、蓬莱岛遗址——如梦如幻 人间仙境

在大明宫北部有一泓碧水清波荡漾，这就是唐代最重要的皇家池苑——太液池。太液池又名蓬莱池，这处人工建造的皇家山水园林景观最初是唐太宗为其父高祖李渊兴建的一处休憩和游玩之地。唐高宗移居大明宫以后，太液池又成了唐代诸帝及其嫔妃的游乐之处。天宝末年，玄宗和杨贵妃曾在环湖长廊中凭栏望月，因宫内树木成阴，遮挡了月亮，玄宗还责令在太液池的西岸修建百尺高台以便来年登高望月。孰料，安禄山兵变，杨贵妃被缢死马嵬坡，留下了一段千古遗恨。

经过考古发掘证明，太液池是我国考古界迄今发现的最早、最为庞大的一处皇家园林。根据有关文献记载和历代《唐大明宫图》所绘，太液池碧水清波荡漾，风景如画。西池中有蓬莱山，绿树葱葱，芳草萋萋，金顶朱檐的太液亭耸立其上。水面上荷花飘香，芦苇成行，不时有黄鹤穿飞其间，野鸭嬉游出没，从紫宸殿北望太液池的湖光云影，宛如人间仙境。

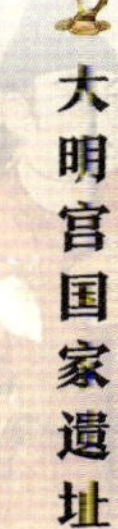

莺歌闻太液　风吹绕瀛洲

长安第一味

葫芦鸡

入选国宴

2023年5月18日—19日，中国重大主场外交活动——中国-中亚峰会在古城西安隆重举行。西安号称“美食之都”，宴宾的菜单中都是本地菜、家乡酒，招待远方来的贵宾。国宴之一的长安葫芦鸡是西安的传统风味名菜，有着“长安第一味”的美名。

葫芦鸡也叫囫囵鸡，是西安的传统名菜，以皮酥肉嫩、香烂味醇著称，被誉为“长安第一味”。相传，葫芦鸡由唐玄宗时期礼部尚书韦陟的家厨创制。韦陟穷奢极欲，命家厨烹制酥嫩的鸡肉。第一个厨师采用清煮后再油炸的方法，韦陟尝后认为肉质太老，不合他的口味，命令家丁将这个厨师打五十鞭而致死。第二个厨师采取了先煮、后蒸、再油炸的方法，酥嫩的要求达到了，但由于经过三道工序，鸡肉脱骨，成为碎块。韦陟认为这么好吃的鸡肉却不成形，一定是厨师偷吃了，不容分说，也把这位厨师活活打死了。第三个厨师吸取了前两个厨师的经验教训，把鸡捆起来而后烹制。这样做出来的鸡，不但香醇酥嫩，而且是个整鸡，因名囫囵鸡。又因形似葫芦，故名葫芦鸡，也有人认为葫芦鸡系囫囵鸡的谐音。

囫囵鸡的传统选料是西安城南三爻村的“倭倭鸡”。这种鸡饲养一年，净重2斤左右，肉质鲜嫩。制作时经过三道工序，即先清煮，后笼蒸，再油炸。清煮前必将白条整鸡放清水中漂洗半小时，以除净血污。煮时用麻丝捆好，以保持鸡的整形。煮半小时取出，盛于蒸盆，注入肉汤(以淹没鸡身为度)，加料酒、酱油、食盐，放上葱、姜、八角、桂皮等，上笼蒸透。油炸技术要求严格，菜籽油烧八成热，将整鸡投入油锅，用手勺轻轻转动，炸约半分钟，至鸡呈金黄色，立即倒入铁笊篱内沥油，随即放入菜盘上桌，另带椒盐小碟蘸着吃。

国宴菜单
芙蓉四小碟
雁塔晨钟
※ ※ ※
唐宫七宝羹
紫云横山羊
长安葫芦鸡
芙蓉鳞锦
碧翠春晓
※ ※ ※
同盛泡馍
羊肉抓饭
※ ※ ※
水果、冰淇淋
甜点
咖啡、茶
※ ※ ※
长城干红 2016年 中国河北
李华干白 2008年 中国陕西
西安饭庄稠酒 中国陕西
富平柿子酒 中国陕西

梅好惟嫌淡伫
天教薄与胭脂
真妃初出华清池
酒入琼姬半醉
东阁诗情易动
高楼玉管休吹
北人浑作可花疑
惟有青枝不似

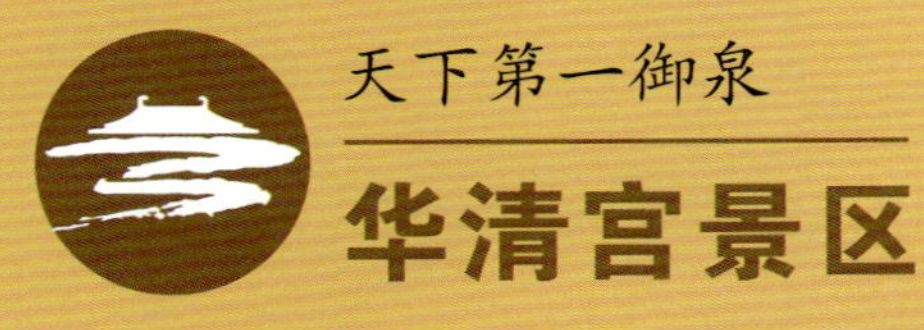

华清宫广场雕塑

走进华清池

华清池
南依骊山，北临渭水
位于西安东30公里处的临潼区

它紧依京城的地理条件
旖旎秀美的骊山风光、自然造化的天然温泉
使其早在周、秦、汉、隋、唐时便一直被视为京畿之地
成为历代封建帝王游幸享乐的行宫禁苑
围绕朝代的兴亡更迭、华清池的盛衰变迁
无数文人墨客在此寻古觅幽
感叹咏怀
创作了大量流传千古、脍炙人口的诗词歌赋
成为我国古代文化遗产的重要组成部分

华清池更以唐玄宗与杨贵妃的爱情罗曼史而古今驰名
近代又以中国革命史上著名的“西安事变”发生地而名扬天下
今天的华清池偕骊山之美、温泉之胜
以其丰厚的历史文化内涵和独特的历史地位
成为闻名中外的游览胜地

日出骊山东　徘徊照温泉

华清池背山面水，倚骊峰山势而筑，规模宏大，建筑壮丽。楼台馆殿，遍布骊山上下。其初名『汤泉宫』，后改名『温泉宫』，唐玄宗更名『华清宫』。因地处骊山，又叫骊山宫，亦称骊宫、绣岭宫。华清宫始建于唐初，鼎盛于唐玄宗执政后期，随后唐玄宗悉心经营，建起宏大的离宫，他几乎每年十月都要带杨玉环到此游幸，次年暮春始还长安。安史之乱后，政局突变，华清宫的游幸迅速衰落。唐朝以后各代皇帝已很少出游华清宫。后历代皇家对华清池虽有维修，但到新中国成立前，已是汤池寥落、宫殿萧疏。一九五九年起国家对华清池进行了大规模的扩建。一九九六年华清宫遗址为第四批全国重点文物保护单位。一九九八年，华清池跻身百名『中国名园』之列，现为国家5A级旅游景区。

历史渊源——不尽温柔汤泉水　千古风流华清宫

华清池悠久的历史可以追溯到远古时期。骊山景色宜人，温泉荡邪去疾，早在距今6000年左右的姜寨先民就在此生息繁衍。尤其是到了大唐盛世唐玄宗李隆基时期，更是大兴土木，极尽奢华，华清宫的建设发展到了鼎盛时期，依山势而筑，治汤井为池，环山列宫殿，宫周筑罗城，并修有登山的夹道和通往长安的复道，将华清宫与长安的大明宫、兴庆宫联为一体，展现出“高高骊山上有宫，朱楼紫殿三四重”的壮丽景象。

华清池独特的皇家园林风貌与丰富的历史文化遗存，具有高度的审美价值、考古价值和学术价值。华清宫遗址的发现，将我国利用温泉的历史提前到距今约6000年的新石器时代。华清池也是全国目前发现的唯一一处皇帝御用汤池遗址。今天，通过对华清池不断地发掘和研究，我们更加深入地了解了中国古代沐浴史和唐代宫廷制度，以及唐代美学、哲学、音乐、文学、歌舞、宗教、石刻艺术等各个方面，华清池堪称记录辉煌盛唐历史文化的“无字史书”。

骊山景色

陕西省西安市临潼区华清路38号

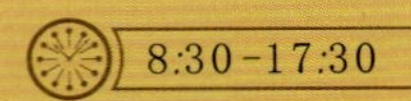
8:30-17:30

华清宫——华清之宫骊山足 玉殿千重相连属

早在3000年前的西周，此处就已成为周天子的游幸之地，他们在骊山温泉修建离宫别苑，相传周幽王在此修建过“骊宫”。到公元前383年，秦献公在此修葺离宫，秦始皇又在此“砌石起宇，名骊山汤”。汉武帝在秦“骊山汤”旧址上重新营建，扩建为“离宫”。就连历史上以节俭出名的隋文帝，也在这里花了不少钱，他不但对周围房屋重加修葺，而且“列植松柏数千棵”。到了唐太宗贞观十八年(644)，唐太宗昭令营建宫殿楼阁，取名“汤泉宫”，唐高宗咸亨二年(671)改“汤泉宫”为“温泉宫”，骊山宫殿群开始初具规模。唐玄宗天宝年间，大唐王朝的国力达到鼎盛，长安呈现前所未有的繁荣，骊山在唐玄宗时代得到了更大规模的开发，天宝三年(744)在这里专门设置了会昌县，天宝六年(747)新宫落成，唐玄宗取西晋文学家左思《魏都赋》中“温泉毖(bì)涌而自浪，华清荡邪而难老”之意，改“温泉宫”为“华清宫”。因宫在泉之上，且宫内多设沐浴汤池，又称“华清池”。安史之乱前，这里已成为一个以华清宫为中心的新兴城市。唐华清宫以温泉为中心，主要建筑安排在山前的洪积扇面坡上，并向山上山下展开。它的范围包括今天的大半个临潼县城和整个东西绣岭。华清宫内有宫城，外有缭墙、殿台楼阁，五彩缤纷，有“人间仙境”之称。今天的华清池是在清代建筑基础上经多次修缮、扩建以及发掘复原唐代遗址后形成的。占地面积85560平方米，仅是唐华清宫面积的十分之一。

￥ 120元/人

坐K307路、915路、914路等可到达

九龙湖景区（西区）——龙吐清泉 碧波荡漾

从华清池的西门进入华清池后，眼前的湖叫九龙湖。20世纪50年代，在扩建华清池时，为了满足大众的观赏游憩需要，因此建设了这个以碧波荡漾的九龙湖为中心的景区，四周错落布置仿唐建筑、园林小品，且湖池、宫殿、亭榭都以唐华清宫内旧名称命名。

“帝辇恒从十月来，羽骑云游应山绿。”据记载，从公元745年至755年的每年十月，唐玄宗都要偕贵妃和亲信大臣来华清宫避寒、沐浴、游乐，直至第二年暮春才返回京师长安。其间不仅处理朝政、商议国事、接见外使要在此地进行，而且还在此开展众多的游玩活动，专供皇帝贵妃、王公大臣们取乐，如观斗鸡、看舞马、打马球，过着“春宵苦短日高起，从此君王不早朝”的奢靡生活。

九龙湖——大气恢宏 皇家气派

九龙湖面积约5300平方米，分上下两湖，中间以九龙长堤相隔，堤上东为晨旭亭，西为晚霞亭，与上湖南岸的龙吟榭相映成趣。榭前静卧一对大象，榭下伸一大龙头，龙口泉水淙淙，如龙长吟，所以取名龙吟榭。堤壁间有八龙吐水，与大龙头合为九龙之数，以体现皇帝的九五之尊。

长堤西边有座龙石舫，用小石拱桥相连，两只龙头高高扬起，其状犹如一座华丽的龙舟，与其相连的是九曲回廊。呈现出龙桥卧波、垂柳依依、龙吐清泉、湖光粼粼的优美景致。游人至此，顿觉心旷神怡。

九龙湖

飞霜殿——唐玄宗与杨贵妃的寝殿

在九龙湖北岸，是一组以飞霜殿为主体的仿唐建筑。其实这组宫殿的唐代遗址在今天五间厅的位置。相传飞霜殿是唐玄宗与杨贵妃的寝殿。沉香殿位于飞霜殿东侧，也叫东配殿。飞霜殿西侧是宜春殿，也叫西配殿。飞霜殿红柱挺立，回廊环绕，雕梁画栋，富丽堂皇，旁边有东西配殿衬托，门前列着雄伟的石狮和温顺的石牛，四角还有龙凤大缸以及盆景、花木点缀。九龙湖景区内，飞霜殿、沉香殿、宜春殿、龙吟榭、龙石舫、九曲回廊等十多座古式建筑雕梁画栋，金碧辉煌，环湖而列，错落有致，石牛、石狮、石象及碑石点缀其间，相映成趣。为什么要叫“飞霜殿”？原来每到深秋季节、降霜之时，九龙汤内水汽蒸腾，从而使寒霜飘浮空中飞来飞去，迟迟不落，景色极为美丽壮观，唐玄宗和杨贵妃常在这里相拥驻足观望，所以取名“飞霜殿”。

飞霜殿

《杨玉环奉诏温泉宫》壁画——三千宠爱在一身

飞霜殿北面有一幅大型的《杨玉环奉诏温泉宫》壁画，生动地反映了开元二十八年(740)十月的一个夜晚，唐玄宗李隆基在温泉宫第一次诏见“善歌舞、通音律”的杨玉环的宫廷夜宴盛况。壁画长9.15米，高3.6米，约34平方米，由90块汉白玉组成，作者张义潜，采用化学药剂腐蚀成立体阳刻的手法精制而成。

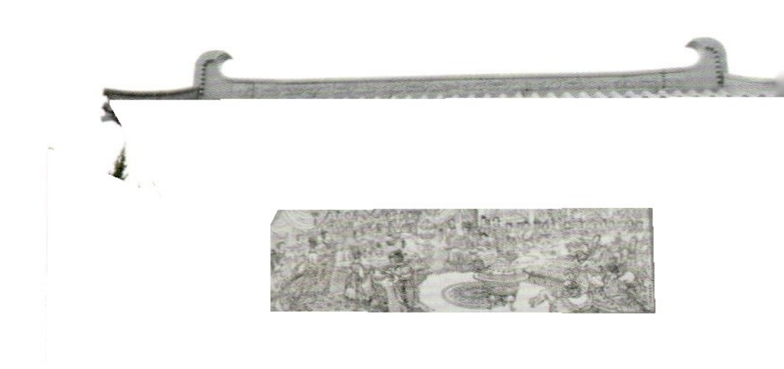

《杨玉环奉诏温泉宫》壁画

画面中玄宗皇帝头戴幞头，身穿龙袍，一手持杯，一手捻须，双目注视着杨玉环，含蓄的微笑中流露出深深的爱慕之情。而此刻还是寿王妃的杨玉环，心情复杂，内心虽略有几分惊慌，但外表却显得镇定自若，双手举杯与唐玄宗对酌。殿阁四周富丽堂皇，锦幔悬垂，莲灯高照，香烟袅袅，轻歌曼舞，鼓乐鸣奏，一派奢华的皇家宫廷歌舞夜宴的盛大场景。画中人物刻画得栩栩如生、生动传神。整个壁画通过半环形的构图形式，描绘了53个不同的人物造型，形态逼真，组合自然。画面中梨园弟子载歌载

舞，而伫立的所有宫女侍者们的目光焦点都聚集在唐玄宗和杨玉环对酌的动作上。壁画突出展现了杨玉环奉诏温泉宫，第一次与唐玄宗李隆基相见时美好浪漫的情景。同时，也从另一方面反映了唐代开元盛世政治稳定、经济发达、文化繁荣的恢宏气势，增添了华清池盛唐佳韵的文化内涵。

骊 山——渭水秋天白 骊山晚照红

“骊山秀色，甲于天下”，华清池位于骊山脚下，这里山清水秀，风景迷人，青山不老，绿水长流，“山因水而清，水藉山而秀”。

骊山是秦岭的一条支脉，东西长10公里，南北宽7公里，海拔约1256米。山体由花岗岩和片麻岩构成。由于山上林木葱郁、松柏苍翠，远远望去犹如一匹青苍色的骏马，古代称黑马为“骊”，故名为“骊山”。另一种说法是此山西周时位于古骊戎国境内，故称为“骊山”。在唐代，骊山又因临潼名为昭应、会昌而得名昭应山和会昌山。自古骊山风景如画、美如锦绣，又名“绣岭”，山体中间以石瓮谷为界，分为东绣岭和西绣岭。

骊山晚照——关中八景之一

骊山秀色美不胜收。据《古迹志》记载：“骊山崇峻不如太

唐 / 张萱 / 《虢国夫人游春图》

骊山晚照

华；绵亘不如终南；幽异不如太白；奇险不如龙门。然而三皇传为旧居，周秦汉唐以来多游幸别馆。既入遗编，绣岭、温汤皆成佳境”。足见骊山风景之独到处。每逢雨过天晴、夕阳西下，斜阳的映照将骊山涂上一抹红霞，如同镶上了一层金边，显得异常绚丽。青翠的骊山仿佛变成了一匹正欲腾飞的“火焰驹”。“入暮晴霞红一片，尚疑烽火自西来。”这便是被誉为关中八景之一的“骊山晚照”。此佳景之奇妙处当身临其境方能体味，有诗为证：“丹枫掩映夕阳残，千壑万崖画亦难。此是骊山真面目，一生能得几回看。”

老母殿——骊山有女娲治处

骊山西绣岭的第二峰是老母殿所在地，里面供奉的是骊山老母。

骊山老母是我国古代神话传说中的女娲氏。在远古时期，天地崩坏，人类和一切生物都被毁灭，女娲为了挽救苍生，在骊山上千辛万苦采集五彩石，从天宫借来神火，将其烧化后擀成薄饼，补天地之缺，使日月星辰恢复了光彩，并“抟黄土造人”，造出了生物和人类，才有了今天的世界。

老母殿就是为了纪念这位功德无量的先祖而修建的。每年农历六月十五日前后几天的“骊山老母会”，当地的妇女便会成群结队地去祭祀骊山老母。

老君殿——环境清幽 景色秀美

沿老母殿西行，就到了老君殿。老君殿亦名朝元阁，是唐华清宫的主要道观，唐代已经有此建筑，现在的殿宇为清代重建。唐玄宗信奉道教，朝元阁是他敬奉老子的地方，他两次梦见道教创始人老子降临到西绣岭的第三峰朝元阁内，认为是大唐昌兴的征兆，即命西域著名雕刻家元迦儿雕成老君像，这是我国最大的汉白玉老子造像，现保存于西安碑林石刻艺术室内。

老君殿东侧有唐代长生殿遗址。唐玄宗与杨贵妃“七月七日长生殿，夜半无人私语时，在天愿作比翼鸟，在地愿为连理枝”的海誓山盟的爱情故事就发生在这里，2005年重建长生殿。

兵谏亭——爱国主义精神薪火相传

骊山西绣岭的山腰间有一块巨石，叫“虎斑石”，气势巍然，此石遍体黄褐斑纹，中间有弓形的条纹，远望好似一头斑斓猛虎卧于山间。“西安事变”发生时，蒋介石从五间厅逃出后藏身于虎斑石下。西安事变10周年时，胡宗南在此修建了“正气亭”，又名“民族复兴亭”。新中国成立后改名为“捉蒋亭”。1986年，西安事变50周年前夕，国家统战部更名为“兵谏亭”。

兵谏亭

烽火台——一笑值千金

来到骊山山顶，眼前的建筑叫烽火台。烽火台是古代的报警设施，多修筑于山巅之上，若有敌人来犯，夜间焚火报警，称“烽”；而白天则点烟报警，叫“燧”。骊山烽火台历经沧桑，只有遗址尚存，1985年修复，现在，游人可登台远眺，四周风光尽收眼底。

相传西周末代天子周幽王，为博得爱妃褒姒破颜一笑，采纳奸臣虢石父的建议，在西绣岭第一峰点燃烽火台上的报警狼烟，招引四方诸侯奔来解围救驾，结果却看到烽火台上一派歌舞升平的喧闹场面，于是愤然离去。褒姒看到众诸侯被戏弄的狼狈样，果然破颜一笑。公元前771年，犬戎国入侵西周，当周幽王再举烽火时，却无人前来救援，幽王死于乱箭。

唐御汤遗址博物馆景区（中区）——意外的发现

1982年4月，西安市临潼县政府准备在华清池温泉水源北侧修建“贵妃亭”，处理地基时，一镢头下去发现一处唐代御汤遗址。经考古专家近8年的发掘考证，在4600多平方米的发掘区内，相继清理出我国现存唯一一处皇家御用汤池群，包括“莲花汤”“海棠汤”“星辰汤”“太子汤”“尚食汤”等五处汤池遗址，以及出土的殿基、石墙、柱础、唐井、陶质水道、三彩脊兽、莲花铺地方砖等。御汤遗址的发现，以翔实的文物资料展示出华清池6000年的沐浴史和3000年的皇家园林史，为研究我国沐浴史、封建等级制度和唐代宫廷建筑提供了科学的依据。为了保护这一珍贵的历史遗址，1990年9月在其遗址上建成了红柱白墙、青砖覆顶、恢宏大气、蔚为壮观的唐华清宫御汤遗址博物馆，重现了“宫前内里汤名别，每个白玉芙蓉开”的壮美景象。

唐御汤遗址博物馆景区

海棠汤外景

海棠汤——始是新承恩泽时

海棠汤俗称“贵妃汤”，因汤池平面呈一朵盛开的海棠花而得名。汤池始建于公元747年，汤池分上下两层形状相近的台阶，上层台东西长3.6米，南北宽2.9米，东西两侧分别设有一组踏步。整个池壁由24块青石(又称墨玉，打磨后通体釉黑，为皇家上等贡品)拼砌而成，线形流畅优美，颇具美学艺术价值，充分展现了早在千年前的唐代，人们具有极高的艺术鉴赏水平和高超的工艺技术水平。此外，在汤池底部北侧设有专供贵妃沐浴时坐用的长条石，其底部刻有一楷书“杨”字，颇有趣味。海棠汤供水系统的设计也极为科学合理，在池底正中央有一直径为10厘米

药浴——养生之道

药浴作为养生之道源远流长。在战国时《楚辞·九歌》中就有“浴兰汤兮沐芳华”的诗句，民间已有五月五“蓄兰为沐浴”的习俗。汉代时，宫廷中以西域进贡的茵墀煎汤而沐，也用纱布袋装百杂香药渍于水中沐浴。尤其南北朝时梁简文帝萧纲所著《沐浴经》、唐代名医孙思邈的《千金要方》以及唐代《宫廷千金秘方》中对药浴的沐浴方法、可防治的疾病、功效药用等记载最为详细。唐代宫廷与民间的药浴广为流行。

海棠汤

的进水口，上接莲花喷头，下连陶水管道与温泉总源相通，温泉水因自然压力由喷头中自然喷涌而出，随之洒落而下，水花四溅，飞珠走玉，香岚袅袅，极为绝妙，呈现一派典雅华贵的皇家气派。“回眸一笑百媚生，六宫粉黛无颜色”的杨贵妃在海棠汤中沐浴了近八个春秋。沐浴时在池中洒有鲜花的花瓣和具有美容养颜功效的中草药及各种珍贵香料，让杨贵妃尽情享受香汤沐浴。贵妃沐浴宛若海棠初睡的娇媚姿态不仅深得玄宗皇帝宠爱，也成为历代文人墨客为之咏叹的对象。著名诗人白居易在《长恨歌》中赞叹：“春寒赐浴华清池，温泉水滑洗凝脂。侍儿扶起娇无力，始是新承恩泽时。”

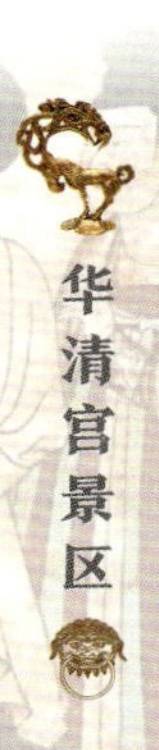

莲花汤——痴情帝王 并蒂莲花

莲花汤是专供唐玄宗李隆基使用的沐浴汤池，是唐华清宫御汤遗址中最有气势、最具代表性的汤池，是五座汤池中最宏伟的一座，又称“御汤九龙殿”。汤池面积达60多平方米，东西长10.6米，南北宽6米，汤池储水体积近100立方米，规模气势极具震撼感。

莲花汤造型奇特，寓意深远，上下两层台阶造型各不相同，上莲花下八极，即上平面四角作曲线变化呈莲花状，而下平面为规整的八边形，代表八大方位，取“普天之下，莫非王土”之意，莲花植于大地八极之上，漂浮温泉水中，将水、土、花、人紧密联系，视沐浴为人与自然的沟通，体现了古人“天人合一”的最高理念。唐玄宗李隆基笃信道教，希望在清泉、莲花的护佑下，通过沐浴达到与天相通、长生不老的愿望。

据说此汤池是唐玄宗的干儿

莲花汤内景

星辰汤外景

子、时任范阳节度使的安禄山为讨好玄宗皇帝建成的，《明皇杂录》记载，安禄山为取悦唐玄宗，从范阳选用上等汉白玉雕成鱼、龙、飞雁，还有双莲花座放于池中，供皇帝享用，确实十分精美、豪华。可是有一次玄宗刚一下水，随着水波的荡漾，这些雕刻动物有的似举鳞舞动，有的似展翅飞翔，简直像活了一样，玄宗皇帝吓得几乎晕倒，便下令将雕有鱼、龙、飞雁的石刻统统打磨掉，只留下了现存的双莲底座。表达了玄宗皇帝和杨贵妃“共浴莲花水，永做并蒂莲”的美好愿望。

附《明皇杂录》：“玄宗幸华清宫，新广汤池，制作宏丽。安禄山于范阳以白玉石为鱼龙凫雁，仍以石梁石莲花以献；雕镌巧妙，殆非人功。上大悦，命陈于汤中，仍以石梁横亘汤上，而莲花才出水际。上因幸华清宫，至其所解衣将入，而鱼龙凫雁皆若奋鳞举翼，状欲飞动。上甚恐，遽命撤去。而石莲花至今犹存焉。”

星辰汤——天、地、人三位一体

星辰汤建于公元644年，专供唐太宗李世民所用，特赐名“御汤”，唐玄宗将其易名为“星辰汤”。星辰汤平面形状模仿“北斗七星”而做，占地100多平方米，是国内目前发现的最大

御用汤池。汤池的南壁为凹凸规则的山形，北壁为圆滑有序的川形，其设计和建造是根据唐代礼制规定，又结合了星相和节气，追求天、地、人三位一体的理想境界，以此祈求苍天北斗护佑李家王朝千秋永固。星辰汤距骊山温泉古源最近，位置优越，水质最佳，因此多位帝王修建的汤池都分布于此。在1982年的修复过程中，在汤池平面下1米处发掘出秦始皇的“骊山汤”和汉武帝的“汉离宫”文化遗存。

太子汤——皇太子专用汤池

太子汤与星辰汤同建于公元644年，专为储君使用，规制较高。其平面呈东西长方形，青石筑砌，汤池长5.2米，宽2.77米，面积约14.4平方米。在池北设有沐浴专座，有趣的是在池底与池壁结合处、池底青石板和砌砖之间加垫有“开元通宝”铜钱。

耐人寻味的是太子汤的供水道竟借用星辰汤的排水道进行供水，反映了皇帝和皇太子之间一脉相传、不同寻常的密切关系，寓意皇太子可以常沐父皇恩泽，这绝不是其他皇子皇孙所能得到的殊荣。太子汤从公元644年建成到723年废弃，前后共历80多年，先后在此沐浴的东宫皇太子有10位之多，其中有4位君临天下。

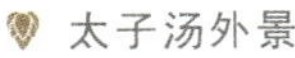
太子汤外景

尚食汤内景

尚食汤——皇恩浩荡 恩泽福禄

尚食汤，平面为长方形，长为7.88米，宽为3.85米，面积为30平方米左右，全部用青石砌成，由一石隔梁分为东、西两池，东、南、北三面修砌入池台阶。相对前面的御用汤池，尚食汤形制较小，造型简单，且池中也无专门定向的坐位，从而反映了沐浴者地位等级较低。尚食是侍候帝妃的官员的名称。据考古专家考证，在尚食汤中沐浴的多为皇帝身边等级较高的随幸内侍官员，在唐代殿中省除尚食局外，还有尚药、尚衣、尚舍、尚乘、尚辇五局官员，负责皇帝各项日常生活。因此，尚食汤沐浴者身份复杂，人数较多，相比其它汤池来说，汤池规模虽小，却是使用率最高的沐浴汤池。从一个侧面反映了在唐代沐浴不仅能洁净身体、荡涤尘垢，而且是皇权至上及地位等级的象征。

夕佳楼温泉古源——天下第一泉源

骊山温泉因地壳运动而形成，历史久远仍千古不竭，数千年来，“与日月同流，不盈不虚”，堪称一绝，被誉为“天下第一御泉”。可以说温泉是整个华清池的灵魂所在，现华清池夕佳楼仍存有一处静静流淌的温泉古源。骊山温泉水来自地下的“常温层”，水温常年恒温43℃，基本不受四季变化的影响，且水质极为纯净，属中性硫酸氯化钠型水，水中含有医疗价值的矿物质，微量元素的含量较高。据科学检测：每公升骊山温泉含二氧化硅44毫克、氟离子700毫克、镁离子8.6毫克、硫酸根离子276.99毫克、硫酸氢离子221.44毫克、氡气63.5埃曼。水质属低矿化度、弱碱性、中等放射性泉水，其各项指标均达到了医疗用水的标准。因此沐浴骊山温泉，不仅可以洗去尘垢、消除疲劳，还有美容养颜等治疗多种疾病的神奇功效，令众多游人慕名前来，流连忘返。唐太宗在《温泉铭》中这样说：“朕以忧劳积虑，风疾屡婴，每濯患于斯源，不移时而获损。”原来李世民患风湿病多年，正是在骊山泡温泉治愈的。李世民以帝王之尊而如此隆重地亲自为骊山温泉立铭宣传，足见当时世人对骊山温泉的重视和崇拜。难怪宋代大文学家苏轼评价骊山温泉说，其他温泉无非“山僧野人之所浴，麋鹿猿猱之所饮；唯骊山温泉，当往来之冲，华堂玉瓮，独为胜绝”。今日的骊山温泉已不再为帝王贵妃所独享，每年众多的国内外游客纷至沓来，观赏骊山胜景，沐浴第一御泉。

夕佳楼温泉古源

梨园祖庭—— 最早的皇家艺术学校

梨园作为我国古代音乐舞蹈艺术的雅称，源于唐开元二年(714)，由唐玄宗李隆基倡导，确定把梨园作为音乐、舞蹈、戏曲活动的中心，且以教习和演奏法曲为重点，并集合了李龟年、马先期、贺怀智、张云容等当时著名的诸多音乐名师和舞蹈家，从而使梨园成为我国历史上第一所皇家歌舞戏曲综合艺术学校。至今戏曲界的从艺人员也被称为梨园弟子。

梨 园

在唐玄宗时期，华清宫梨园又叫“随驾梨园”，是唐玄宗和杨贵妃在宫廷内设置的专门安置管理与教习乐舞的机构。史书记载，唐玄宗“性英断多艺，尤知音律”，杨贵妃“精通歌舞、弹唱娴熟”。正是在感情上、志趣上的情投意合，使得两人爱情甚笃，他们珠联璧合，创作了许多千古绝唱，著名的有《霓裳羽衣曲》《得宝子》等。

1994年1月，一组较为完整的唐代院落建筑遗址和一座汤池遗址出土，经专家论证，确定为唐华清宫梨园遗址，此处便是当年梨园弟子住宿、沐浴、演练歌舞的地方。唐华清宫梨园遗址的发现，为研究古代音乐舞蹈发展历史提供了珍贵的史料依据。1995年5月，为保护和展示遗址的需要，在遗址上方修建了“唐梨园艺术陈列馆”，建筑为三层仿唐楼阁式造型，总面积约2000多平方米。建筑底层是小汤遗址和梨园艺术陈列馆，包括歌舞升平、乐曲舞谱、皇家乐器、大唐舞服、乐舞壁画五部分；中层为唐乐舞表演大厅；上层为唐茶艺厅。唐梨园艺术陈列馆现已成为华清池内一处集文物陈列、乐舞表演、茶道展示于一体的综合性文博旅游场所，颇受游客青睐。

《霓裳羽衣曲》——醉舞君欢颜

李隆基不但是皇帝，更是盛唐时期屈指可数的音乐艺术家，他对盛唐乐舞艺术的发展作出了很大贡献。首先他大力提倡俗乐，其次就是亲自动手作曲编舞，经他主持改编的乐舞有《破阵乐》《上元乐》等，其中将李隆基与杨玉环联系在一起的舞曲，便是著名的《霓裳羽衣曲》。这支舞曲传

自印度，原名《婆罗门曲》，带有浓厚的宗教色彩，传入西凉一带，由河西节度使杨敬述进献宫中，唐玄宗李隆基对乐曲进行了一番润色加工，并更换美名——《霓裳羽衣曲》，善歌舞的杨贵妃将这支乐曲编排成为大型宫廷乐舞。它的舞姿以旋转为主，舞者的裙裾犹如飘飘荡荡的空中彩云，薄如蝉翼的霓裳羽衣，随着舞者的旋转上下翻飞，宛如天宫仙子翩翩飞舞，这正是李隆基向往的仙乐境界。

环园

环园胜景(东区)西安事变发生地——江南雅致环园

环园是华清故园，清光绪年间(1878年)由临潼县令沈家祯主持营建并题名，1900年舒绍祥整修。总面积近6000平方米，园内景致融合了江南园林的幽雅别致和北方园林殿宇宏伟的风韵，主要建筑有荷花阁、望湖楼、飞虹桥、望河亭、飞霞阁、桐荫轩(三间厅)、棋亭、碑亭及五间厅等，其中尤以“西安事变”时蒋介石下榻的五间厅最为著名。

五间厅——中国20世纪建筑遗产

1900年，八国联军攻进北京，慈禧西逃曾驻跸于此。1934年重新修葺，成为高级官员游览休息的场所。1936年10月、12月蒋介石来陕西布置剿共计划，曾两次下榻于此。五间厅1号房间是蒋介石的秘书室，2号为卧室，3号为办公室，4号为会议室，5号为侍从室。1936年12月12日，震惊中外的“西安事变”爆发，促成了第二次国共合作，是中国革命史上重要的转折点，史称“双十二事变”。华清池成为这个中国现代革命史上重大事件的见证地，五间厅墙壁上、玻璃窗上留下的累累弹痕将永远铭记那个硝烟弥漫的时刻。临潼兵谏成为当时局面扭转的关键。五

间厅1982年3月被定为全国重点文物保护单位。

关于西安事变

1931年，日本帝国主义用枪炮制造了骇人听闻的“九·一八”事变，中国处在民族存亡的紧急关头。中国共产党根据我国当时的形势，提出了建立民族统一战线的策略，全国各阶层爱国人士积极响应，投身于抗日救国的洪流之中。然而蒋介石却置民族安危于不顾，顽固推行“攘外必先安内”的错误政策，他移师西北，把大本营置于西安。1936年12月12日，为挽救民族危亡，劝谏蒋介石改变“攘外必先安内”的既定国策，停止内战一致抗日，张学良、杨虎城毅然在临潼对蒋介石实行“兵谏”，扣留来陕督战的蒋介石，发动了震惊中外的“西安事变”，亦称“双十二事变”，提出抗日救国八项政治主张，逼蒋介石抗日。1936年12月25日，在中共中央和周恩来等人的努力下，蒋介石接受“停止内战、联共抗日”等六项主张，为“西安事变”的和平解决奠定了基础。

五间厅

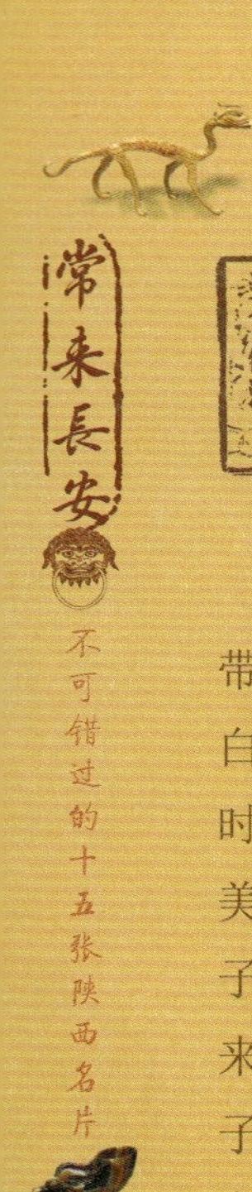

家喻户晓的美味

蜂蜜凉粽子

蜂蜜凉粽子是西安和关中一带特有的夏令食品，其特点是：白亮晶莹，筋软凉甜。早在唐代时，蜂蜜凉粽子就是家喻户晓的美味，不过那时不叫蜂蜜凉粽子，而叫“赐绯含香粽子”。后来长安城里也出现了经营这类粽子的店铺，尤以庚家粽子最为有名，段成式在《酉阳杂俎》里讲：“庚家粽子，白莹如玉。”可见唐代制作这种粽子的技艺已相当高超了。蜂蜜凉粽子与一般粽子不同，既不包馅，也不夹果，而是全部用糯米包制。吃时要用丝线划成小片，放在小碟子里，淋入蜂蜜、玫瑰或桂花糖酱。

蜂蜜凉粽子

富平太后饼

皇太后孝敬母亲的点心

富平太后饼

太后饼具有外皮黄焦酥脆，内质层次分明、柔软可口、油香不腻的特点，久为群众所喜爱。太后饼因何得名？相传公元前180年至公元前157年西汉文帝刘恒建都长安期间，他的外祖母灵文侯夫人在怀德县（今富平县华朱乡怀阳城）建立家园定居。文帝的母亲薄太后常由长安城去怀德县省亲，随身带着御厨给灵文侯精心制作的美味可口的烤饼，后落户民间，故名“太后饼”。两千多年来，世代相传，为富平特产。其制作技艺已列入陕西省第二批非物质文化遗产名录。

其以上白面粉为主料，以猪板油、精盐、八角、花椒、桂皮、蜂蜜、菜籽油为辅料，经过制猪板油泥、和面、制饼坯，最后用三扇鏊在木炭火上烘烤而成。

一派诚心护帝灵
谁言土偶不无情
龙骑北去咸京远
阵势东临渭水明
芝罘射鱼服毒蟒
岱宗封石惹雷霆
何甘为鬼九泉下
抖落黄尘举世惊

中国第一皇帝陵　世界第八大奇迹

秦始皇帝陵博物院

秦始皇帝陵

走进秦始皇帝陵博物院

秦始皇帝陵博物院位于陕西省西安市临潼区
是以秦始皇兵马俑博物馆为基础
以秦始皇帝陵遗址公园（丽山园）为依托的一座大型遗址博物院
也是以秦始皇帝陵及其众多陪葬坑为主体
基于考古遗址本体及其环境的保护与展示
融合了教育、科研、游览、休闲等
多项功能的公共文化空间

2007年
秦始皇帝陵博物院获评首批国家AAAAA旅游景区
景点包括秦始皇兵马俑博物馆和丽山园
两个相距约1.5公里
凭门票可免费乘坐摆渡车往返

2008年
秦始皇兵马俑博物馆获评首批国家一级博物馆

2009年
秦始皇兵马俑博物馆取得团体考古领队资格

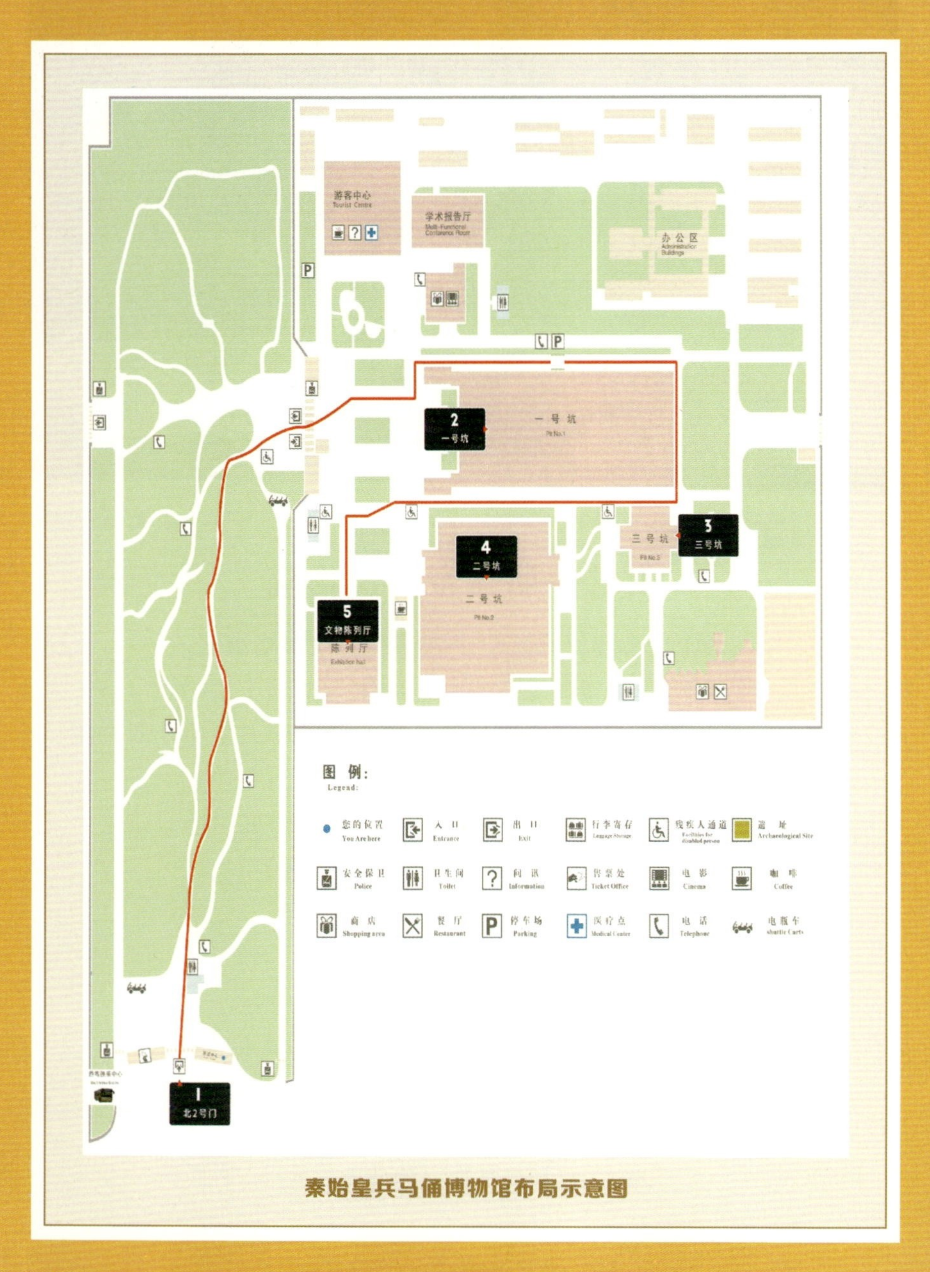

秦始皇兵马俑博物馆布局示意图

秦始皇帝陵博物院组成

秦始皇帝陵遗址公园、秦始皇兵马俑博物馆、K0006陪葬坑陈列厅、K9901陪葬坑陈列厅，同为秦始皇帝陵博物院的组成部分，共同构成了秦陵文物事业发展的基础。

概 况

中华五千年的文明源远流长
深厚的历史文化让人景仰
沉淀了五千年的智慧更是令人折服

其中
举世闻名的世界第八大奇迹“秦始皇兵马俑”
代表着
一个时代的辉煌和一个巨大的文化符号
在人们心中盘桓不去，令人惊叹不已
法国前总统希拉克曾说
“不看金字塔不算真正到过埃及
不看兵马俑也不算真正到过中国……”

那么今天
我们也绝不能错过这场文化盛宴
来吧！现在
我就是来自大秦的使者
带领大家一起梦回两千两百多年前的大秦帝国
唤醒辉煌灿烂的大秦文明，走近秦始皇
去领略千古一帝的文韬武略
去感受大秦勇士的铁血豪情……

秦始皇——千古一帝

秦始皇嬴政（前259—前210），嬴姓，赵氏，名政，又称赵政、祖龙。秦庄襄王和赵姬之子。中国古代杰出的政治家、战略家、改革家，首次完成中国大一统的政治人物，也是中国第一个称皇帝的君主。

嬴政出生于赵国都城邯郸，后回到秦国。公元前247年继承王位，时年13岁。公元前238年，平定长信侯嫪毐的叛乱，之后又除掉权臣吕不韦，开始独揽大政。重用李斯、王翦等人，自公元前230年至公元前221年，先后灭韩、赵、魏、楚、燕、齐六国，完成了统一中国大业，建立起一个中央集权的统一的多民族国家——秦朝。

秦始皇嬴政画像

公元前221年，秦统一六国之后，秦王嬴政认为自己“德兼三皇，功过五帝”，遂采用三皇之“皇”、五帝之“帝”构成“皇帝”的称号，成为中国历史上第一个使用“皇帝”称号的君主，自称“始皇帝”。同时在中央实行三公九卿，管理国家大事；地方上废除分封制，代以郡县制；要求书同文、车同轨，统一货币、度量衡。对外北击匈奴，南征百越，修筑万里长城；修筑灵渠，沟通长江和珠江水系。公元前210年，秦始皇东巡途中驾崩于邢台沙丘。

位于距西安37公里的临潼区以东

8:30-17:00

秦始皇陵——天下第一帝陵

在西安市以东37公里风景秀丽的骊山脚下，一座原名“丽山园”的巨大封土已经在这里默默地矗立了2200年，这便是“千古一帝”秦始皇的陵寝。据《史记》记载，秦始皇陵墓“墓高五十余丈”（约115米），近40层楼，巍峨如山，虎视平原，占据了骊山北麓整个区域，南到骊山，北到渭河，东到戏河，西到临潼城区之间的45.69平方公里范围，都有秦始皇陵遗迹分布，区域范围相当于63个紫禁城的大小。再算上山环水绕的环境，竟超过100平方公里。秦始皇陵无疑是中国古代历史上最大的一座“封土为陵”的帝王陵寝，号称“天下第一帝陵”。根据《史记•秦始皇本纪》记载，秦始皇13岁继位时，就由相国吕不韦主持修造陵园，直到他50岁驾崩，他的陵墓仍然没有建造完整。秦二世胡亥即位之后，又草草地修建了2年时间，修陵时间竟长达39年之久，这在中国历史上是非常罕见的。

秦始皇陵

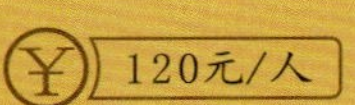

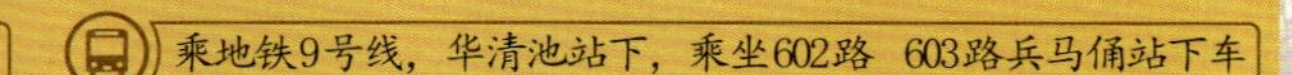

秦始皇兵马俑的发现——历史安排的巧合

秦始皇兵马俑的发现被称为“二十世纪世界考古的重大发现之一”。说起兵马俑的发现，虽说是极其偶然，但同时也是历史的巧合。

其实，早在西汉时期就已有人发现过兵马俑。考古工作者在一号坑T12发现西汉前期墓葬一座，这座墓穴挖到了俑坑的隔墙上。而东汉初年的一座夫妇合葬墓，正好建在了二号兵马俑坑一组陶俑、陶马的身上。挖墓人将陶俑、陶马打碎搬动，堆放在墓穴一角。到了明清时期，这里已完全变成当地村民的葬地，至此，大量的陶俑碎片被发现。对当地年长老人进行多次询访，他们都说自己的祖辈挖墓时就看到过这些“瓦爷爷”“瓦神爷”。有一位老人回忆自己十多岁时，父亲打井，在井壁上见到过一个与真人一样高大的“怪物”。后来由于井水突然枯竭，父亲认为一定是“怪物”作祟，就把它吊在树上抽打，结果井中依然无水，父亲一怒之下，将“怪物”打碎了之。这位向后人传递信息的秦俑，就这样粉身碎骨了。

我们今天看到的秦俑博物馆展厅明亮，广场宽阔平坦，但是五十年前兵马俑发现之前，这里本是一片柿子林，周围是当地老百姓的墓地，夜间经常有狼出没，非常荒凉。1974年3月25日，临潼县西杨村由于春旱缺水，生产队决定在村南抗旱打井。村民杨志发等人在队长杨培彦划定的地方开始打井，非常巧合的是井址被选在了一号坑最东端的坑沿上，如果这个位置再偏移一米，秦始皇兵马俑陪葬坑就不一定会被发现了。当挖到第五天(3月29日），井打到3米深时，杨志发忽然发现了一些红烧土块和陶俑

的残片，一开始他们以为是“瓦罐”，打到4米多深时，又发现了砖铺的地面及青铜弩机和整束的铜镞。这时恰巧一位公社水保员房树民来村里检查打井的进展情况。当看到这些陶俑残片时联想到秦始皇陵，他认为可能是文物，于是就让农民们停止打井，并立即向上级领导汇报。当地临潼县文化馆的文物干部赵康民进入现场后一方面收集散失的文物，一方面对残破的陶片进行粘接、修补。而在此时，正好中国新闻社的记者蔺安稳回到临潼探亲，当他看到这些陶俑后，十分惊讶，回到北京后立刻在1974年6月25日《人民日报》内部刊物《情况汇编》2396期上发表了《秦始皇陵出土一批秦代武士俑》的文章。6月30日，时任国务院副总理李先念看到这则消息，立即批示：“建议请文物局与陕西省委一商，迅速采取措施，妥善保护这一重点文物。”随后，国家文物局派来专家现场考察，省文物局也派出了秦俑考古队开赴发掘现场开始考古及保护工作，揭开了我国考古史上光辉灿烂的新篇章。

令考古工作者吃惊的是，他们面对的是怎么都看不见尽头的兵俑群，50米，100米，200米，还没有到头！这架势让人不得不想到，大家正在打开的其实是一支叱诧风云的秦军！在965平方米的试掘方内清理出与真人真马相仿的陶俑500多件，陶马24匹，木质战车6乘和大量青铜兵器、车马器等。考古发掘证实：这里是2200年前秦始皇陵园的一处大型兵马俑陪葬坑。听到这里，各位朋友也许会产生疑问：如此大规模的陪葬坑就从没有人发现过吗？尽管翻遍古史，也没有见到有关兵马俑只言片语的记载，但是在两千年的漫漫时光中，秦俑在不时地向人们传递着呼救的信息。沧海桑田，历史变迁。荒凉偏僻的环境里，历代淳朴农民的无意识保护，才使得秦兵马俑这一奇迹安睡地下2000多年。千年等一回，也许秦兵马俑渴盼的正是这样一个时代的到来吧！

秦始皇兵马俑博物馆
——中国最大的遗址性专题博物馆

在李先念副总理及国家有关部门的关注下，1976年1月在秦始皇陵园东侧1.5公里的兵马俑坑遗址上，中国最大的遗址性博物馆——秦始皇兵马俑博物馆修建工程开始动工。1979年10月1日一号大厅修建完毕并对外开放。由叶剑英元帅题写了“秦始皇兵马俑博物馆”的馆名。

随后，考古人员又相继发现了两座兵马俑坑，根据发现的顺序，三座兵马俑坑被编为一号坑、二号坑、三号坑。

秦兵马俑大规模的发现，早已引起了世界各地的关注，尤其是1976年5月，新加坡总理李光耀在挖掘现场参观后，便以其炎黄子孙的情怀由衷地发出“这是世

秦兵马俑考古现场

界的奇迹，民族的骄傲”的感叹。1991年，法国前总统希拉克参观了兵马俑，惊叹于这地下军阵的宏伟壮观，感慨于2200年前秦人超绝的智慧，于是说：“到埃及不看金字塔等于没有到埃及，到中国不看兵马俑也等于没有到中国。世界上原本有七大奇迹，兵马俑的发现，真可谓世界第八大奇迹了！”于是，“世界第八大奇迹”就变成了兵马俑的代名词。

今天通过考古发掘证实，秦始皇兵马俑陪葬坑是秦始皇陵墓众多陪葬坑之一，兵马俑象征着守卫秦始皇陵园的卫戍部队。

一、二、三号俑坑总面积2万多平方米，共有陶俑、陶马约8000件，庞大的地下王国幽冥军团，是一座古代雕塑艺术的宝库；严密的军阵，反映了秦帝国军事的风貌，向我们真实地再现了2200多年前“秦王扫六合，虎视何雄哉。挥剑决浮云，诸侯尽西来”的宏大气势！

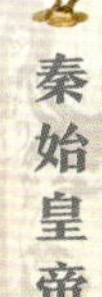

秦兵马俑一号坑——复活的军团

兵马俑一号坑1979年10月1日建成开放，是发掘最早、面积最大的遗址坑，东西长230米，南北宽62米，面积达14260平方米，比两个足球场的面积还要大，由步兵、车兵组成长方形军阵，按已出土的陶俑、陶马的排列密度推算，一号坑总体约可出土6000余件兵马俑和59乘战车。

军阵的前三排为前锋，每排70件，共有210件陶俑，其中207件为战袍武士俑，3件铠甲武士俑，手持弓弩和剑等武器，为了轻装上阵，全部都免盔束发、身着战袍；俑坑的尾端有一列面西的武士，组成军阵的后卫。中间十道夯土隔道将整个军阵主体分隔成38路纵队，其中36列面向东站立，南边和北边各有2列分别面南、面北站立，组成军阵的侧翼。侧翼和后卫的作用是防止敌军从左边、右边和后边突袭。武士俑有的身穿战袍，有的身着铠甲；中间配备有59乘战车，每乘战车后有驭手俑一件、车兵俑两件，古代战车上左边的人持弓，右边的人拿矛或其他长兵器，中间的人是驭手。每辆战车后一般都跟从着武士俑，说明秦代作战还是以车战为主，步兵跟在车后，从属于战车。

总之，一号坑有精锐的前

锋、强悍的主力、灵活的侧翼和机警的后卫，队形严密整齐，具有排山倒海之气势，反映了秦军非凡的战斗力。俑坑中的每位武士，因手势不同，所持的兵器也不同。一手向前一般持长柄兵器；一手向下呈半握拳状，拿的是远射兵器；双手在胸前一上一下重叠在一起，可能是持有短兵器。由于青铜兵器的柄是木制的，出土时已全部腐朽，只留下青铜部分散落在坑道内。从出土兵器分析，军阵的前锋、后卫和侧翼所持的兵器，以远射的弓弩为主，少数为长柄兵器，而主力部队所持的兵器则大部分是矛、戈等长柄兵器，这与古代兵书上所说“强弩在前，锬戈在后”“材士强弩，翼吾左右”的兵器配备原则相一致。

兵马俑坑的建筑结构都是半地下坑道式土木结构，俑坑底部都用青砖墁铺，坑的平均深度大约是5米，坑的四周都留有长方形斜坡门道。当时，秦人首先根据俑坑的形制大小挖成土圹，土圹的底部用填土逐层夯筑，然后在中间筑成夯土隔墙，隔墙两侧及俑坑四周密排木柱，木柱的上端横放枋木，枋木上端密排棚木，棚木上覆盖一层芦席或竹席，席上覆盖一层厚10～30厘米的胶泥土，再覆盖黄土形成坑顶。陶俑、陶马放进俑坑后，门用立木封堵，门边用夯土填实，这样就形成了封闭式的地下军事营垒。

秦兵马俑一号坑

秦俑艺术——大、多、精、美

秦俑艺术的成就是多方面的，专家们简练地归结为四个字——“大、多、精、美”。所谓的“大”有两个方面，首先是俑坑面积之“大”，已发掘的兵马俑坑总面积约两万平方米；其次是秦俑形体之“大”，陶俑身高1.8～2米，陶马1.7米高、2米长，重量也不相同，最轻的110公斤，最重的可达300公斤。秦俑的“多”体现在出土数量非常庞大，形成重重叠叠、整整齐齐排列的8000秦俑群雕，生动真实，浩浩荡荡，雄壮威武，当年作为战国七雄之一的秦人挥戈东进、策马驰骋，统一中国的军队那强大凛冽的气势所带来的强烈视觉冲击力扑面而来！兵马俑的“精”则体现在完全写实的精雕细刻艺术造诣上。“千人千面”展现出属于每个人的生动的五官造型和表情以及流露出的情感。秦俑的“美”，是指塑造了不同等级、不同形象的秦军。出土的数千件陶俑，形象逼真生动，似乎每件陶俑都有制作时的模特原型。陶俑细部的精雕细刻以及宏观总体效果的雄浑博大，成为让人惊叹的“世界人类艺术史上伟大的奇迹”！

秦俑的制作——模塑结合、分件制作、入窑烧成、出窑施彩

兵马俑历经千年能够不朽，都是源自其精湛的制陶工艺。其制作工艺分三步：第一步，制作好初胎；第二步，在初胎上加上一层泥进行局部的细刻和修饰；第三步，将头、手、躯干组装起来，再施以彩绘。秦俑的上衣有粉绿、朱红、枣红、粉红、粉紫、天蓝、白色、赭石色等多种颜色。裤子的颜色也是多种多样，但总体以粉绿色为主，其余还有红色、天蓝、粉紫和白色。战马的制作基本一样，秦俑身上颜色非常艳丽，红色由辰砂和铅丹制作，绿色来自孔雀石等。然而最让人惊奇的就是秦兵马俑上的紫色，这种紫色的成分是硅酸铜钡，是人工合成的。秦朝的工艺在某些方面实在是太超前了。这种颜料的制造工艺现在已经失传，所以说这种紫色的由来到底是怎么样的还是一个大谜题。当考古技术足够发达，相信以后会有更加惊艳的东西展现在世人面前。

秦俑的铭文

考古工作者在修复陶俑、陶马时，揭开了制作者之谜。考古工作者在陶俑、陶马身上发现有刻画戳印的文字，字数一般很少，有1个字的，有2个字的，最多的有11个字。目前，共发现陶工名249个，除去重复的共有90余个，例如“咸阳午”“乐阳重”“临晋乖”“工路”等。前半部分是他们来自的地方，后边的疆、午、重、乖、路都是工匠的名字。这些名字不仅告诉了我们2000多年前是谁创造了这一奇迹，更向我们揭示了秦俑背后“物勒工名”的管理制度。

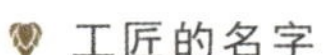
工匠的名字

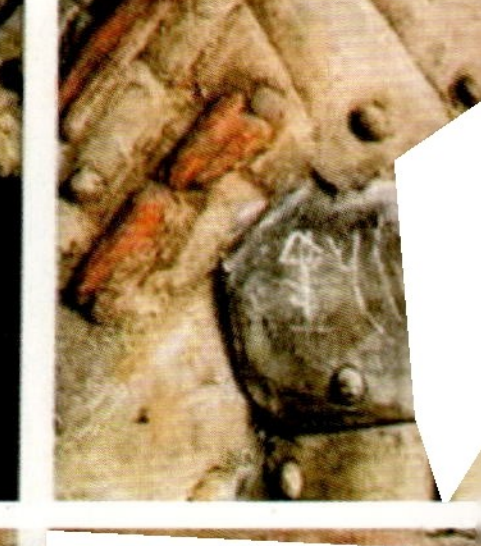

秦俑坑的焚毁

在兵马俑坑的发掘过程中，发现三座坑都有遭到过人为破坏的迹象，一号俑坑的全部和二号俑坑的一部分，都有因被火焚烧后塌陷的。火焚的原因有人说是由于俑坑内的沼气引起自燃。但在俑坑发掘过程中，没有发现俑坑内堆积大量腐植质，坑内虽有泥沙，但土质纯净，不具备产生沼气的条件，所以沼气自燃之说证据不足。历史文献中最早记载项羽盗掘、破坏秦始皇陵的是《史记·高祖本纪》，书中记载公元前203年，刘邦和项羽率军对垒河南广武（今河南省荥阳东北），刘邦历数项羽的十条罪状，其中第四条就是项羽挖秦始皇陵，掠夺其中财宝。此后记载秦始皇陵被盗掘、地宫遭焚的是《汉书· 楚元王传》和成书于北魏时期郦道元所著《水经·渭水注》。书中写到项羽派三十万人运送秦始皇陵中的珍宝，三十天还没有运完。秦始皇陵是否被项羽挖掘过，目前还难以验证，但陵园内大片的地面建筑被焚毁却是事实。因此推断兵马俑坑被焚毁时间是在秦末社会变革时期。

秦俑坑的焚毁

秦俑的修复

为了使这些残破不全的兵马俑恢复最初的神韵，几代考古工作者们付出了巨大的努力。首先是考古工作人员利用小铲、刷子清除大量泥土，随后进行记录、绘图、照相等工作，根据倒塌关系搞清每件陶俑和大量碎片所在位置并进行编号；其次是修复工作紧跟考古发掘工作进行。人们今天看到的上千件陶俑个个完整

如初，其实当年都是由几十块甚至上百块破碎陶片粘接起来的。修复人员为了寻找陶俑、陶马身上的残片，耐心地在无数个看似一样又不相同的碎片中仔细观察、寻找，一一拼对，直到满意。找齐陶片之后，开始修复工作。修复人员先小心、认真地除去沾在陶片、茬口上的泥土，然后按照陶片的形状、厚度、纹路、色泽等，用环氧树脂拼粘。残片拼对结束后，把陶片顺其茬口由下而上逐步粘接。在拼对粘结的过程中还要把俑体分成若干部分进行加固，以防胶体脱落。陶俑体腔内及脚踏板，要用切成小块、涂上胶的裱布平展地贴在接茬处，陶俑的躯干裂纹处要打扒钉，用绑带加固。等待胶干后，修补俑体外表的裂缝，最后再根据“修旧如旧”的原则对所有的粘接处进行作旧处理。

秦俑的修复

秦兵马俑二号坑

秦兵马俑二号坑——灵活多变的冲锋部队

二号坑位于一号坑东端北部20米处，1976年发现，1994年对外展出。为了达到更好的文物陈列效果和保护文物，二号兵马俑坑展厅内全部采用人工采光，所以展厅内光线较暗。二号兵马俑坑采取了边发掘边展出的形式，所以观众朋友有机会看到现场考古发掘的场景。

这个俑坑是一个曲尺型方阵，东西最长处96米，南北最宽处84米，深约5米，面积约6000平方米，可出土陶制兵马俑1300多件、木质战车89辆。这个军阵兵种多，车辆多，结构复杂，是由战车方阵、骑兵阵、弩兵阵和车、步、骑混合方阵等4个方阵共同组成。

弩兵阵位于整个军阵的东部前沿。这个方阵内四面环廊，它的东西两侧各有2列立射武士俑，南北两端各有3列立射俑，共有172件。二号坑南部是驷马战车方阵，在东西方向八条过洞、面积达2400平方米的范围内，排列着8列战车，每列有战车8乘，共有四马系驾的单辕车64乘。每乘战车后有3件武士俑，共计192件。军阵的中部是由19辆战车、264件步兵和8组骑兵组成的混合方阵。车兵和骑兵方阵被布置在整个车阵的北侧，这个方阵内有战车6乘、陶质鞍马108匹、骑兵俑108个，他们排成11列横队。这是目前我国考古史上发现的年代最早的骑兵俑群。

高级军吏俑

2009年陕西省西安市临潼区兵马俑一号坑出土

风采神武的高级军吏俑

展柜里陈列的是出土于一号坑的秦俑中最高级别的高级军吏俑。目前，一、二号坑中共出土高级军吏俑10件。其中一号坑出土9件，二号坑出土1件。他们多数身穿铠甲，有2件没穿铠甲，仅着长襦。

高级军吏俑的共同特点是头戴双卷尾鹖冠。鹖是古代一种黑色的鸟，据说其性情猛烈，与同类相残竟“死乃止”，故而古人以黑色鹖尾插在高级军吏俑的帽冠两侧，显示着他们的骁勇善战。他们身材高大魁梧，气质出众超群，具有大将风度。有的气宇轩昂，一把长须，显得儒雅稳健；有的目光炯炯，胡须飞卷，显得威严豪爽；有的面目和善，有的儒雅睿智，有的沉着坚毅，表现出指挥若定的气概和必胜的信念。他们当中有的双手交叉于腹前，轻按兵器；有的一手伸掌，一手握拳，似乎矛、戈、剑等各种兵器交错使用；有的双臂自然下垂，右手拇指与食指相捏，似乎在掐指谋算。

这件高级军吏俑身着双重战袍，脚登翘尖履，显得儒雅稳健，气度不凡。整个雕像，塑造出了一位坚毅、沉勇、果敢、睿智的秦军高级指挥官的形象。高级军吏俑的体态、容颜显现出的是攻无不克、战无不胜的时代风貌与精神。秦自商鞅变法后，以军功大小来任用官吏，产生了崇尚英雄的社会氛围。

中级军吏俑

2009年陕西省西安市临潼区兵马俑一号坑出土

睿智干练的中级军吏俑

这个展柜中陈列的是俑坑中出土的中级军吏俑，他身穿交领右衽长襦，外披带彩色花边的前胸甲，下穿长裤，脚登翘尖履，头戴长冠，左手作按剑状，右手半握，持物不明。表现出他的恭谨、勇武、睿智、干练。中级军吏俑从身份上讲低于高级军吏俑，有中级、下级之分，一般头戴双板长冠或单板长冠，身穿的甲衣有几种不同的形式。中级军吏俑除了服饰上与高级军吏俑不同之外，精神、气度上也略有差异，中级军吏俑的身材一般不如高级军吏俑体魄丰满、粗壮，但整体上比较高大，肩膀宽厚，挺胸伫立，神态肃穆。

立射俑

2009年陕西省西安市临潼区兵马俑二号坑出土

训练有素的立射俑

立射俑是弩兵的一种。立射俑排列在二号坑弓弩方阵的阵表四周，编制非常科学。他们头挽发髻，身穿轻便战袍，腰系革带，脚蹬方口翘尖履，整个装束显得轻便灵活。立射俑的左脚向前斜出半步，双脚一前一后略成丁字形站立，前脚微拱，右脚后绷，上身挺立；左臂向左侧半举，四指并拢，手掌伸张，掌心向下，右臂横曲胸前，掌心向内；头和身体微向左侧转，昂首凝视左前方，作持弓弩引而不发的姿态。实物、文献两相对照，完全吻合。

秦代工匠在塑造立射俑的形象时，抓住了战士单兵操练中持弩拉弓的瞬间动作，引发人们产生将要射击的联想。请看这极富力感的拉开的双臂和叉开的双腿上下呼应，炯炯有神的双目，绷嘴屏气的神态和引弓待发的动作，统一于“节如发机”的状态之中，其足法、手法、身法的合理合度，非常科学，说明在当时射击的技艺已发展到相当高的水平。整个立射俑给人一种训练有素、百发百中的威慑力量，它告诉人们，秦国正是有了这些训练有素、勇武善战的武士，才能力挫群雄，一统天下。

跪射俑

2009年陕西省西安市临潼区兵马俑二号坑出土

英勇潇洒的跪射俑

跪射俑左腿蹲曲，右膝跪地，上体伸直并略转向左侧，双目凝视左前方，双手在胸右侧一上一下，紧握弓弩。射击时，身体的重心落在右膝，左足和右膝、右脚尖三点成一平面，这样重心平稳，便于瞄准，而且因目标小，不易被敌人发现，因而就成为防守或埋伏时理想的一种射击状态。他们既可以与立射俑配合以密集的火力，扼制敌人的进攻，也可以迅速由跪而立，迅猛出击，打乱敌人的阵脚，以达到克敌制胜的目的。跪射俑的发髻却被巧妙地塑在头顶左侧或右侧，这可能是为了方便作战时右手从身后箭箙中抽拔箭矢，同时又使发髻与身右侧的双手一左一右均衡对称。我们都知道士兵只有经过严格的战术训练，才能成为精锐之师。立射俑、跪射俑作为二号俑坑军阵中弩兵方阵的成员，立射俑居于军阵四周排列，跪射俑居于军阵的中心。这样布阵与弓弩兵器的特点有关。弓和弩有立姿、跪姿两种射击方法，射击时，为了避免误伤己方人员，要求前无立兵，这是弓弩射击的重要原则。另外，弩张缓慢，临敌不过三发，为了弥补这点不足，二者一立一蹲轮番射击，矢射不绝，才能使敌人无可乘之机，增强杀伤力。

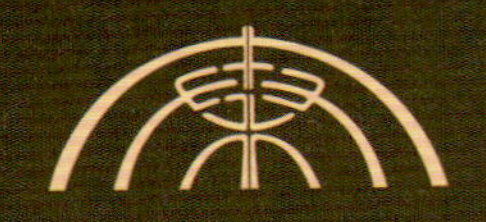

鞍马骑兵俑

2009年陕西省西安市临潼区兵马俑二号坑出土

英姿飒爽的骑兵俑

二号坑的骑兵俑，身高均在1.73米以上，可见是经过严格筛选的。骑兵的装束显然与步兵、车兵不同。这尊骑士俑身高1.8米，他头戴小皮帽，帽两边有带，结于颏下。身穿紧袖、交领右衽双襟掩于胸前的上衣，腰束革带，身披短而小的铠甲，肩上无披膊，手上无护甲。衣服短小轻巧，铠甲简单而灵活；下穿紧口连裆长裤，足登轻软皮靴。整个装束轻便、灵活、潇洒。这种特殊的装束完全是从骑兵战术要求，即骑士行动敏捷的特点出发的。他体型修长，神态机警，年轻健壮，细观其面部眉棱突起，高鼻，嘴唇紧闭，上八字胡清晰可见，自然平静，他右手自然下垂，一手牵缰，一手提弓，造型准确，神态逼真。完全是训练有素的骑士形象和神态，随时听命，整装待发，命令一旦下达，纵身上马，驰骋疆场。

秦人不仅善于养马、用马，同样善于烧制陶马，马头部双耳较短，尖如削竹，马头的塑造借助光线的作用，显现出额骨、眼皮、鼻翼、嘴唇等部位高低明暗的层次变化。

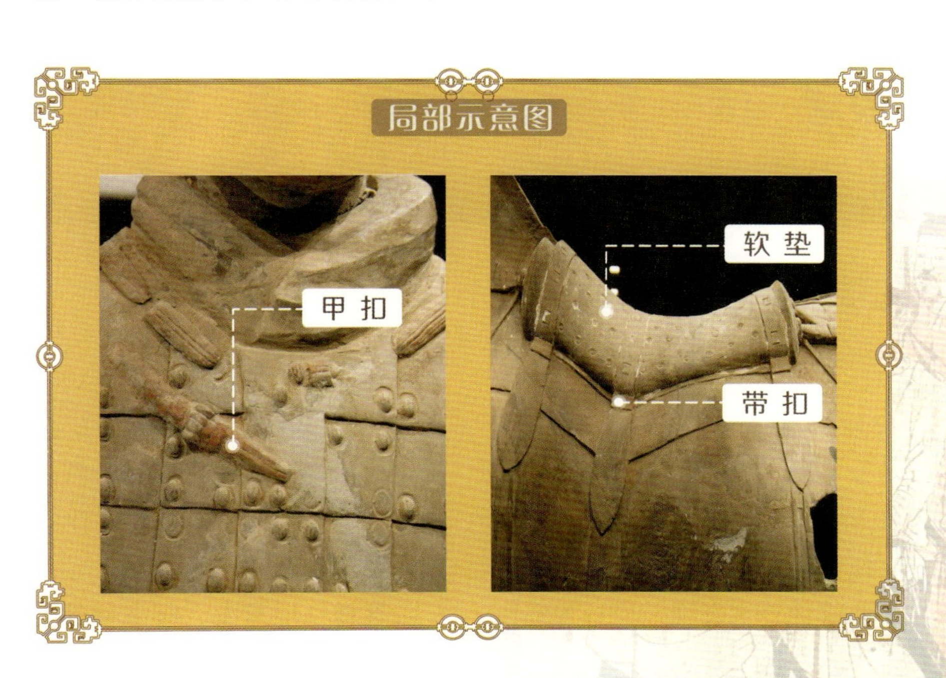

彩绘俑

色彩斑斓的彩绘俑

目前为止，大家看到的出土陶俑都是清一色的“灰头土脸”，但实际上，二号坑出土过色彩保持较好的彩绘俑。1999年4月，二号坑东北弩兵区第十八过洞彩绘俑首次发现，以后相继出土了六尊，特别是1999年9月10日考古专家在秦俑二号坑T21方十八过洞内发掘出一件绿面跪射俑，引起了学术界、考古界和媒体的巨大轰动。

这件俑的造型、服饰和服饰

的颜色与其他俑相比没有特别之处。唯一的特点是这件跪射俑的脸部是浅绿色，眼睛是白睛、黑珠。绿面俑在兵马俑坑中虽仅此一例，但它的出现或许与古人对色彩的认识有关，或许还有其他的谜底待解。一般出土的跪射俑彩绘，头发为黑色，面部为粉红色，裸露的肌肤白里泛红，非常接近人体肤色。铠甲为赭石色，甲带为粉红色，战袍为大红、朱红、紫红、深绿、粉绿、天蓝等色。裤子有深绿、粉绿、天蓝、紫红等色，护腿有粉紫、朱红、深绿、天蓝等色；鞋是赭色；靴子有朱红、深绿、赭色等；鞋带、行縢带有朱红、粉紫、天蓝、杏黄等色。陶马多是通体枣红色；个别在受光面涂枣红色，背光面涂绿色，以表现光线明暗的变化。马口中是红舌白牙，身上是黑鬃、黑尾、白蹄。

铍

2009年陕西省西安市临潼区兵马俑二号坑出土

铍

铍又叫长铤，还有锬、夷矛、铫（tiáo）等名称。文献中最早见于《左传》襄公十七年（前556）。从考古资料看，铍出现于西周时代，流行于春秋时期，汉代以后逐渐消失。公元前483年，吴国曾组建了我国古代第一支以铍为装备的独立部队，《史记》《汉书》中也有士卒“执铍”的记载。从西周到秦汉时，长铍一直是使用比较广泛的杀伤力较强的兵器。但是在相当长的时期内，铍在兵器史中几乎被埋没，这是由于自东汉以来，学者们对铍的解释各种各样，有的说它是两刃小刀，有的说它是刀但却是剑的形状，所以，后人往往将铍与剑混为一谈。秦俑坑出土第一件铍时，就被误认为短剑了。当秦俑一号坑出土了16件长铍之后，人们才恍然大悟，发现铍原来是一种锐利的长兵器，长铍的发现纠正了前人的错误认识，填补了我国兵器史研究的空白。铍由青铜铍头、木柄和铜镦构成。铍头像一柄利剑，长度为25厘米，安上木柄后长度竟有3.59～3.82米，所以比矛头长而且锋利，它的穿刺力更强，杀伤力更强。

戟

是由戈、矛结合而成的一种复合式兵器，南方称之为“棘”。戟盛行于东周，战国时开始用铁戟，并以戟装备步兵与车兵。秦俑一号坑中共出土了7柄铜戟，戟上的木柄已腐朽，但戟头出土时仍光亮如新。

秦兵马俑三号坑——军阵的“灵魂中枢”

三号坑与一号坑相距25米，东距二号坑120米，三个俑坑呈“品”字形排列。1976年考古发现，展厅1987年动工，1989年9月27日正式对外开放。三号坑面积最小，东西宽17.6米，南北长21.4米，深5.2～5.4米，只有524平方米，整个军阵的形状呈“凹”字形。全部发掘完毕，共出土陶俑68件、陶马4匹、战车1辆、兵器34件。

关于三号坑的性质，根据专家们的考证，考古人员得出了一致的结论：这就是整个地下部队的指挥中心“军幕”或叫“帷幄”。基于以上原因，专家们判断这里象征着秦国战争时运筹帷幄的指挥部。但是，还有一点疑问就是：三号坑作为指挥部，为什么没有发现指挥官？对于这个问题，有着种种议论。有人说三军的最高统帅就是秦始皇本人，专家们分析秦代的军事制度应该是这样的；平时军队主帅位置虚设，一旦战争发生，临时命将，以虎符作为调兵遣将的信物，分

秦兵马俑三号坑局部

秦兵马俑三号坑

左、右两半，右半留中央，左半授予统帅，作战时持虎符验合，方能生效。战争结束，大将将兵权交出。兵马俑作为秦国军队屯聚的形式守卫在陵园东侧，而不是在战争状态下，这或许是三号坑内不见指挥官的原因吧。

四号坑——未及完成的秘密

1975年夏，考古工作人员在一号俑坑北侧、二号坑与三号坑之间发现了一个未建成的废弃坑，即四号坑。

该坑的北边及东西两边的北侧十分整齐，而且比较清晰。坑的南半部已被河流冲垮，南边线不清，坑东西长48米，复原后的南北宽约96米，深4.8米，总面积4608平方米。坑内堆积的情况是：上层覆盖着1.5～2.5米厚的砾石路面交错叠压着不规则土层，下层是乱土，4.8米以下是原生黄土。坑内未发现任何文物遗迹。这是一个未建成的废坑，又处于秦俑一、二、三号坑之间，是拟议中正在修建的俑坑，还是用于其他工程？此坑发现后，其在整个军阵中的地位，引起了极大的争议。

四号坑原来就是一个不完整的土坑，没有斜坡门道，其堆积情况为人工填埋，而非自然形成的。

1978年陕西省西安市临潼区秦始皇陵铜车马坑出土

秦铜车马

青铜之冠

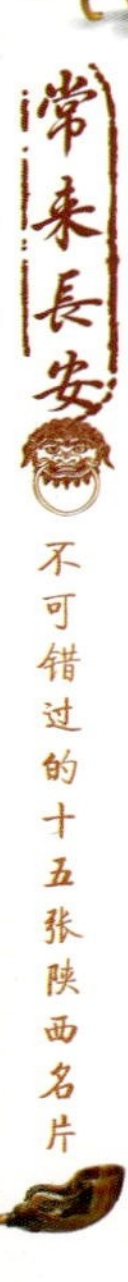

秦始皇帝陵铜车马博物馆

秦始皇出巡的车辆制作精美，装饰华丽，以黑色为主调，前有开道车，后有伴驾，秦始皇端坐六马系驾的“金根车”。秦始皇统一中国后，对周代以前的车舆制度进行了改革，实行了“卤簿制度”。所谓“卤簿制度”，是指秦汉时皇帝出巡必备的车驾规格。秦陵铜车马属于当时法驾卤簿中的立(高)车与安车；“小驾卤簿”是最低规格的仪仗，由9辆车组成。皇帝微行出巡一般采用小驾卤簿。正是由于皇帝出巡时车辆众多、浩浩荡荡，才发生了秦始皇第三次出巡途中张良误中副车的事件：韩国公子张良为报秦灭韩之国仇，雇用大力士，铸造120斤重的大铁锤，埋伏在阳武博浪沙（今河南中牟），当浩浩荡荡的车队经过这里时，铁锤砸中了副车。铜车马正是当时车队中的五时副车。五时副车各由青、赤、黄、白、黑五色安车和五色立车组成，代表东、南、中、西、北五个方位及春、夏、季夏、秋、冬五个季节。五色与五方相应，即东方青、西方白、南方赤、北方黑、中央黄。立车、安车两车一组，五色俱备，合为十乘。而目前在秦陵西侧的车马坑中共发现10辆青铜和木制的车马，这一结果验证了秦代的銮驾制度。如今，我们不仅能从历史文献的字里行间想象秦皇车驾的盛况，更能从铜车马上看到秦皇銮驾的风采。

精美绝伦的彩绘铜车马——青铜之冠

现在我们看到的就是2200年前秦人制作的两乘大型青铜车马，其主体主要是用青铜铸造而成，整个车、马、人都是仿照真车、真马、真人，按比例缩小二分之一制成。车马装饰品全部都是金银构件，并施以重彩，庄重典雅，雍容华贵。每辆车的重量都在1吨以上，两辆车的金银装饰总重量在14公斤以上。

两乘铜车马按出土的先后顺序编为一号车和二号车。也依照当时“立式为高，坐式为安”的习俗，一号车被称为“高车”“立车”或“戎车”；二号车被称为“安车”，又叫“辒辌车”。一号车是起保护作用，总重量1061公斤，通长2.57米,通高1.68米，车厢为横向长方形，车前驾有四匹铜马，车厢外侧有一副弓弩，内侧左右有“箭”和盾牌；二号车是主人乘坐的车子，总重量1241公斤，通长3.17米，通高1.06米，车厢为前后两室，前室有一跽坐的御官俑，后室宽大，有三窗一门，是主人乘坐的地方。这一组铜车马是秦始皇銮驾制度的真实反映，是他的地上王国乘舆制度在地下王国的形象体现。

伞盖：厚0.1～0.4厘米，面积为1.12平方米，一次浇铸成型。现代技术无法铸成。
盾箙（fú）

秦铜车马的制作工艺——叹为观止的工业大协同

铜车马工艺精湛，制作十分规整，其部件该圆就圆，该方则方。两乘铜车马分别由3000多个零部件组装而成，其中安车共有3462个零部件，包括青铜制件1742个、黄金制件737个、白银制件983个。其零件连接形式多达17种，包括包铸、嵌铸、熔化焊接、插接式焊接、套接、子母扣加销钉连接、活铰连接、钮环扣接、卡接、榫卯结合加焊、镶嵌加钎焊、焊接加铜栓板连接、补铸、双金属焊接、亚腰形转轴连接、锥度配合连接、弯钉连接等方式。铜车马上使用最广泛的连接方法是子母扣连接，也就是我们今天所使用的坦克手表链的连接方法，两辆铜车上的缰绳、辔绳、靷绳等数千个单节小型装饰件就是采用这种方式连接成链条的；马头上的马勒，由一节金管、一节银管，采用子母扣榫卯连接而成，这些零件采用范铸法。制作过程第一步要制作模范，模范需要经过捏陶土、焙烧、修整这三个工序。

2号铜车马椭圆形的伞盖，面积2.3平方米，出土时已经碎成199块。专家们在修复时发现，伞盖上没有焊缝，也没有锻打的痕迹，说明它是一次铸造而完成的，并且浇铸得相当均匀，最薄的地方仅1毫米，最厚的地方只有4毫米。

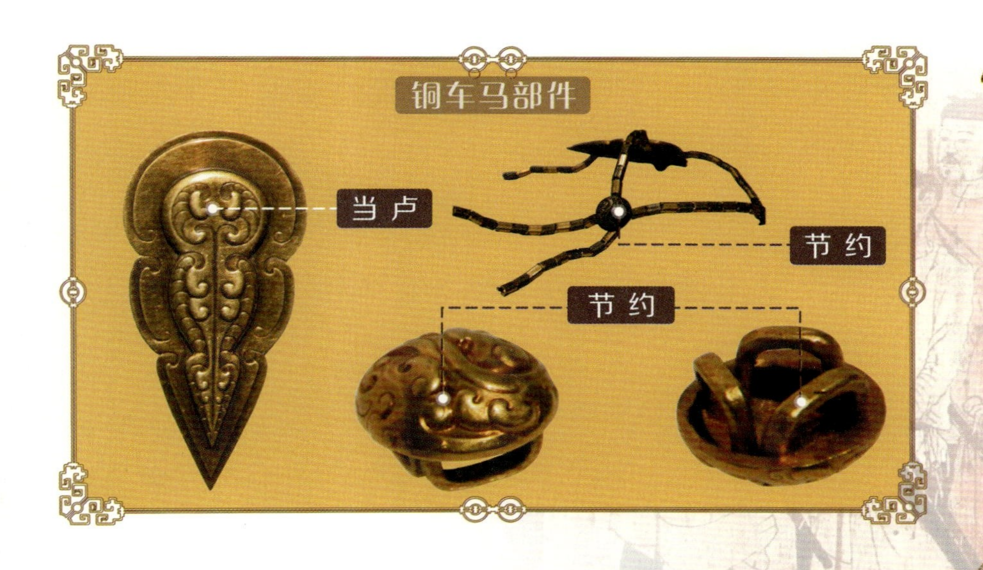

弩

1978年陕西省西安市临潼区秦始皇陵铜车马坑出土

弓和弩

属于远射兵器，均是用来射箭的。但弓和弩并不是同一物。弓没有机关，弩是有机关的。弓、弩臂、弩机的复合体称弩。弓箭大约出现在距今一万年前的新石器时代，弩出现于春秋末期，但人们从没有见过秦弩的实物资料。秦俑坑中大批弩的出现填补了这一空白，使我们对当时弩的具体形象有了认识。

秦俑坑中的弩，木臂是中间稍窄的长木柄，前端有凹槽，用以承弓，末端较宽，装有弩机，弩机由牙、望山、悬刀和键组成。牙用以勾弦，望山用于瞄准，悬刀就是扳机，键起到固定各部件的作用。秦代弓、弩的张力和射程史无记载。战国时弓、弩的张力为“八石”“十二石”，射程在“百步之外”。据测定，秦弩的张力约在300斤，射程约在200米。从制造工艺上讲，弩机制造较为精细，是铸造后经手工锉磨而成，棱角饱满，尺寸精确，零件可以通用。

箭、铜镞

箭一般长70厘米，铜镞即铜箭头。秦俑坑出土兵器中数量最多的是箭镞，目前三座兵马俑坑内出土约40000件铜镞，其中只有2件为铁镞、4件铁铤铜镞（箭头是铜的，箭头后面的一小段杆为铁的），其他均是铜铤铜镞。同类型的铜镞的三个面的轮廓线，误差不超过0.15毫米。铜镞大体可分为小型铜镞和大型铜镞两类。大型铜镞的特点是铤长、镞首特大。小型铜镞的数量最多，首为三棱形，铤为圆形或三棱形。

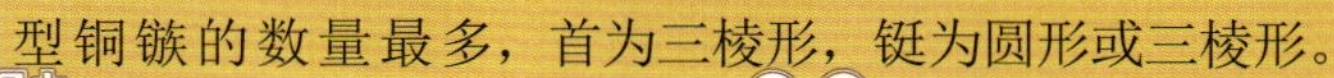

青铜盾

1978年陕西省西安市临潼区秦始皇陵铜车马坑出土

青铜盾——唯一的防御性武器

相比秦陵众多的攻击性武器，作为唯一防御性武器的青铜盾显得格外惹眼。盾又称“干”。《释名•释兵》中记载：“盾，遁也，跪其后避刃，以隐遁也。”被称为防御武器的代表，也是中国最古老的兵器之一。据说早在黄帝时期就已出现了用于防护身体的盾。在实际战争中，盾多为木质或皮革藤类制品，由于质地的特性，目前人们能看到最早的实物也只是一件在河南殷墟发现的盾的残迹。在兵马俑三个坑道中并未发现。侧盾箙中装有一面完整的青铜盾牌。之前，关于盾，人们似乎还只能停留在想象当中，谁也无法准确地知道它的形制，当铜车马一号车出土时，谜团被打开了。一号车右边车栏内盾外形为兽面，通高36.2厘米，底宽24厘米，厚0.4厘米。铜盾上弧下方，四周绘以彩色几何纹，中间绘有变形的龙纹，线条流畅，色彩夺目，显得华丽大方。此盾是我国迄今为止发现的最完整的一面盾，它的发现为我们研究古代盾牌的演变发展提供了难得的实物资料。

青铜壶

文吏俑

2000年秦始皇陵东南内、外城之间陪葬坑出土

独具特色的文吏俑

2000年春夏之际，考古工作者在秦陵封土堆西南角发现一座陪葬坑(K0006)。前室共出土了12件彩绘文吏俑，其中有袖手文吏陶俑8件、御手俑4件、4把铜钺和一个陶罐。1～11号俑成“一”字形排列，均面北站立。12号俑位于前室东壁下，面向西站立，陶俑身高185～190厘米不等，均头戴长冠，身穿交领衽长襦，脚穿齐头方口浅履。袖手文吏俑腰系模制陶削、砥石，俑左臂与胸腔均有斜向椭圆形孔，原为夹带竹简或木简的孔。根据秦代的爵位等级制度分析，他们的爵位至少在八级左右，居秦之上爵。秦代陶俑身上悬挂削及砥石的现象尚属首次发现，削为刮削简牍用的书刀，砥石是磨刀的工具。这些文具带在身边，随时备用。御手俑双手作揽辔状，长襦缠身，腰间束带，衣着干练，目视前方。一副神情专注、谨慎驾驶的神态。衣下摆微向后飘，给人以动感。特别是首次发现文吏俑、活葬马等，使我们对该坑的性质有了更新、更深的认识。它很可能反映的是秦帝国中央官府之一的九卿中主管监狱与司法的机构，推测应该是三公九卿之一的廷尉机构，也就是帝国掌握法律的编写和法律的执行部门，这些俑是最早的文吏形象，也是首次发现的。

金黄软绵　桂花飘香

黄桂柿子饼

每当金风送爽、丹桂飘香的中秋季节来临之时，古城西安就有一种秋冬令风味小吃——黄桂柿子饼上市了。

黄桂柿子饼金黄软绵，色彩绚丽，芳香扑鼻，是西安特有的风味细点之一，也可作小吃。

黄桂柿子饼主料是临潼特产火晶柿子，并配有上等白面粉、黄桂、玫瑰、青红丝、猪板油、桃仁、白糖等。先将放软了的火晶柿子剥皮去蒂倒在面粉里，搓成稠糊后，再与面粉搅和均匀揉成软面团(不用加水)。另取少量面粉，加入上述配料，揉搓成馅。从软面团内取1两左右托在手中拍平，包入馅料，双手旋转封口成圆球形，平放在注入菜籽油的鏊中烙烤，待底面色变黄后，压成扁圆形，随即翻过，再加入菜籽油，烙约5分钟，待火色均匀即熟。

黄桂柿子饼

水晶饼

秦点之首

水晶饼

水晶饼又叫白皮点心、月饼、白皮酥饼，是关中的名点，老幼皆喜食。在过去，它与燕窝、银耳、金华火腿并列为传统珍贵食品。现在仍然是人们逢年过节、探亲访友时的馈赠礼品，也是日常生活中的名贵小吃之一。寇准是宋代一位著名宰相，他为官清廉，办事公正，受到百姓爱戴。有一年寇准从京都汴梁回到老家渭南下邽（guī）（今下吉）探亲。正逢他五十寿辰，乡党们都纷纷前来祝贺，家人捧来一个精致木盒献给相爷。他打开一看，里面装了一张红纸，工整地写着一首短诗："公有水晶目，又有水晶心。能辨忠与奸，清白不染尘。"诗下落款是渭北老叟。寇准看罢，心里很是高兴，急忙让请送礼人入席。家人说，送礼人把盒子放下就走了。寇准将盒内的点心留下一个作为样品，把其余的分给来宾。人们看着那金面银帮、晶莹如玉、起皮掉酥的点心，品尝后只觉得凉舌渗齿、甜润适口，都异口同声地称赞此点心味道非同一般。后来寇准的家厨也仿照样品并加以改进，做出了这种点心，并起名为"水晶饼"。

11

闻道春还未相识
走傍寒梅访消息
昨夜东风入武阳
陌头杨柳黄金色
碧水浩浩云茫茫
美人不来空断肠
预拂青山一片石
与君连日醉壶觞

巍巍兆域　汉家陵阙

汉阳陵博物院

走进汉阳陵

汉阳陵

是西汉景帝刘启与王皇后同茔异穴合葬的陵园

始建于公元前153年

至公元前126年竣工，陵园总面积20平方公里

修建时间长达28年

汉景帝阳陵博物院位于西安市北郊

是全国重点文物保护单位

是一座建筑风格独特、装饰精美

陈列手段先进的现代化综合博物馆

其建筑采用下沉式结构

充分保护了陵园的整体环境风貌

在1600平方米的展室内

陈列着多年来考古发掘出土的1800件文物精品

琳琅满目，美不胜收

它依托西汉景帝与王皇后同茔异穴合葬的阳陵陵园而建

是一座巧妙融合现代科技与古代文明

历史文化与园林景观于一体的大型文化旅游景区

是中国占地面积最大的博物馆

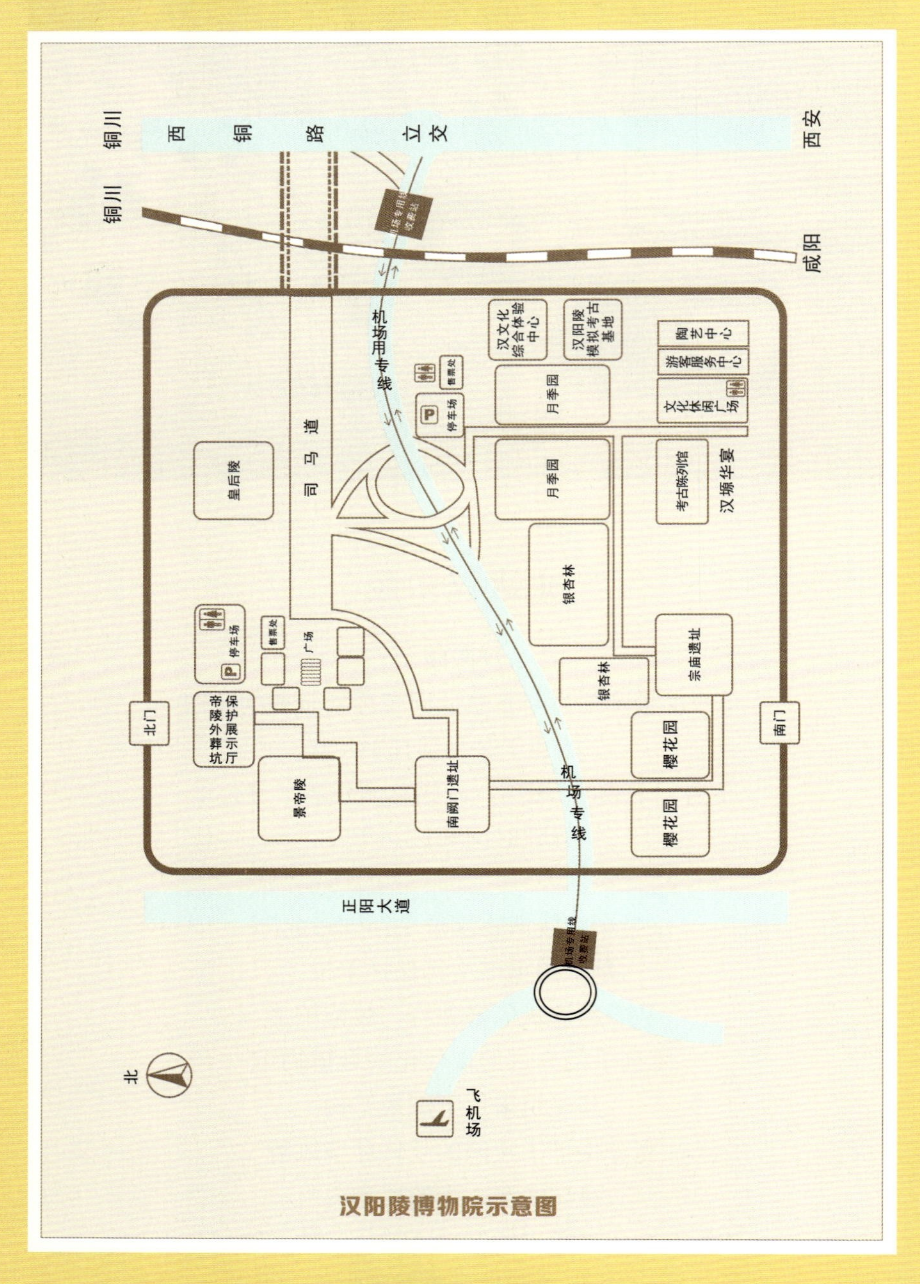

汉阳陵博物院示意图

汉阳陵博物院布局形式

汉阳陵1600平方米的展室内陈列着考古发掘出土的1800件文物。汉阳陵主要由帝陵陵园、后陵陵园、南区从葬坑、北区从葬坑、礼制建筑、陪葬墓园、刑徒墓地以及阳陵邑等部分组成。

汉阳陵博物院概况

汉景帝阳陵博物院位于西安市北郊的渭河之畔
依托全国重点文物保护单位汉阳陵而建立
1999年建成开放

经过四十多年的考古勘探发掘
探明帝陵陵园为方形，坐西向东
封土四周被81条呈放射状的陪葬坑簇拥着
陵园东阙门外的神道长达900米
与宽达110米的司马道相接
向东直通5公里之外的阳陵邑
司马道南北两侧整齐排列着王侯将相和
文武百官的10000余座陪葬墓
陵区内200多座陪葬坑中出土的武士俑
披坚执锐、严阵以待
仕女俑宽衣博带、美目流盼
动物俑累千成万、生动异常
其丰富的随葬品是中国封建帝王
“事死如事生”丧葬观念的真实体现
汉阳陵是迄今发现保存最为完整的汉代帝陵陵园
因而成为人们了解、研究汉代帝王陵寝制度以及
汉代历史文化的重要实物资料

大汉帝陵——雄姿英发　气势恢宏

西汉帝陵的营建理念，根源于“灵魂不灭”的生死观和“事死如事生”的丧葬观，陵园的营建以现实世界为蓝本，是西汉帝国的缩影。汉阳陵北靠九嵕山，南以秦岭连山作屏，东临“泾渭分明”的自然景观，西接秦都旧址。同其他西汉帝陵及累累的陪葬墓群一线排开，傲视苍穹，展现着昔日“大汉雄风”的威武气势。

汉阳陵是汉景帝与王皇后合葬的茔域。因为西汉帝、后各有方形的陵园，采取“同茔异穴”的埋葬方式，称之为“合葬”，所以帝、后合葬的同一陵区也就成了广义的陵园。所谓“阳陵”实际是“阳陵陵园”的简称。帝、后两座陵园，呈西南东北向分布，冢间距400米。封土位于各陵园的中心，在东南西北四面垣墙的中心辟门，前有陵阙，外接

陕西省咸阳市渭城区正阳街道机场公路

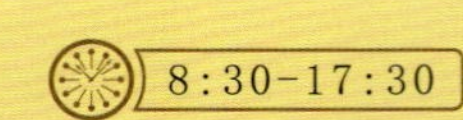

8:30-17:30

汉阳陵

神道。陵区内的一切设施是以帝陵为中心而向外展开的。

阳陵陵园平面呈不规则葫芦形，东西长近6公里，南北宽1至3公里，整个陵园占地约20平方公里，由帝陵陵园、后陵陵园、南区从葬坑、北区从葬坑、礼制建筑、陪葬墓园、徒刑墓地以及阳陵邑等部分组成。南北对称，东西相连，布局规整，结构严谨，是一个宏大而丰富的文物宝库。帝陵坐西面东，居于陵园的中部偏西；后陵、南区从葬坑、北区从葬坑、一号建筑基址等距分布于帝陵四角；嫔妃陪葬墓区和罗经石遗址位于帝陵南北两侧，左右对称；刑徒墓地及三处建筑遗址在帝陵西侧，南北一字排列；陪葬墓园棋盘状分布于帝陵东侧的司马道两侧；阳陵邑则设置在陵园的东端。帝陵陵园平面为方形，边长约418米。高大的覆斗形的封土位于陵园中央，四周陵墙环绕，每边正中设门。布局规整，结构严谨。

 旺季：70元/人

 西安乘坐游4路；咸阳乘5路。

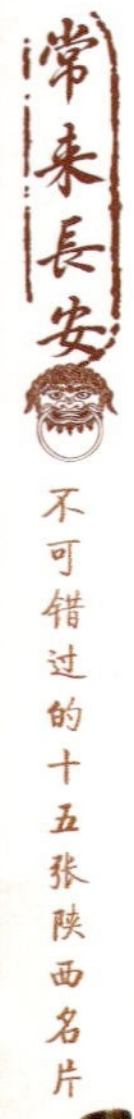

考古陈列馆——聆听埋藏千年的故事

汉阳陵考古陈列馆是一座建筑风格独特、陈列手段新颖的综合展馆。

“巍乎盛景——汉阳陵考古陈列馆基本陈列”展览主题明确，主线清晰，展出精品文物近千件，琳琅满目，美不胜收。内容分为三章8个板块。第一章“静默帝王·盛景创开”，介绍“文景之治”背景下的汉景帝治国理念、历史贡献以及阳陵的规划营建。第二章“微缩帝国·盛景重现”，采用近30年的考古发掘研究成果，通过大量精美的出土文物，重点讲述汉阳陵陵园历史格局及其文化内涵，全面展现汉代物质文化、政治制度及精神生活。第三章“巍峨帝陵·盛景永存”，以图文形式呈现汉阳陵大遗址保护管理与展示利用新方法，传递文化遗产保护新理念。同时，展览采用现代科技手段，设计9处多媒体互动体验区，使观众能够更加切实感受到文物背后的故事。

阙门三出 唯我独尊

唐代诗人李白有两句词："西风残照，汉家陵阙。"阙就是"门阙"，是中国古代一种特殊的建筑形式，一般于宫殿、宅第、陵墓、祠庙等高等级建筑前夹门而建，左右对称，用以标识使用者的身份地位。在汉代，阙的等级森严，一般官员只能用一对单阙，诸侯可用一对二出阙，只有皇帝才能用三出阙。考古发现，阳陵帝陵陵园四正设门，均为三出，与汉制皇帝使用三出阙，二千石以上官员使用两出阙，一般官员只能使用单阙相符，显示出皇家陵园的尊荣。从考古资料看，三出阙由一组大小依次递减的三个长方形阙台组成，连接陵园垣墙的副阙台最窄，主阙台稍宽，门塾处最宽。整体布局规整，结构严谨，空间高低错落有致，气势雄伟，装饰华丽。

帝陵南阙门遗址

南阙门是帝陵陵城四门中的南门，也叫朱雀门。该遗址位于帝陵封土南约120米，由两组对称相连的"三出阙"建筑组成，东西全长134米，南北宽10.4～27.2米，残存高度6米，总面积约2380平方米。阙台、回廊、散水乃至踏步台阶、柱槽遗迹宛然，东西两部分规模基本一致，结构完全相同，充分体现了中国古代建筑的对称设计理念。

帝陵南阙门遗址

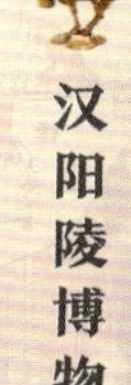

寝园遗址

四号建筑遗址位于帝陵西南约450米处，东西长320米，南北宽210米，占地面积67200平方米。考古勘探揭示，遗址整体为院落式结构，四周由外而内环绕有壕沟、垣墙，墙内东南部发现建筑基址、建筑构件等遗存；1992年在一处室内南北向墙基下出土了伎乐俑、舞蹈俑等二百余件文物，似为祭祀礼乐场景的模拟再现。据遗址方位、考古发现并结合文献记载，该处遗址应为秦汉陵园内重要祭祀场所之一的寝园遗址。

南阙门遗址木柱遗存

微缩帝国——事死如生 巍乎盛景

汉代统治者拥有统御四海的权力，为在地下延续特权，修建陵墓时设置大量外藏坑。考古证实，阳陵陵区内帝陵、后陵、高等级陪葬墓多设有数量不等的外藏坑，象征墓主生前的统辖机构和服务设施。据现有资料推测，从属帝陵的外藏坑或有三个层级：墓圹(kuàng)以外、封土之下(待证实)；封土以外、帝陵围墙之内(86座)；帝陵陵园之外(南北区各24座)。这些外藏坑寓意“宫观和百官位次”，空间方位反映其与皇权的亲疏关系。

帝陵外藏坑位于帝陵封土之外、围墙之内，共探明86座，其中81座围绕封土呈放射状分布，另有5座位于陵园东北部。经考古发掘，封土东侧11—21号外藏坑出土带有“宗正”“太官”“导官”“宦者丞”“东织令”等文字信息的印章、封泥。这些外藏坑或象征西汉九卿之“宗正”及“少府”所属机构。

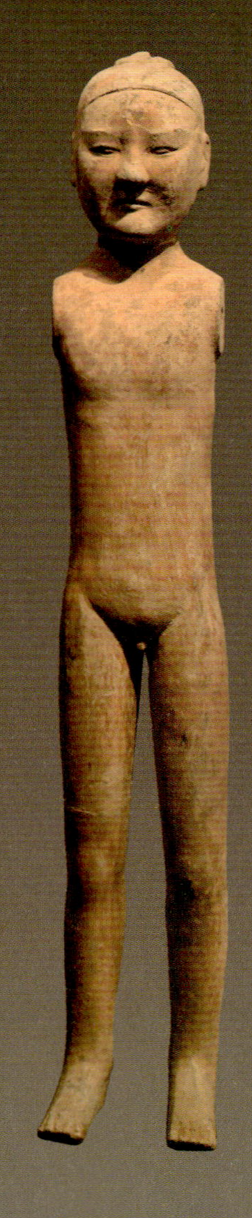

宦官俑

1991年陕西省咸阳市阳陵外藏坑出土

宦官俑——出入后宫的男人

帝陵外藏坑中出土的陪葬陶俑中，有一类生理器官较为特殊者，是目前已知中国最早的宦者形象，为阳陵的重要考古发现之一。

宦官俑是中国发现的最早的宦官模样。宦官这个群体出现的年代很早，《诗经》《韩非子》等先秦典籍上均有提及，但是关于宦官的真实形象却无人知晓。这类陶俑身材矮小，神情羞涩，在生殖器塑造上与其他男俑存在明显区别，工匠写实的刻画，使人们第一次目睹汉代宦官的真容。帝陵17号外藏坑出土铜质鼻纽，左起竖读为反字“宦者丞印”。汉代用印制度，《汉书·百官公卿表》记载：“凡吏秩比二千石以上，皆银印青绶；秩比六百石以上，皆铜印黑绶。”颜师古注引《汉旧仪》：“银印皆龟钮”，“六百石、四百石至二百石以上皆铜印鼻钮”。宦者又名“宦官”，据说此名是出自拱卫在天帝星旁一个叫“宦者”的星座。颜师古注：“宦者，阉人。”为失去正常性能力后进入皇宫侍奉皇帝及其家族的男性。

“大官令印”封泥

帝陵陵园封土东侧14号外藏坑出土。长2.4厘米，宽2.7厘米，厚0.9厘米，重7.8克。泥质土灰色，质地坚硬，整体近方形，背部较平整，正面自右向左四字“大官令印”。“大”字稍残。“大官”即“太官”。太官，少府属官，主管膳食。太官令为太官的最高官员。《百官公卿表》中记载：“少府，秦官……属官有……太官、汤官……十二官令丞。”帝陵陵园封土东侧16号外藏坑出土有“大官之印”铜印1枚。《古封泥集成》有“太官之印”封泥。

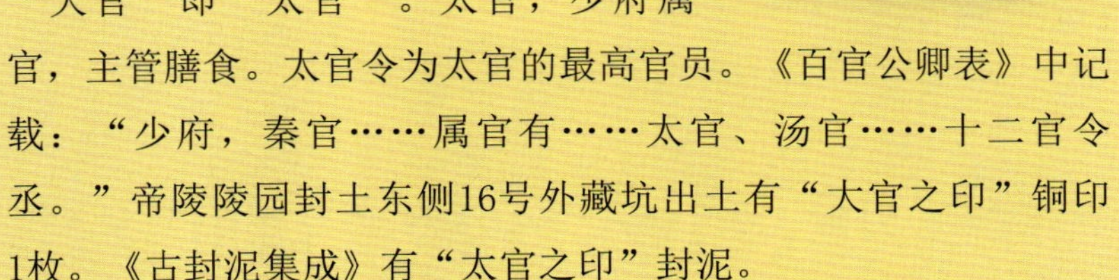

塑衣式彩绘文吏俑

1991年陕西省咸阳市阳陵外藏坑出土

塑衣式彩绘文吏俑——恪尽职守

塑衣式彩绘文吏俑高63厘米。身着黄色右衽交领曲裙深衣，从领口来看其里外共穿三层衣袍。衣领、袖口、衣襟等处皆有红色锦缘。足登船形履，履端高翘。陶俑双手拱于袖中，身体直立并稍稍前倾。从其头顶有残损痕迹和两颊有丝带垂至颌下等情况看，此俑原应头戴冠，因出土时已残损，冠的样式无从得窥。陶俑的发式为额际中分，拢至脑后上折，挽于冠下再梳成髻。该俑天庭饱满，面庞圆润，眉目清秀，胡须外撇，双唇紧闭，是恪尽职守、恭谨唯命的文吏形象。

文官俑身上有两个孔，一个用来挂官位牌(类似今天的IC卡工作出入证)，另一个用来佩剑。据分析，文官出门是可以佩带刀器的。

金印

帝陵南区从葬坑出土，是汉阳陵目前出土的唯一一枚金印。龟钮，方形。钮的龟形，有头无尾，无四肢，龟头前伸，背部微隆，龟甲清楚，龟腹部有一圆形钮孔。左起竖读为反字“车骑将军”，只是一件缩小三分之一的陪葬品，字体笔画起笔和收笔都有刻挤的凸点，没有经过打磨。字体相对比较潦草，不如实用官印字体规整。极有可能是采用錾凿的方法。

着衣式女骑兵俑

1991年陕西省咸阳市阳陵外藏坑出土

着衣式女骑兵俑——眉脊如山 英姿飒爽

1991年出土的着衣式女骑兵俑身高约53厘米，裸体，双腿分开作骑马状。女骑兵俑通体施有橙红色彩绘，头发、眉毛、瞳仁均呈黑色。头发中分，在脑后挽成髻。据考古迹象表明，女骑兵俑原本安装有可以活动的木质手臂，身穿丝质或麻质的战袍和皮质或革质铠甲，由于深埋地下，年代久远，致使衣物腐朽、木臂成灰，出土时以裸体缺臂的状态面世。女骑兵俑眉脊如山，颧骨突出，神情冷峻，目光果敢，显得英姿飒爽又十分剽悍。汉代工匠以健劲的线条表现出了女骑兵勇敢无畏的气概。

铠甲武士俑

铠甲武士俑平均身高约62厘米，裸体，颈项下至双膝之上附着泥土，泥土表面留有清晰的甲片痕迹。陶俑通体施有橙红色彩绘，头发、眉毛、瞳仁均呈黑色。头发由额际中分经两颞，至脑后合拢上折，于头顶绾髻，横笄，笄已朽。据考古迹象表明，铠甲武士俑原本安装有可以活动的木质手臂，身穿丝质或麻质的战袍，战袍之外再穿皮质或革质铠甲，由于深埋地下，年代久远，致使衣物腐朽、木臂成灰，但部分甲片痕迹在陶俑身上保存了下来。铠甲武士俑面庞丰盈，目视前方，神态安详，表现出愉悦、刚强自信的时代风貌。

彩绘陶母猪

1991年陕西省咸阳市阳陵外藏坑出土

彩绘陶母猪——生命繁衍 生生不息

彩绘陶母猪身长44厘米，高24厘米，灰陶质，施以黑色彩绘。身躯肥大，四肢矮壮，大腹下垂，腹下有两排乳头，脖颈粗短，长嘴大耳。其木质尾巴已朽，仅在尾根留有一圆孔。陶母猪塑造细腻，形神兼备，憨态可掬，尤其是那狡黠的小眼、尖长的嘴巴、几乎坠地的两排乳头，让人忍俊不禁。

彩绘陶牛

陶牛身长71厘米，高39厘米。灰陶质，表面着黄色彩绘。陶牛身躯壮硕，脖颈粗短，腹部宽大，四腿强健。头部的刻画细致传神，双耳斜伸，两眼外鼓，眼睑皱折层层，嘴角下弯，鼻孔张开，体现出一股倔强有力的牛气。额和尾部留有圆孔，原安装有木质的犄角和尾巴，由于年代久远，均已朽毁。陶牛整体造型生动逼真，寓动于静，充分显示了汉代工匠在陶塑艺术方面高深的造诣。

微笑陶俑——“文景之治”的幸福写照

塑衣式彩绘陶俑主要出土于建筑遗址和陪葬墓中，造型多样，或端然跽坐，或拥物侍立，或翩翩而舞，或抚琴弹筝，仪态庄重典雅，容貌俊秀，神情闲适安详而又恭谨唯命，似象征着服

务于宫廷、贵族的侍从和舞乐伶人。男女俑皆身着大襟深掩、下摆博长的三重衣（出土时，衣物已腐），这种以曲裾交掩为特征的深衣，体现了汉代中上层社会的常服制度。不但展现了汉代陶塑人体美的韵味，同时也印证了当时衣冠灿烂的盛世文明。

塑衣式跽坐拱手俑

1991年陕西省咸阳市阳陵外藏坑出土

塑衣式跽坐拱手俑——礼仪之邦 自古至今

塑衣式跽坐拱手俑高41厘米，发式前额中分，长发后拢于项背挽成垂髻，髻下分出一缕青丝下垂。身穿白色右衽交领曲裙深衣，衣领、袖口、衣襟等处皆有红、黄两色锦缘。跽坐拱手俑席地跽坐，上身微倾，双手拱于袖中，并以袖微微遮面。其面庞丰润，眉目清秀，鼻梁小巧，温柔俊美，娇羞矜持，举手投足间尽显中国古代女性之古典美。

伎乐俑

伎乐俑高55厘米，发式前额中分，长发后拢于项背处挽成垂髻，髻下分出一缕青丝下垂。伎乐俑面容清秀，内穿交领长袖舞衣，外罩右衽广袖长裙，右臂扬起似甩袖于肩，左臂微垂似长袖舒展，使一段美妙的舞蹈凝固在一个瞬间。伎乐俑造型传神，刻画细腻，反映了汉代工匠高超的雕塑技艺。舞袖技艺的发展，大大丰富了我国传统舞蹈的表演功能。“巾舞”是加长了的舞袖，从而使其具有更多变化。

青龙瓦当

朱雀瓦当

1991年西安汉长城遗址出土

四神瓦当

保佑宗庙乃至社稷江山永固

白虎瓦当

玄武瓦当

“长乐未央”文字瓦当

1991年陕西省咸阳市阳陵外藏坑出土

“长乐未央”文字瓦当——寓意满满 祝福绵长

“长乐未央”，汉代常用吉语，意为永享安乐而无穷尽。“未央”一词，初见于可能成文于西周的《诗经·小雅·庭燎》“夜如何其，夜未央”，到战国秦汉时更是多见于文学作品，如屈原《九歌·云中君》“灵连蜷兮既留，烂昭昭兮未央”，汉代祭神歌《赤蛟》“灵殷殷，烂扬光，延寿命，永未央”，体现出时人对现世欢乐永恒不灭的美好祈愿。这种精神追求往往以对神仙的构想为载体，成为汉代代表性的社会思想风潮。“长乐”“未央”之意也在汉代对宫室的命名中得到了演绎。汉长乐宫，本为秦咸阳渭水以南离宫兴乐宫，高祖刘邦定都长安后以之为皇宫。汉未央宫，位于长乐宫之西，规模更大，由汉初名相萧何以“壮丽重威”为名替高祖营建；随后未央宫为皇宫，长乐宫则为帝太后所居，形成了汉长安至关重要的两宫格局。

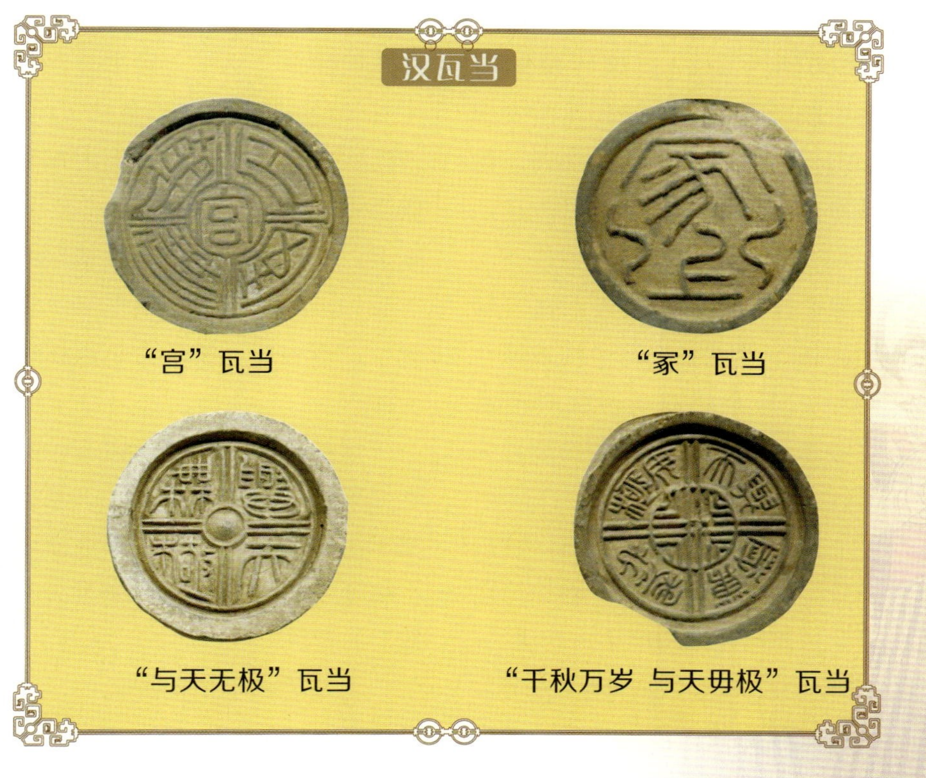
汉瓦当

“宫”瓦当

“冢”瓦当

“与天无极”瓦当

“千秋万岁 与天毋极”瓦当

满嘴流油 唇齿留香

腊汁肉夹馍

腊汁肉在西安是大家非常熟悉的一种风味佳肴。相传腊汁肉早在战国时期就有，称为“寒肉”。当时位于秦、豫、晋三角地带的韩国已能制作。秦始皇统一六国以后，其制作技艺便传到了今西安。经世代流传、演变，即成为今日的秦味腊汁肉。北魏贾思勰的《齐民要术》就已经记载了“腊肉”的制法。

西安的腊汁肉当属“樊记”腊汁肉最为出名。清光绪三十年（1904年）时，祖籍“厨师之乡”陕西蓝田的樊炳仁在西安南院门卢进士巷经营起腊汁肉，他继承唐代传统技法并加以改进，在与其子樊凤祥的共同主持下，樊家腊汁肉风味独特，在诸多腊汁肉铺中独树一帜，名噪古城。1989年5月荣获商业部优质产品“金鼎奖”。近些年多次被评为省、市名优小吃。

腊汁肉不仅色泽红润，软烂醇香，而且营养丰富。制作工艺是：把肥瘦适度的鲜猪肉切成2～3斤重的长条状，洗净沥干水分，将肉皮朝上整齐地放在陈汤老锅内。再将八角、桂皮、丁香、草果、花椒等20多种调料用纱布袋装好，投入锅中。在上面再压一个铁箅，使肉全部浸入腊汁汤里。用大火烧开后再改用小火焖煮，并不断撇去浮沫。焖煮两小时后把肉翻过，再用微火焖煮3～4小时便熟了。把肉捞出锅，沥净汤汁，拆去骨头，即可食用。

吃樊记腊汁肉，最好是用刚出炉的白吉饼夹着吃。这种白吉饼用上好的面粉发酵，擀得中间厚、四周薄，烙得皮脆里暄，白生生如一轮满月，名“白ji馍”。中间这个字，现在大都写成“吉”，有的写成“剂”。实际上，这个字应该写成“棊”或“碁”，也就是古“棋”字。说透了，形容饦饦馍像白色围棋子一样。

这样的肉夹馍馍酥肉香，回味无穷。于是世人便有了“肥肉吃了不腻口，瘦肉无渣满嘴油，不用牙咬肉自烂，食后余香久不散”的赞誉。

真是“满嘴流油唇齿香，奇名美味誉三秦”！

幽深足暮蝉
惊觉石床眠
瀑布五千仞
草堂瀑布边
坛松涓滴露
岳月泬寥天
鹤过君须看
上头应有仙

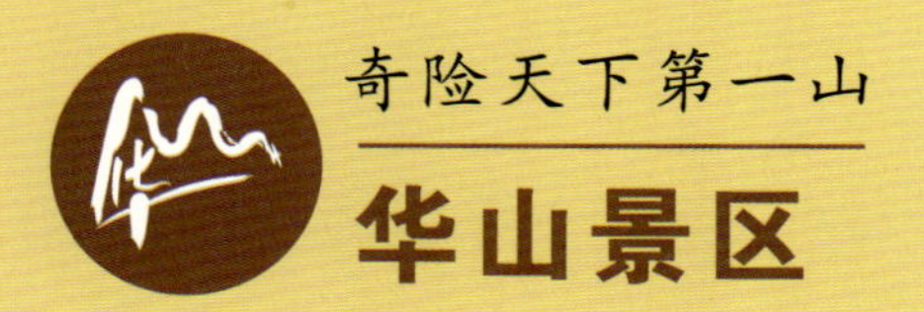

奇险天下第一山

华山景区

西岳之雄姿——华山如立

千百年来
华山以它的雄姿吸引了众多的游客
明代著名旅行家徐霞客在《游太华山日记》中记述
“未入关，百里外即见太华屼出云表，
及入关，反为冈陇所蔽。行二十里，忽仰见芙蓉片片，已直造其下，
不特三峰秀绝，而东西拥攒诸峰，俱片削层悬”
唐代大诗人李白在《西岳云台歌送丹丘子》中写道：
“西岳峥嵘何壮哉！黄河如丝天际来……
巨灵咆哮擘两山，洪波喷箭射东海
三峰却立如欲摧，翠崖丹谷高掌开
白帝金精运元气，石作莲花云作台。”
诗人以浪漫主义的想象，描写了华山的雄奇和险峻

人们常这样形容五岳
“恒山如行、泰山如坐、华山如立、衡山如飞，嵩山如卧”
“华山如立”形象地概括了华山的高峻挺拔
唐代诗人张乔“谁将倚天剑，削出倚天峰”
“卓杰三峰出，高奇四岳无”的诗句
描写出华山的英姿飒爽

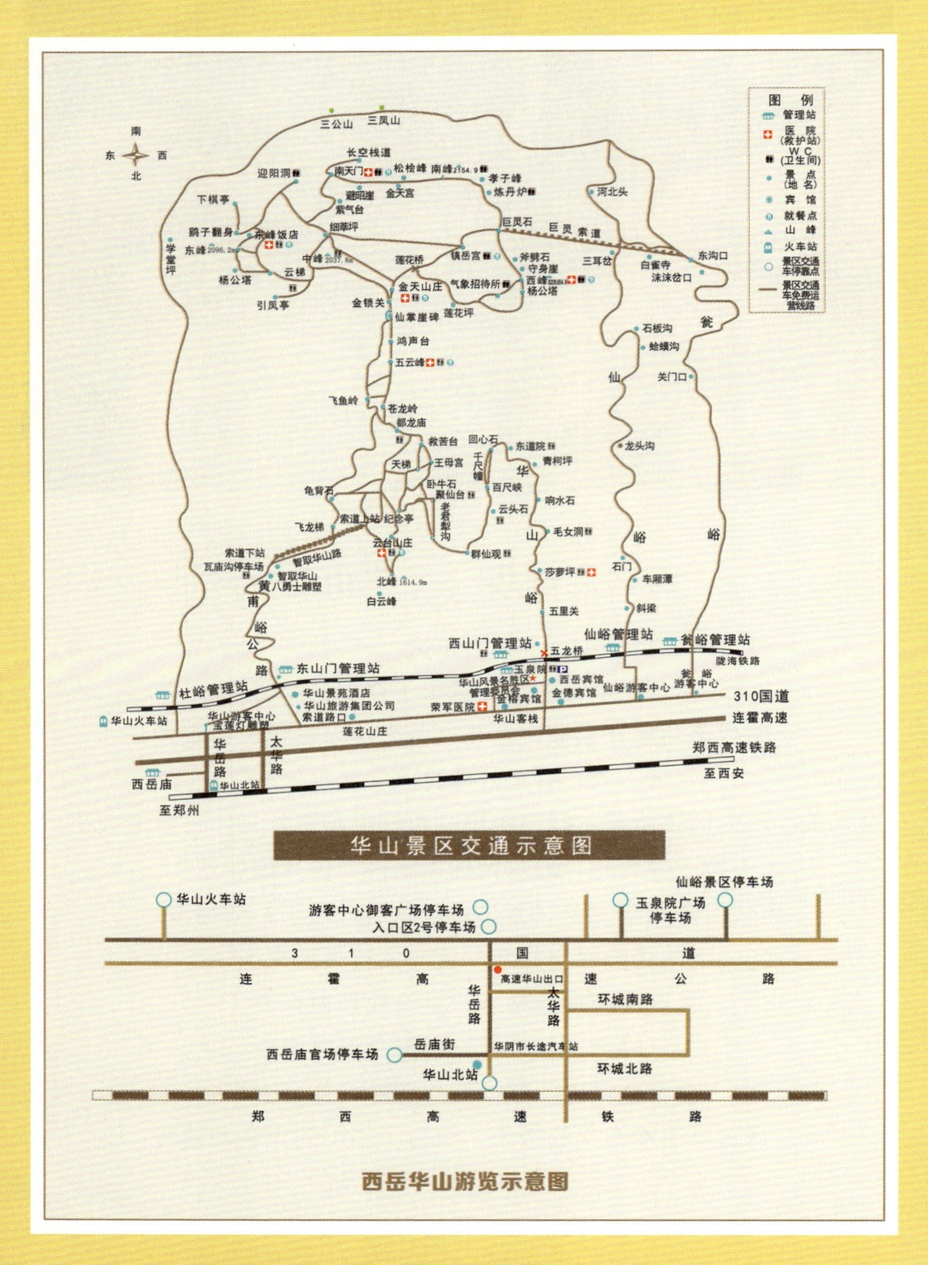

华山八大风景旅游区

华山主景区由五峰、三峪组成，分为八大风景旅游区，即华峪风景区、云台风景区、莲花风景区、落雁风景区、朝阳风景区、黄甫峪风景区、仙峪风景区、玉女峰风景区。

华山概况

华山
古称“西岳”
是我国著名的五岳之一
位于陕西华阴市境内
西距西安 120 公里
它南接秦岭
北瞰黄渭
扼守着大西北进出中原的门户
素有“奇险天下第一山”之称
华山是由一块完整硕大的花岗岩体构成的
它的历史衍化可追溯到1.2亿年前
据《山海经》记载
“太华之山，削成而四方，其高五千仞，其广十里”
华山有东、西、南、北、中五峰
主峰有南峰“落雁”、东峰“朝阳”、西峰“莲花”
三峰鼎峙
势飞白云外，影倒黄河里，人称天外三峰
还有云台、玉女二峰相辅于侧，三十六小峰罗列于前
虎踞龙盘，气象森森，因山上气候多变
形成云华山、雨华山、雾华山、雪华山
给人以仙境美感

《华山风骨》渭南 / 党宽阳

华峪风景区——自古华山一条路

华峪也叫华山峪，是华山风景区的中心峪谷。峪道曲折，峻峰林立，是华山景区各峪谷中景观最多、分布密度最大的峪谷。

按习惯说法，华山峪从峪口至青柯坪20里，青柯坪至南峰顶又有20里的路程，所谓“四十里路向上爬”。历代名人在此留下了大量的诗文和趣事轶闻，使华山峪成为自然景观和人文景观最

陕西省渭南市华阴市玉泉路南段  8:30-17:30

华峪风景区牌坊

密集的地方。华山峪已经成了华山的代名词。

徒步登华山，必须从玉泉院出发，过鱼石、灵官庙、五里关、青柯坪，经“回心石”、千尺幢、百尺峡和老君犁沟到北峰。从北峰南上，经擦耳崖、苍龙岭、“韩退之投书处”，过五云峰到金锁关，从这里可分别前往东、中、南、西四峰。徒步遍游五峰一般要10小时左右。

 旺季：160元/人；淡季：100元/人

 西安火车站旅游专线车游1路

玉泉院——全真派圣地

玉泉院始建于宋神宗皇祐年间(1049—1051)，是道士贾得升为师傅陈抟所建的祠堂。因宋太祖赐陈抟号“希夷先生”，所以古时将玉泉院大殿称为希夷祠。称玉泉院，是因为有一个奇妙的传说。原来这里有一股明净的泉水，晶莹如玉。山顶西峰下边的镇岳宫院内有一玉井，据说唐玄宗的妹妹金仙公主在华山修道，有一天，在玉井取水洗浴时，不慎将头上的玉簪坠落井中，第二天下山后在希夷祠休息，当她在泉水里洗头时，却意外地发现了掉在玉井中的那枚玉簪，这证明该泉与玉井相通，因此人们就给这个泉起名“玉泉”，并将此处称为“玉泉院”。“山不在高，有仙则灵”。2000多年来，有多少名人高士曾会聚于此，讲学修炼。

玉泉院为园林建筑，充分利用优美的自然环境，精心设计，巧妙构造，使山上山下的景色融为一体，整体布局十分严整。院内流水潆洄，绿荫蔽日；长廊迂回，碑石题记；雕梁画栋，亭榭相望。游人至此，心旷神怡。康有为就曾写诗赞美道：

谷口清泉引曲流，
长廊回合树无忧。
泉声岳色可忘世，
让与希夷睡万秋。

玉泉院的大门为明柱挑檐式建筑。大门的上方悬有郭沫若题写的匾额“玉泉院”三字，苍劲有力。大门前路旁的高大杨树，是当年冯玉祥将军亲手栽植的，已有两抱来粗。

玉泉院

希夷祠

经过百狮台，便来到了玉泉院的主体建筑区，这里采用江南园林式建筑风格，以水池为中心，周围有亭、台、楼、阁，给人以小中见大的感觉。

希夷祠

希夷祠是玉泉院的主体建筑，分前殿和后殿两大部分，前殿供奉的是道教华山派的创始人郝大通，殿外立着许多碑刻，有历代名人歌颂华山诗碑、“华山全图碑”和宋代书法家米芾的“第一山”碑，门楣上的“古松万年”匾为清光绪皇帝所题。后殿是道士们节日期间做道场和庆祝的地方。殿内供奉陈抟的坐像。门上悬有慈禧太后书写的“道教清妙”匾额。门楣两边有两幅画，左面一幅是赵匡胤与陈抟下棋赌华山的画面，位置在华山东峰；右面则是表现陈抟驾五龙来华山的画面。整个图画生动形象，气韵极佳。

五里关——天险第一关

五里关被称为华山天险第一关。古时，此处西依绝崖，东临深壑，形势险要。当地人为逃避兵灾匪祸，多在此据险设关，垒石为城，有一夫当关、万夫莫开之势。入关门顺石阶向西行至山下，有一石洞，名叫三宫洞。洞为半球形，内塑有神像，是明万历年间开凿的。洞口上边刻有“人闻清钟”四个大字。在“三宫洞”的上面，又凿有一个小洞，仅能容身，因地势险要，非英雄好汉不能攀登，所以取名叫“好汉洞”。

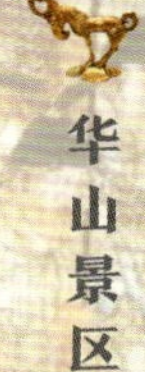

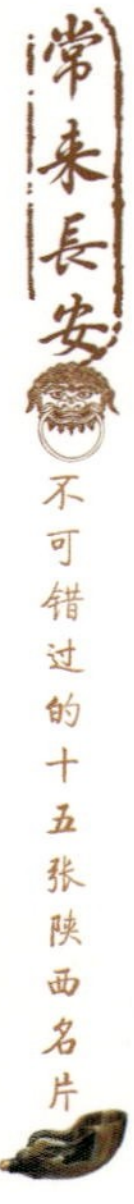

华山大上方

华山大上方——真正的华山险道

华山的大上方位于华山峪道6里处，是华山道士焦道广隐居时的住所。

从小上方南端，沿着一条可攀链而行的险路拾级而上，首先见到一石门，此称西元门，据《岳志》记载，这是当年唐玄宗找金仙公主的地方。门北有一个“老爷洞”，从这里向西南望，对面绝壁上刻有“云峰”两个大字，苍劲有力而又飘逸洒脱。从老爷洞沿壁拉索，向东北方向而上，路上有一块呈马鞍形的巨石，这叫马鞍桥。值得一提的是这里有一处刻石题字：“周道谨、王文友重修唐时古道，建炎三年四月终功毕记。”当时陕西已是金人统治范围，石工们却大胆地刻上大宋年号，并刻上自己姓名，充分表现了劳动人民不屈不挠的民族气节。

由马鞍桥一下一上，便来到了“雷神洞”，此为一天然石洞，形似竖井，四壁如刀削一般，仅容一人上下。洞边有一木梯，上端在崖壁间凿孔架一独木桥，游人挽索登桥贴壁而上，十分惊险。石壁上刻有“洞在高山”四个大字。出洞四望，豁然开朗，峰峦叠嶂，林木苍郁，清泉淙淙，更给人一种“无限风光在险峰”之感。

毛女洞——通身长毛　身轻如燕

由莎萝坪南行约1里处，道路变陡，坡道改为台阶，经过“之”字形路的十八盘，见高台上有一仿古建筑，这便是毛女洞。西边山峰为毛女峰。毛女洞为一天然石龛，就龛建庙，供毛女彩绘坐像一尊。传说是毛女隐遁栖身处。

毛女是何许人也？

毛女，名玉姜，秦始皇宫女。因避骊山殉葬的灾难，负琴与秦宫役夫相携逃入华山。后来经高士指点，饥食松柏籽，渴饮清溪泉，致使体生绿毛，行走如飞。至西汉年间，毛女年龄已一百余岁。传说世人都看见过她。太宗年间，陶太白、尹子虚曾在华山见到毛女，并一同饮酒赋诗。毛女吟咏道：

谁知古是与今非，闲蹑青霞和翠微。

箫管秦楼应寂寂，彩云空惹薜萝衣。

据华山道士传，就是在今天，当夜深人静时，仍然能听到毛女洞如泣如诉的琴声。现今毛女洞尚存，但因攀登道路艰险，且为荆草所塞，久无人迹。

青柯坪——华山的小蓬莱

青柯坪因坪上多生青柯树而得名。坪地面积约40余亩，地势平坦，土壤肥沃，水帘洞瀑水下行穿坪而过，是华山最大的坪地。

到这里恰好为登山路程的一半，也是华山峪道的尽处。这里三面环山，呈圈椅形，四周壑静谷幽，泉石奇秀，浓荫蔽天，翠峰云绕，登临如同仙境，故又有“小蓬莱”的美称。

由坪上放眼环视，可观赏莲花峰、凤凰岭、狮子岭以及水帘洞、二仙下棋、寿星石、凤凰单展翅、白马过桥、狮子滚绣球等景观。明范守已在《青柯坪》一诗中生动地描述了这里的景色：

四望群峰绕，
千盘一路通。
岩居皆羽客，
悬度总仙宫。
树影摇深壑，
泉声落半空。
登临聊驻足，
屐齿欲凌风。

千尺幢——太华咽喉

千尺幢在华山峪回心石上，是华山著名险道之一，也是华山峪登主峰的必经之道。这里原为一崖间裂隙，宽仅三尺，直立70度。后来人们沿缝隙开凿成路，并砌了石阶370级。阶宽仅容半足，游人登临，仰视一线天开，俯视若临深井，故又名“天井”。原幢口置有铁盖，盖上铁盖则可完全封闭路径，幢壁“太华咽喉”石刻真是名副其实。

经千尺幢登华山主峰始于汉代。《七修类编》中记述，汉代时有人从北斗坪望见猴子从这道裂隙上下，胆大好奇者便跟着猴子走过的踪迹爬上主峰。《水经

千尺幢

注》记述，魏晋南北朝时期，千尺幢上下只能容纳一个人，而且开凿的脚窝左右距离很远，人在空中只能左一转右一转，“迂回顿曲而上”，岩壁上细小的流水，不时沾湿衣服，更增加了登攀的困难。快出井口时，仰望天空，好像在屋里看天窗。经唐、宋、元，直至明末清初才开凿了石阶。民国时几经加固，新中国成立后多次凿修，才成今日的情形。1985年，华阴县人民政府于幢北凿刻复道，上下游人，各行其道，安全系数大增。

百尺峡——虽云百尺峡　一尺一千仞

百尺峡又名百丈崖，在千尺幢上，是与千尺幢齐名的著名险道。此处两块岩石壁立欲合，依崖隙直立一鱼脊形巨石，呈90度，高46米，沿石脊凿阶91级，阶宽仅容半足。旁有铁索，游人须手挽铁索，足踩石阶向上攀登。

百尺峡

明清以前，百尺峡同千尺幢一样，并无石阶，仅几个石蹬窝而已。《水经注》记述，魏晋南北朝时，游人“东上百丈崖，升降皆需扳绳挽葛而行矣”。明时蹬窝有所进，但攀登依然很难。明末崇祯年间举人顾端木诗中描述了百尺峡的艰险：“幢去峡复来，天险不可瞬。虽云百尺峡，一尺一千仞。”清乾隆年间进士郭振定《登华山记》中记述了自己过百尺峡的感受，非常生动形象。文章说：千尺幢上，又一崖斜出，好像半个螃蟹的身子，人从下面走，仰不见天日，石蹬窝同千尺幢相似，岩石凸出的地方，置木楔，脚踩在木楔上，两臂紧紧抱住岩石，岩壁上的石窝仅仅容得下指头尖，在没有手窝的地方，置有铁栈，回看走过的路，两条腿就直打哆嗦。

新中国成立后，对百尺峡险道进行了多次重修加固。1984年全面拓修华山路时，在峡东崖凿拓复道，游人可安全上下。

群仙观

群仙观又名白云庵，也称媪神祠，因供奉地神而得名。曾有人描述群仙观："白崖旁嵌屋，凌空架楼阁。云起庙微露，俨然图画中"。

群仙观下边有一曰"二仙桥"的之字形桥。此桥原为石条，曾有人题诗："绝壑两飞架，岩岩尺有咫，无级亦无栏，白云生涧底。"现桥为1984年重建。

群仙观上边有"洞里瓮"，为华山四谜之一。绝壁上凿一石洞，洞口很小，洞里有一大瓮，人们不知是先有洞，还是先有瓮。遗憾的是瓮已被毁。

老君犁沟——太上老君青牛犁

老君犁沟是指群仙观到北峰中段猢狲愁的一段槽形险路。旧时，因路在陡峭直立的崖石上，无石阶又无垂索可用，行人至此，必须弓腰曲背，依仗崖石上的石窝，手脚并用，方可攀上北峰，所以民间有"千尺幢、百尺峡，老君犁沟往上爬"的俗语。相传古时，太上老君骑青牛路过华山，见开山凿路的工匠们万般辛苦，动了恻隐之心。于是就解下随身佩带的如意化为犁铧，套青牛拉犁开出此道，路因此得名。今沟左顶端还有"老君挂犁处"景观，原置铁犁一张，高丈余，游人至此，皆履险攀崖，手扶其犁，以祈求农事吉祥。沟右顶端有铁牛台景观，传说是当年老君拴牛处。只可惜铁牛不知何处去，只留牛台空悠悠。关于老君犁沟的称谓，道家称其为"离垢"，传说老君来到了这里，才真正地将红尘琐事、酒色财气统统抛在脑后，超尘拔俗成为仙人。因"离垢"与"犁沟"谐音。久而久之人们就称其为"犁沟"了。

老君犁沟

擦耳崖

擦耳崖——徒步华山五大险关之一

擦耳崖指北峰口至天梯的一段险道。路西傍悬崖峭壁，东临万丈深壑，古时路面非常窄，只能容得下一只脚，行人通过时，必须肚腹紧贴着崖壁，双手抠着石窝，但由于“受手者不没指，受足者不尽踵”，就只能像粘在崖壁上的老鼠一般，摩面擦耳，横移而过，以致崖壁上的青苔把耳朵都染绿了。明袁宏道有一首《擦耳崖》诗，把过擦耳崖的感受吟咏得非常形象生动。攀登华山，需经历的五大险关是“千尺幢、百尺峡、老君犁沟、擦耳崖、苍龙岭”。

日月岩——光明与权威的象征

华山以石著名，每一处奇石都有一个美丽而动人的传说。过了擦耳崖，有两块石头叫“日月岩”，左边的代表“日”，右边的代表“月”，上面的四个字是“云天弧光”，有时在夜晚，这里会出现一道非常耀眼的光。相传武则天当年上华山走这里，看到这两块形似日月的石头，就别出心裁地给自个儿的名字创造了一个“曌”字，因为这两块奇石上顶青天，下临空谷，唯我独尊，是光明与权威的象征。

日月岩

苍龙岭——韩退之投书处

苍龙岭指五云峰下的一条刃形山脊，是华山著名险道之一。因岭呈苍黑色，势若游龙而得名。岭西临青柯坪深涧，东临飞鱼岭峡谷，长约百余米，宽不足三尺，游人在上面行走时，心旌神摇，如在云端，惊险非常，因此便产生了韩愈在此畏险大哭、投书求助的故事，留下了苍龙岭“韩退之投书处”的胜迹。

五云峰——千折百回　别具一格

五云峰在苍龙岭上，金锁关下，是一座南北走向的峰头。西面下临深壑，崖壁陡峭。东面较平缓，是攀登东、西、南三峰的必经之地。峰上盘山道路千折百回，别具一格，路两边青松成林，风景秀丽。每当深秋季节，松翠枫赤，山花耀目，在阳光照耀下，犹如五色彩云，峰因此而得名；又因峰位置居东、西、南、北四座主峰中央，古时也曾称为中峰。五云峰自然景观很多，以奇石古松为最。有名的如八公龛、上马石、将军面、单人桥、五老松、夫妻松、卧虎松、锦鸡守玉函等。

苍龙岭

焦公石室 仙油贡 神土崖

焦公石室、仙油贡和神土崖皆因焦道广的传说得名。相传北周武帝时，道士焦旷，字道广，独居云台峰，餐霞饮露，绝粒辟谷，身边常有三青鸟向他报告未来之事。武帝宇文邕闻知他的大名，便亲临山庭问道，并下令在焦公石室前建宫供他居住。筑宫时，峰上无土，缺乏灯油，焦道广默祷，便有土自崖下涌出，源源不绝；油缸里的油也隔夜自满，用之不竭。后来人们就把涌土的地方叫神土崖，把放油缸的地方叫仙油贡。

智取华山纪念亭

智取华山纪念亭、纪念碑

1949年华阴解放前夕，国民党陕西省第八行政督察区专员兼陕西保安第六旅旅长韩子佩率残部百余人逃上华山，妄图凭借天险负隅顽抗，作最后挣扎。我中国人民解放军在华阴群众的帮助下，打破“华山自古一条路”的传说，从黄甫峪攀上北峰，奇袭残匪，创造了神兵飞跃天堑、英雄智取华山的奇迹。真武殿前百米处建有飞檐斗拱、六角攒尖顶华山花岗岩石亭一座，亭中立有解放华山纪念碑一通。从此，北峰又成为向青少年进行爱国主义教育和革命传统教育的现场与课堂。

金锁关——通天门

金锁关是建在三峰口的一座城楼状的石拱门，是经五云峰通往东、西、南峰的咽喉要道，锁关后则无路可通。杜甫《望岳》诗中“箭栝通天有一门”就指的这里。道家认为，华岳为仙乡神府，只有过了通天门，才算进入仙境。所以有“过了金锁关，另是一重天”的民谣。

关门城楼始建于唐朝，明末道士胡真海进行了大规模的改建和修葺。康熙十八年（1679）道士阳隐重修。民国三十四年道士袁高善又重修。1955年道士韩法升再次重修。由于天灾人祸，原建筑毁废，仅存残迹。1985年当地政府重新修筑关门，形制规模皆佳于前。

金锁关北接五云峰，南控华山主峰，东西两侧壑深千丈，关前仅有一米宽的台阶石径。环周古松苍翠，奇石林立，常有祥云环绕，风光旖旎。站在关前，北可观锦鸡守玉函奇石，西能望老虎口景观。关内关外登山路两侧铁索上情侣锁、平安锁重重叠叠，红绳彩线迎风摇曳，真是一道美丽的风景。

金锁关

北 峰——云台风景区

北峰海拔1614.7米，为华山主峰之一，因位置居北而得名。北峰四面悬绝，上冠景云，下通地脉，常有白云缭绕，有若云台，因此又名云台峰。唐李白《西岳云台歌送丹丘子》诗曾写道：“三峰却立如欲摧，翠崖丹谷高掌开。白帝金精运元气，石作莲花云作台。”

峰北临白云峰，东近量掌山，上通东、西、南三峰，下接沟幢峡危道，峰头是由几组巨石拼接，浑然天成。绝顶处有平台，原建有倚云亭，现留有遗址，是南望华山三峰和苍龙岭的好地方。峰腰树木葱郁，秀气充盈，是攀登华山绝顶途中理想的休息场所，1996年开通的登山缆车上站，即在北峰之东壁。

鹞子翻身——眼要看准 膝要顶住 脚要踩稳

鹞子翻身是通往下棋亭的必由之路，为华山著名险道之一。悬崖上垂链十余丈，游者攀链沿阶而下，必须侧足转身而过，所以取名“鹞子翻身”。近年华山管理局已对鹞子翻身险道全面整修，凿深脚窝、石阶，更换了多处铁索、铁桩。

下棋亭——凹凸不平 状若棋局

这座三面悬崖、孑然独立的小山峰，上面原建有铁亭，旁边还放置着棋盘，游人一看便知是“下棋亭”。相传汉武帝时，卫叔卿修道于华山，武帝命使臣及其子度世到华山去诏还，他们去时见卫叔卿与几个人博弈于石上，因而这里又名“博台”。

杨公塔——爱国志士杨虎城所建

杨公塔在东峰的北端。1931年春，杨虎城将军游览了华山，下山后对华山诸景赞不绝口，杨将军的母亲听后对游华山也产生了极大兴趣。于是杨虎城将军着手整修山路，在险处都加索置栏。秋后陪同母亲登临太华览胜。为了纪念此游，杨将军于落雁峰上修亭一座，人称杨公亭，并于东峰、西峰各建塔一座，人称杨公塔。

东 峰——朝阳风景区

东峰海拔2092米，是华山主峰之一，因位置居东得名。峰顶有一平台，居高临险，视野开阔，是著名的观日出的地方，人称朝阳台，东峰也因之被称为朝阳峰。

东峰由一主三仆4个峰头组成，朝阳台所在的峰头最高，玉女峰在西，石楼峰居东，博台偏南，宾主有序，各有千秋。古人称华山三峰，指的是东、西、南三峰，玉女峰则是东峰的一个组成部分。今人将玉女峰称为中峰，使其亦作为华山主峰。

华岳仙掌——巍然矗立 光彩壮丽

东峰有景观数十处，华岳仙掌就是东峰奇景之一。掌迹在东北处的仙掌崖上，在东峰是看不见的，而在华山车站附近却看得十分真切。它五指俱备，宛如左掌。关于“仙掌”的来历，还有一段奇妙的传说：相传，最初山西首阳山和华山是相连的，黄河水流到此，被山阻挡。于是华山脚下的华阴、潼关、朝邑等县便形成了一个湖泊。大禹治水时，要在两山间凿一豁口，让水流走，他的开山精神，感动了黄河之神巨灵。巨灵神右手推首阳山， 左手推华山，才将两山推开一条峡谷，黄河水便向东奔腾而去。巨灵神的左手印留在了华山上，所以被称为“仙掌”。当然，仙掌乃自然现象，为岩石风化所致。但因它奇瑰壮丽，被列为“关中八景”之首。

中 峰——玉女峰风景区

过了金锁关顺左边石条路直往前行，前边的一个山头就是中峰，中峰也叫玉女峰，海拔2042.5米，是华山五座主峰之一。

吹箫引凤的美丽传说

关于玉女峰，还有一段美丽的传说。相传当年秦穆公膝下无女，终日郁郁寡欢。一天，使者献上一块宝玉，正值欣赏之时，宫女来报："娘娘生下一女孩。"穆公大喜，便取名"弄玉"。弄玉公主长到十六岁时姿容姣美，聪慧过人。一天晚上，

她在楼上用笙吹一曲《凰寻凤》，清音悠悠，如泣如诉。忽然，从东方传来阵阵箫声。起初，她以为是笙的回音，后来仔细听，却是《凤求凰》。一会儿，云中飘来一位美貌少年，自称是华山明星崖萧史，而后飘然而去。公主一见钟情，昼夜相思。穆公得知后命大将孟明到华山，请回萧史与公主结成夫妻。

一天萧史对弄玉公主说："我想回华山修道，不知公主意下如何？"公主欣然应允。二人便乘龙跨凤，不辞而行，飞到华山明星崖。为纪念萧史弄玉，后人在此修建了"引凤亭"，在山峰上修建了玉女祠，祠内原供有玉女石像一尊，内有康熙皇帝赐的黄罗伞和蟒袍、慈禧太后赐的凤冠玉带、光绪皇帝上山时居住过的"龙床"，只可惜均被毁于"文革"时期，现祠为重建，玉女塑像为1983年重塑。

南 峰——落雁风景区

南峰海拔2154.9米，是华山最高主峰，也是五岳最高峰，古人尊其为“华山元首”。登上南峰绝顶，顿感天近咫尺、星斗可摘。举目环视，但见群山起伏，苍苍莽莽，黄河渭水如丝如缕，漠漠平原如帛如锦，尽收眼底，使人真正领略到华山高峻雄伟的博大气势，享受如临天界、如履浮云的神奇情趣。

落雁峰名称的来由，传说是因为回归大雁常在这里落下歇息。峰顶最高处就是华山极顶，登山人都以能攀上绝顶而引以为豪。历代文人在这里豪情大发，赋诗挥毫，留下的诗文记述颇多。峰顶摩崖题刻更是琳琅满目。宋代名相寇准写下了“只有天在上，更无山与齐。举头红日近，回首白云低”这脍炙人口的诗句。

仰天池——人间天池

仰天池在南峰顶上，池的形状不规则，深有3尺，面积约2平方米，池水清澈，涝不溢，旱不竭，也是华山四大谜之一。这里是华山最高处，“华山绝顶”石碑就立在池边。

仰天池

金天宫——金天大利顺圣帝

金天宫是华山上最为宏伟壮观的建筑。是专门为供奉白帝而建的，也称白帝祠。白帝即少昊，传说是古代东夷族首领，名挚，号金天氏。在五岳中他是主管华山的神，掌管、分发天下金、银、财、贝，是财富的化身。“想发财，华山来”成了当地一句流传广远的谚语。因庙内主殿屋顶覆以铁瓦，也称其为“铁瓦殿”。

金天宫

长空栈道——面壁贴腹 屏气挪步

长空栈道居华山著名险道之首。栈道路分三段，出南天门石坊至朝元洞西，路依崖凿出，长20米，宽二尺许，是为上段；折而下，崖隙横贯铁棍，形如凌空悬梯，游人须挽索逐级而下，称之“鸡下架”，是为中段；西折为下段。筑路者在峭壁上凿出石孔，楔进石桩，石桩之间架木椽三根，游人至此，面壁贴腹，脚踏木椽横向移动前行。由于栈道险峻，故当地人有“小心小心，九厘三分，要寻尸首，洛南商州”之说。长空栈道是元代陇西贺元希来华山时所凿。他初来时，住在山外的“全真观”里。因那里接近红尘，不便羽化成仙，又在南峰开凿“朝元洞”。后来觉得也不好，又开“贺祖洞”。凿洞必先开道，所以这里的一切，全是这位开山元勋和他的徒弟们凿出来的。所以，后人才把他尊为华山一位神来供奉。今天我们登华山时，有些险道连登都不敢登，可见贺元希当初凿洞是何等的艰辛了。

南天门——金光万道滚红霓

从东峰下坡西行，再沿石台阶上行不远便是南天门，因人到此处有升上天界之感而得名。南天门也叫“文昌宫”。此处为华山主要景点之一。明清时这里原有一座石坊。《太华图论》中记载：有“石坊而为南天门”。现存有前殿、上殿。

前殿大门上方悬有一匾额，上书“南天门”三字，是1982年李尔重题写的。出前殿南门，顺台阶上去就是上殿，1982年在这里塑雷神像一尊，造型别具一格，形象极为生动：雷神手持神鞭，面带愁容，若行雷则对人间有害，倘若不行雷则天王降罪，因此上下为难。上殿南边有一平台，台沿围有栏杆，在此可观险景。升表台在一巨石上，三面临空，仅20多平方米，凭栏下视，烟雾茫茫，使人心惊肉跳。这里是祭天神的地方，每逢暮春时节，游人到此，将表(一种祭神用的黄色薄纸)撕成碎片投下，按常理碎片会落下山去，但这里的纸片却徐徐向天空升去。奇怪的是：撒下纸片后便有燕子飞来叼啄，并越来越多，令人眼花缭乱。纸片越来越少，燕子也越来越少，最后，纸片被啄完了，燕子也消失得无影无踪。这里的纸片为何不向下落却向上升？燕子为何啄纸片？燕子在哪里筑窝？山上其他地方为什么见不到？此现象为华山四谜之一。

朝元洞——鸟迹罕至 危崖绝壁

沿长空栈道行十余米，有一大石洞，名为“朝元洞”。洞内原有塑像，文革期间被砸，现塑像重塑于1987年。从洞口沿栈道直下，过“定心桩”，便是“贺祖洞”，内供贺志真像。在洞的西南半山上，有一倒坎绝崖，上刻“全真崖”三字，每字3米见方，其字古朴刚劲，刻工精湛。此崖上不着天，下不着地，悬空向里，是谁又如何把这样的大字镌刻在崖壁上呢？民间曾有“不是神仙谁能凿”之说，让人难以置信，又不得不信。

在这里，我们不得不佩服那些隐居华山的道士，也许正是他们在此修炼，留下了这样的奇迹。

西 峰——莲花风景区

西峰海拔2082米，是华山主峰之一，因位置居西得名。又因峰巅有巨石形状好似莲花瓣，古代文人多称其为莲花峰、芙蓉峰。李白诗中有“石作莲花云作台”句，也当指此石。

西峰为一块完整巨石，浑然天成。西北绝崖千丈，好似刀削锯截，其陡峭巍峨、阳刚挺拔之势是华山山形之代表，因此古人常把华山叫莲花山。登西峰极目远眺，四周群山起伏，黄渭曲流，置身其中若入仙乡神府，万种俗念一扫而空。西峰南崖有山脊与南峰相连，脊长300余米，石色苍黛，形态好像一条屈缩的巨龙，人称为屈岭，也称小苍龙岭，是华山著名的险道之一。西峰上景观比比皆是，有翠云宫、莲花洞、巨灵足、斧劈石、舍身崖等，并伴有许多美丽的神话传说，其中尤以沉香劈山救母的故事流传最广。

HUASHAN COFFEE

斧劈石——沉香劈山救母处

顺翠云宫后殿往西有一小门，出门是一大巨石，巨石断而为三，巨石上刻有“斧劈石”3个大字。这便是神话故事《宝莲灯》中三圣母被压的地方。从这里沿铁链上去，在斧劈石下，人钻入其内便可看到一巨形人模，传说是三圣母被压在此留下的。石旁立有一大铁斧，约长2.5米，上铸“仙家宝斧，七尺有五，赐予沉香，劈山救母”16个字。

斧劈石

炼丹炉——丹炉神火

经孝子峰往西峰去的路上，有一个小山峰叫炼丹炉。此峰是华山仙峪和华山峪的分水岭。山峰之上原建有一处庙宇，取名“纯青宫”。因太上老君和八仙中的铁拐李都曾在此炼过丹药，庙内还保留着炼丹时用的铁丹炉，所以后人就把这座山峰叫炼丹炉了。王来宾在《炼丹炉》诗中说：

外药原来与内同，
仙人炼气此岩中。
千年丹灶依然在，
一窍能通造化工。

原建筑非常别致，依山而建，恰似空中楼阁，不过连炉带庙都在“文革”时期被毁。

1987年有关部门在原址上按记载重新修建。院子中央有石质炼丹炉，直径约有一丈多，高近六尺，精雕细刻，非常美观。

华山索道——一山两索道 天堑变通途

一条是北峰三特索道，一条是西峰太华索道。

北峰索道在玉泉院以东2公里的黄甫峪，于1996年建成开通，索道全长1524.9米，落差755米，堪称“亚洲第一索”，结束了“自古华山一条道”的历史。

第二条为太华索道。索道线路斜长4211米，相对高差894米，于2013年投入运营，堪称“亚洲第一长索”。是迄今为止世界上第一条采取崖壁开凿硐室站房、起伏式走向、设中间站的索道。

乘索上山，山峰壁立，壑深沟险，满目苍翠，云腾雾绕，一条钢索向云雾中伸去，忽而钻出云层，犹如在大海中行舟，碧波翻滚，浩淼无边。仰望斧劈刀削直插云霄的西峰，领略势拔五岳的华山雄姿，您可感受到“莲花峰耀华夏根，千古一石定河山”的豪情。下了索道，奇险峻秀的西、南、东天外三峰将呈现在您的面前。真可谓“跨天堑平步青云横空出世闲赏玉井莲花，穿通途举头红日登峰造极壮揽太华风光。”

華山印象

癸卯夏月 尚清寬陽畫

《华山印象》渭南 / 党宽阳

一碗惬意无比的羊肉汤

水盆羊肉

西安人对水盆羊肉情有独钟，毕竟秦人吃羊汤至少有三千多年的历史了。水盆羊肉源于商周时的“羊臐”，秦汉时期称为“羊肉臐”，唐宋时叫作“山煮羊”，经过千百年来的不断改进，形成了今天的水盆羊肉。

水盆羊肉目前主要有两大流派，一个是渭南市澄城、大荔、蒲城等地区流行的水盆羊肉，一个是西安回坊的水盆羊肉。

自古以来，“澄城水盆”从选羊到制作都极其讲究。选羊首选同州羊，因其肉质鲜嫩，肥嫩多汁，烹之易烂，肉味不膻，肥而不腻，瘦而不柴。制作流程包括“宰、剔、冒、煮、捞、整、剁、盛”等八大程序。

一定要精选放养长大的1岁到1岁半之间的“同羊”，肉质鲜美、肥而不腻、瘦肉绯红，肌纤维细嫩，经过6个小时文火慢烹，熬出的羊肉不膻不腻，只留肉香，食之易烂、可口，为水盆羊肉的扛鼎之作。“煮肉”这个环节最为关键，讲究“调料分次放置，火候分段控制，出锅先后有序，配汤顺应养生”。澄城水盆羊肉的最大特点是以小茴香出头，来到西安还加入了西安人爱吃的粉丝。

蒲城的水盆羊肉也很有名气，其历史悠久，起源于明朝崇祯年间，因在农历六月上市，又称“六月鲜”。以剔骨“同羊”肉、骨头、桂皮、花椒、小茴香、草果、精盐、味精为原料，分原料处理、煮羊肉、调制熟羊肉三道工序，食用时用烧饼或白吉馍同吃，佐以糖蒜、辣子酱、鲜蒜瓣。其肉烂汤清，肥而不腻，清醇可口，别具风味。蒲城水盆以绿花椒出头，是关中人不可缺少的美味佳肴。

一碗香气四溢的水盆羊肉端上桌，令人垂涎。咬一口月牙形烧饼，散发着麦香，撕成碎片，泡在汤中，再捞起吃会觉得烧饼筋道、柔软，羊肉烂香，配上小菜、蒜、油泼辣子，是不是觉得很惬意?

13

丝衣其紑
载弁俅俅
自堂徂基
自羊徂牛
鼐鼎及鼒
兕觥其觩
旨酒思柔
不吴不敖
胡考之休

周秦文明　国之重器

宝鸡青铜器博物院

走进宝鸡青铜器博物院

宝鸡青铜器博物院前身是宝鸡市文物历史陈列室
1958年更名为宝鸡市博物馆，位于金台观内
1998年9月8日迁至公园南路，更名为宝鸡青铜器博物馆
是我国第一座以青铜器命名的青铜文化专题博物馆

为了打造宝鸡周秦文明发祥地和“青铜器之乡”的文化品牌
历时四年规划、建设
2010年9月28日，宝鸡青铜器博物院建成并免费对外开放
是目前国内最大的青铜文化专题博物馆

宝鸡青铜器博物院建筑面积3.48万平方米
共五层，主展厅设在三层
中央40米高的圆形建筑与高台阙的结合
寓意宝鸡这块厚土上青铜国宝不断破土而出

三楼是以“青铜铸文明”为主题的基本陈列
由“青铜器之乡”“周礼之邦”
“帝国之路”和“智慧之光”四部分组成
展示了宝鸡地区出土的商周青铜器1500多件
其中有何尊、逨盘、秦公镈等国宝重器

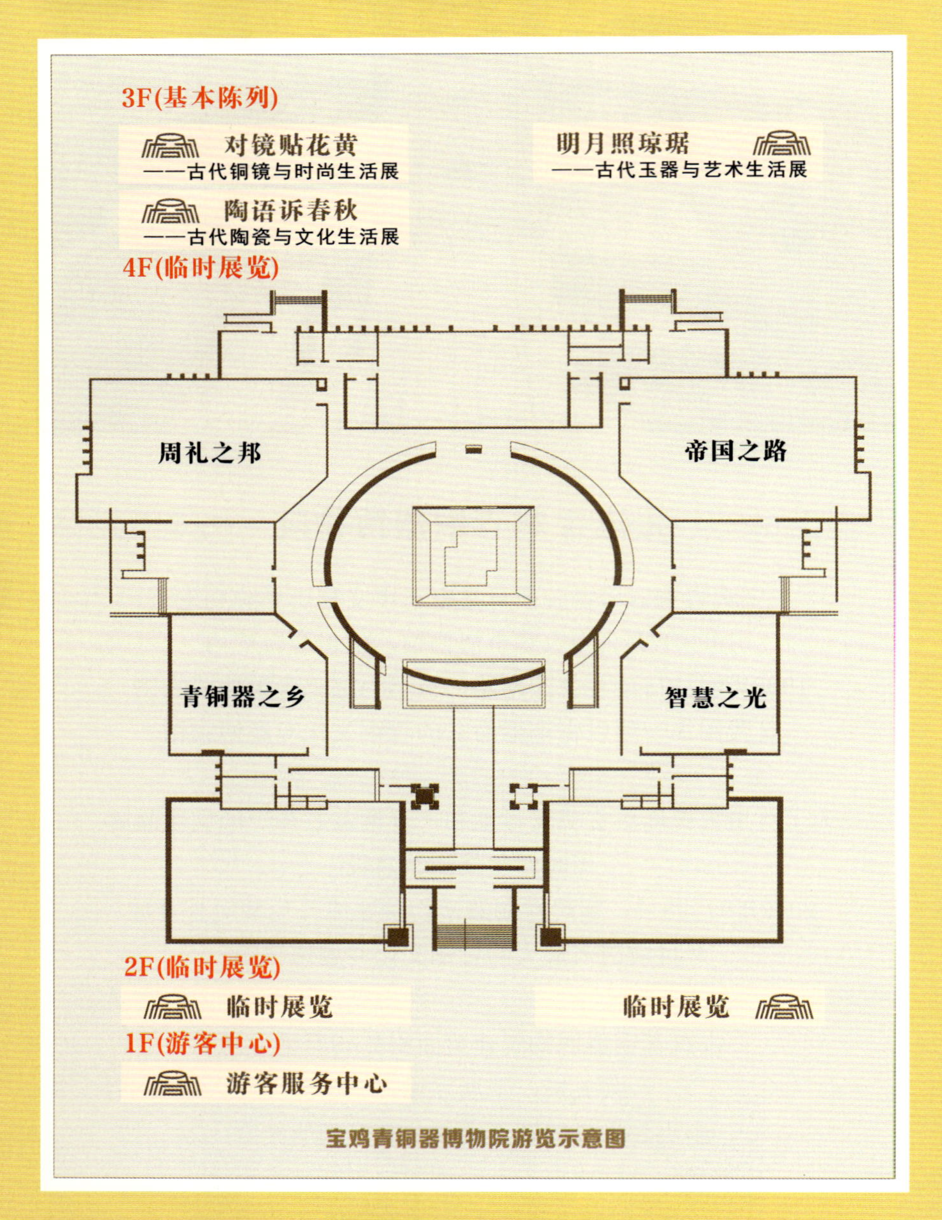

宝鸡青铜器博物院游览示意图

宝鸡青铜器博物院布局形式

宝鸡青铜器博物院主体建筑分为五层，整个建筑群采用对称格局，平面布局集中而又有分散变化，以现代展览空间需求为主，包括文物展览厅、学术报告厅、游客接待中心、文物库房、办公楼等五大部分。

宝鸡青铜器博物院概况

宝鸡青铜器博物院
建于宝鸡市石鼓山风景区内
项目选址西靠石鼓山
东接茵香河
背山面水
南临301国道
地势西高东低
总用地面积约50800平方米
基地面积14154平方米
总建筑面积34788平方米
为风格独特的“平台五鼎”造型
气势雄伟
新颖别致
浓缩了西周列鼎制度的深刻内涵
宝鸡青铜器博物院主体建筑分为五层
建筑形象运用了高台门阙
青铜后土的建筑语言
寓意着宝鸡悠久的历史文化
在中国古代文明中的尊崇地位
同时也完美地结合了石鼓文化与青铜文化

第一展厅 青铜器之乡

宝鸡出土的青铜器大多以窖藏为主。第一展厅面积606平方米，共展出文物260件。主要通过眉县杨家村和扶风庄白两大窖藏全面展示宝鸡作为青铜器之乡的风采。

宝鸡地形沙盘——凤鸣岐山

宝鸡古称陈仓，是炎帝故里，周秦王朝发祥地，位于八百里秦川的西端，是陕西省第二大城市。宝鸡地形三面环山，渭河穿流而过，东面开阔平坦，总面积约1.82万平方公里，总人口376万，辖三区九县。我们在沙盘上看到全国重点文物保护单位在宝鸡就达20处，扶风、岐山是周原遗址，凤翔是秦雍城。宝鸡历史悠久，文物资源丰富，特别是青铜器闻名于海内外。接下来我们通过展厅内的陈列来了解一下。

陕西省宝鸡市渭滨区滨河大道

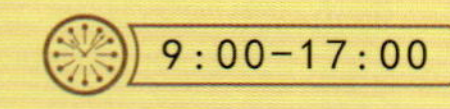
9:00-17:00

这个展品密集的展柜，有50件各种器形的青铜器，反映出宝鸡这块沟沟坎坎的黄土地上出土了数以万计的青铜器，使其成为驰名中外的“青铜器之乡”。宝鸡自西汉神爵四年（前58）出土“尸臣鼎”以来的2000多年中，出土了数以万计的青铜瑰宝，以其数量多、器形种类全、铭文重要享誉海内外。

这边我们看到的是晚清时代四大国宝1∶1的复制品。现在两件大的虢季子白盘和大盂鼎的真品在国家博物馆，两件小的毛公鼎和散氏盘的真品在台北故宫博物院。

宝鸡的青铜器出土形式有遗址发掘、墓葬、窖藏等。其中窖藏最为独特。这边我们看到的是眉县杨家村窖藏复原场景。2003年1月19日，杨家村五位村民在村北坡取土时发现了此窖藏，立即向市文物部门报告，当天晚上进行了抢救性发掘，共出土西周青铜器27件。纹饰精美，件件有铭文，字数多达4048字，根据铭文得知这批青铜器是西周贵族单氏家族的器物。

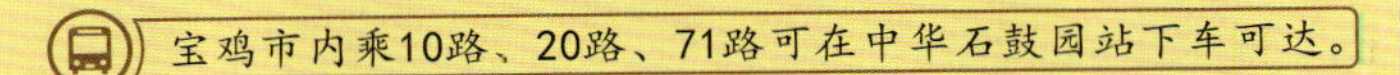

四十二年逨鼎

2003年陕西省宝鸡市眉县杨家村窖藏

四十二年逨鼎——骁勇善战的逨

由小到大排列共十二件，腹部饰有环带纹，四十二年逨鼎共2件，25行281字，记述了周王封长父为侯于杨地，逨受命辅佐长父立国，并征伐戎狄有功，受到周王室册封、奖励之事。四十二年逨鼎共10件，内壁铸有铭文31行316字，记述逨因治理林泽有功，被周王册封、奖励的情况。文中记载了册封的时间、地点、原因及奖励内容等。

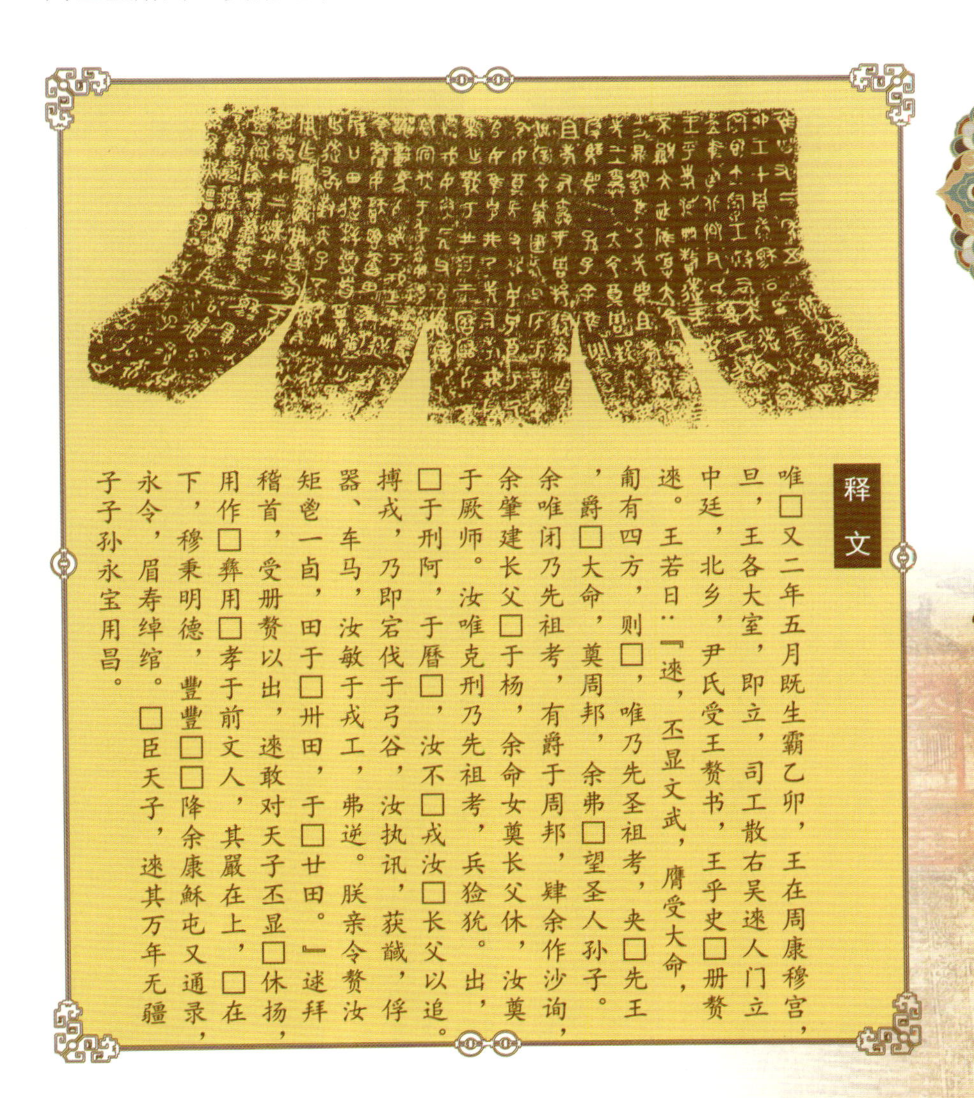

释文

唯□又二年五月既生霸乙卯，王在周康穆宫，旦，王各大室，即立，司工散右吴逨人门立中廷，北乡，尹氏受王赘书，王乎史□册赘逨。王若日：『逨，丕显文武，膺受大命，匍有四方，则□，唯乃先圣祖考，夹□先王，爵□大命，奠周邦，余弗□望圣人孙子。余唯闭乃先祖考，有爵于周邦，肄余作沙询，余肇建长父□于杨，余命女奠长父休，汝奠于厥师。汝唯克刑乃先祖考，兵猃狁。出，□于刑阿，于曆□，汝不□戎汝□长父以追。搏戎，乃即宕伐于弓谷，汝执讯，获馘，俘器、车马，汝敏于戎工，弗逆。朕亲令赘汝矩鬯一卣，田于□卅田，于□廿田。』逨拜稽首，受册赘以出，逨敢对天子丕显□休扬，用作□彝用□孝于前文人，其嚴在上，□在下，穆秉明德，豐豐□□降余康穌屯又通录，永令，眉寿绰绾。□臣天子，逨其万年无疆子子孙永宝用昌。

逨 盉

2003年陕西省宝鸡市眉县杨家村窖藏

逨 盉——龙凤虎形象完美集于一身

逨盉是杨家村窖藏的27件青铜器中最精美的一件。造型独特，构思奇妙，器身呈扁圆形，盖首为凤鸟，凤首高昂，展翅欲飞。盖与器身连接处，是一只老虎，它歪着头向上攀爬，悠闲自得却不失兽中之王的威严。盉的鋬是吞云吐雾的龙首，好像在空中遨游，呼风唤雨。12厘米长而直的管状流，像是一条舞动身躯的长龙，正张着嘴准备吐出美酒。整个器身由四个龙首支撑而起，灵动稳健。给我们展现了一幅龙腾虎跃、龙凤呈祥的吉祥画面。

释文

铭文释文为逨乍□（作朕）皇高且（祖）单公圣考□（尊）盉，□（其）万年子孙永宝用。

逨　盘

2003年陕西省宝鸡市眉县杨家村窖藏

逨 盘——青铜史书

逨盘是杨家村窖藏27件青铜器中最具有历史价值的一件。被称为青铜史书。盘内铸铭文21行372字，详细记述了单氏家族8代人辅佐西周从文王到宣王共12代天子征战、理政、管治林泽的历史。铭文巧妙地以单氏家族的8代祖先为主线，穿插对应了西周12位天子，将天子的丰功伟绩与单氏家族的功劳结合在一起，既歌颂了周王的丰功，又昭示了家族的伟绩和荣耀，是一部不可多得的青铜史书。印证了《史记》中西周诸王世系。证实了《史记》的真实性。

第二展厅——周礼之邦

周人崇尚礼。第二展厅面积947平方米，共展出文物688件，描绘出周礼下的西周盛世生活。

周文化的核心是其礼仪制度，第二展厅以对周礼的追溯和阐释为线索，以寓意周人宗法制的青铜树为开篇，阐明宗法礼制中的大宗、小宗的含义。以厉王胡簋、墙盘、何尊等珍品展示周公礼制下的钟鸣鼎食、尊卑有序的主流社会生活形态。

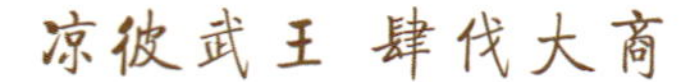

牧野之战：公元前1046年1月甲子日凌晨，周武王亲率4.5万大军讨伐殷商。大战来临，商王军队纷纷倒戈，整个战争只用了一个早上就结束了。从此周王朝开始了长达八百多年的统治。而这场决定性的战役，在1976年临潼出土的利簋中就有详细的记载。

西周王朝建立后，为了巩固政权，采取了一系列积极性的措施。其中就有分封制。

分封制是西周的政治制度。分封的目的是为了巩固奴隶主国家政权，分封的对象和做法是把王族、功臣和先代的贵族分封到各地去做诸侯，建立诸侯国；周王先后分封的鲁、齐、燕、卫、宋、晋等71个诸侯国。

受封的各诸侯国要服从周天子的命令，并要按照规定履行定期朝觐、贡献财物、派兵作战等义务；分封制不仅巩固了西周的统治，有效地控制了疆域，而且加速了民族之间的大融合。据说周公所封的71个诸侯国中，姬姓就占53个。而当时宝鸡所封的有強国、散国、虢国等国。

1963年陕西省宝鸡市陈仓县贾村出土

何尊

何以为尊 我有中国

释文

唯王初□宅于成周，復爯武王礼，□自天，在四月丙戌王诰宗小子于京室，曰：昔在尔考公氏，克弼文王，肆文王受兹大命，唯武王既克大邑商，则廷告于天，曰：余其宅兹中国，自兹□民。呜呼，尔有唯小子亡识，视于公氏，有□于天，徹命，敬享哉，□王□德□天，顺我不敏，王咸诰，何、锡贝卅（三十）朋，用作庚公宝尊彝，唯王五祀。

中国

何尊——营建洛邑 宅兹中国

何尊是一件西周早期的盛酒器。通高39厘米，重14.6公斤。椭方的体形显得造型优美，口圆外敞形制方便装酒、舀酒。通体四道扉棱，整齐有序。上部纹饰以芭蕉叶和蛇点缀，腹部为饕餮纹，采用高浮雕的手法。下部为凤鸟纹，以云雷纹垫底，疏密有致，凝重而富有变化。

而使何尊身价倍增的就是它内底铸铭文12行122字，铭文大意是：周成王于四月丙戌日在京宫大室中对宗族小子何进行训诰，内容讲到何的先父公氏追随文王，文王受上天大命统治天下。武王灭商后则告祭于天，以洛邑作为天下的中心，来治理殷民。勉励何等宗族小子仿效父辈为朝廷效劳，完成使命。周成王在训诰完毕后，赏赐何贝三十朋，何因此作尊，用来祭祀他的父亲，同时纪念这一荣宠。

何尊铭文中“余其宅兹中或（国），自之义民”，“中”是会意字，代表旌旗在氏族部落中央飘扬，是氏族的族旗、标旗，也是氏族成员外出归家的方向。“或”为象形字，口代表都城，上下两横则表示维护城邦的城墙或壕沟，右边是兵器戈象征军队，古人认为没有城、城墙、军队就不能称之为国。当时人们没有疆域意识，以为“普天之下，莫非王土”，后来随着诸侯国地扩大，才有了疆域意识，所以后来给“或”增加了一个边框就是疆域之意。“中国”在何尊铭文中，是方位词，中心、中央，表示国之中央，王者居中，得中原者得天下，控制中心就是控制整个天下。“中国”作为一个重要的词组首次在何尊铭文被发现，已有三千多年的历史。

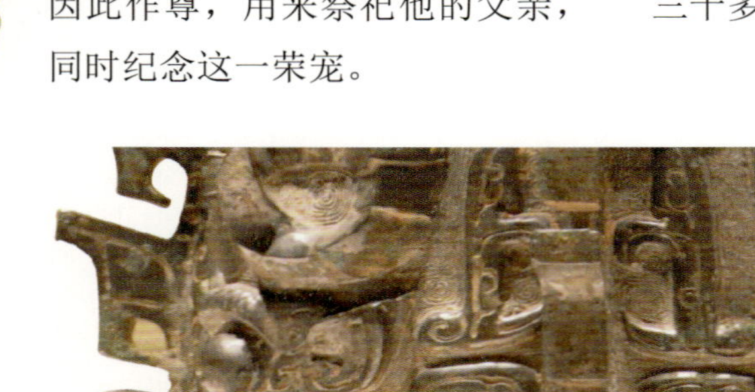

周 礼

相传由周公制定，礼是维护统治者等级制度的政治准则、道德规范和各项典章制度的总称，后来发展为区分贵贱尊卑的等级教条。“乐”则是配合各贵族进行礼仪活动而制作的舞乐。

沃盥之礼

贵族祭祀宴飨时要行一个重要的礼仪就是沃盥之礼，一个奴隶高举匜向下倒水，一个奴隶捧着盘跪在地上接水。贵族是用“活水”洗手。可见周礼的严谨。

強国墓地

从1974年到1981年，考古工作者分别在宝鸡纸坊头、茹家庄、竹园沟共发现29座墓葬。竹园沟七号墓距地表0.6米，墓葬平面呈梯形，墓中葬有两人，墓主葬于墓底，在二层台上筑有小棺小椁，据推测应为墓主小妾，其葬式为侧身，下身微屈，面向墓主，仿佛死去之后还要随时等待墓主人的召唤。共出土文物400余件，其中出土青铜器356件。包括礼器、乐器、兵器、车马器、玉器等。

杨家村窖藏

㝬簋

1978年陕西省宝鸡市扶风县齐家村出土

㝬簋——簋中之王

㝬簋也称胡簋，是我国目前出土商周青铜簋中最大的一件，所以号称“簋王”，又因其是西周第十代国君周厉王姬㝬为祭祀先祖、祈神降福而作，亦被称为王簋。通高59厘米，最大腹围136厘米，重60公斤。它端庄、规整、浑厚，与西周其他簋有明显的区别。更为珍贵的是簋腹底铸有124字的铭文，这篇铭文的内容生动地再现了周王室祭祀上天和祖先的庄严神圣场面。

局部效果图

释文

王曰：『有(旧)余隹(虽)小子，余亡康昼夜，坙（经）雝（拥）先王，用配皇天。簧(横)黹(致)朕心，坠(施)于三(四)方。肆余以(义)士献民，爯(称)盩先王宗室。』[害夫](胡)乍(作)将〈从鼎〉彝宝簋，用康惠朕皇文刺(烈)且(祖)考，其各(格)歬(前)文人，其濒才(在)帝廷陟降，(緟)豿(悫)皇帝大鲁令(命)，用[素令](令)保我家、朕立(位)、[害夫](胡)身阤阤降余多福，宪(宣)(导)宇(訏)慕(谟)远猷。[害夫](胡)其万年，将〈从鼎〉实朕多御，用贲(祈)寿，匃永令(命)，畯才(在)立(位)，乍疐才(在)下。隹(唯)王十又二祀。

刖人守门鼎

1976年陕西省宝鸡市扶风县庄白村出土

刖人守门鼎——西周刑罚制度的见证

刖人守门鼎是一种温食器，造型为长方形，分为上下两层。上层用来盛放食物；下层用来盛放炭火，可以使鼎内的食物保持一定的温度。底层还有十字形的镂空，可以起到通风助燃的作用。鼎的四周装饰有很多动物纹饰，非常生动形象。最引人注目的是鼎的右边的门上，铸有一束发裸体、受到过刖刑失去左脚的奴隶。这个就是西周时期刖刑的真实写照了。刖刑是中国古代的一种酷刑，指砍去受罚者的左脚、右脚或者是双脚。

这个其实在《周礼·秋官》中就已经有了相关的记载："墨者使守门，劓者使守关，宫者使守内，刖者使守囿，髡者使守积。"受到刖刑的人所守的这个囿，就是西周时期贵族们豢养珍禽异兽的苑囿。而这件刖人守门鼎就像是贵族的苑囿，上面形态各异的动物，就是苑囿中饲养的珍禽异兽。这件鼎的出现印证了史书中"刖者使守囿"的记载，证实了刖刑的残酷，真实地反映了奴隶的悲惨生活。

带盘夔足鼎——周人的迷你火锅

1974年，宝鸡市茹家庄一号墓出土了一件造型十分奇特的青铜器——带盘夔足鼎。通高16厘米，口径12.4厘米，腹深3.8厘米，重0.85千克。器身分为上下两层，上层为立耳浅腹的圆鼎，下层为带十字镂孔的圆形托盘。鼎足则被设计成3条扁体的夔龙形，夔龙仰首托鼎，卷尾触地。圆鼎的口沿下装饰有兽面纹，简洁明了，疏朗有致。上层圆鼎用来盛放食物，下层托盘用来放置炭火加热食材。而十字镂孔有利于空气流通，使木炭充分燃烧和去灰，设计科学，集中体现了商周青铜器实用性与装饰性的完美结合。

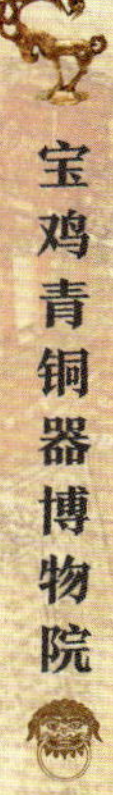

僩匜

1975年陕西省宝鸡市岐山县董家村一号青铜器窑藏出土

倗匜——青铜法典

倗匜是我国目前发现最早、最完整的一篇法律判决书，享有“青铜法典”之美誉。腹底和盖铸有铭文，共计157字，记述了牧牛和他的上级师倗打官司，因牧牛违背先誓，输了官司。按罪行应鞭打一千下，并处以墨刑，经过大赦，改判鞭打五百，罚交铜三百锊，判官伯扬父还命牧牛再次立誓。倗胜诉后，用得来的铜做了这件水器，以纪念此事。

倗匜不但铭文意义重大，而且造型奇特古朴，因此被定为国宝。它虎头羊足，平盖宽流，鋬手为兽首屈舌，四足为羊蹄，给人以狞厉威严之貌，这在铜匜中少见。器型为匜，而铭文则自名盉，这就明确地告诉人们，西周的匜是由盉演变而来的。已经发现的匜都是周厉王时期以后制作的。这件匜制作工艺讲究，带有西周中期风格，虽然铭文自称为盉，但我们可以把它看作是匜的早期形式。

第三展厅——帝国之路

第三展厅面积947平方米，共展出文物360件。以周王室的衰败和东迁为背景，以秦帝国的崛起之路为展陈线索，逐次展现非子养马、襄公立国、文公东猎、武公创县、宣公刻石、穆公称霸以及始皇加冕的历史节点。在两个族群发展的此消彼长之间，体验一场民族历史的兴衰之旅。重点展示秦公镈，以描述秦王族的兴盛，突出秦世族的逐渐强大，展现秦帝国之路的重要场面。

秦人迁徙路线图

秦是一个古老的部族，是颛顼高阳氏后代。迁徙图清晰展现了秦人发展路线。早在商初，秦人受命保西陲，来到了西犬丘（今甘肃礼县），秦始祖非子为周孝王养马有功，受封于秦亭（今甘肃清水县），秦人从此成为周人的附庸，地位逐步开始上升。公元前770年，秦襄公帮助周平王东迁有功，赏宅受国，封为诸侯，仅在宝鸡，秦先后建立汧邑、汧渭之会、平阳、雍城四个

都城长达400余年，后秦献公迁都至栎阳，即今陕西省西安市临潼区一带，到了秦孝公时期，把都城迁到咸阳，公元前221年，秦始皇建立了中国历史上第一个中央集权制大秦帝国。

非子养马

秦始祖非子，嬴姓部落的首领，善于养马。公元前890年，曾受周孝王诏，主管养马于汧河、渭水之间。由于养马有功，被周孝王封于秦，从此开创了秦人由游牧部落向国家形式逐步过渡的新纪元。

周王有难 出兵相救

汧邑，作为秦的都城只有11年，时间虽短，但发挥了重要的作用，它是秦人越过陇山进入陕西的第一个立足之地。20世纪80年代以来，考古工作者在陇县边家庄的调查发掘资料证明了秦人在汧邑建过都，在这里出土和发掘的春秋时期秦人的墓葬有30多座，这仅仅是一部分，其中出土5鼎4簋等铜礼器的大夫级别的墓葬就有8座，出土3鼎2簋等铜礼器的士级墓葬有3座，边家庄墓地是一处规格较高的秦贵族墓地。

秦公镈

1978年陕西省宝鸡市陈仓区太公庙村出土

秦公镈——见证历史的“国之重器”

1978年出土于宝鸡县太公庙村的春秋窖藏。镈与钟都是打击乐器，不同的是镈为大型单个打击乐器，是用以指挥乐队的节奏性乐器，在贵族祭祀或宴飨时，与编钟、编磬相和使用。三件秦公镈形制纹饰完全相同，仅大小有别，镈的鼓部有四条扉棱，两侧扉棱由九条蟠曲的飞龙组成，前后两个扉棱则由五条飞龙和一只凤鸟蟠曲而成。秦公钟、镈铭文完全相同，长达135字，讲述了秦的立国史。

释文

秦公曰：『我先祖受天命，赏宅受国。烈烈文公、静公、宪公不坠于上，昭合皇天，以虩事蛮方。公及王姬曰：余小子，余夙夕虔敬朕祀，以受多福，克明厥心。盭和胤士，咸畜左右。々允义，翼受明德。以康奠协朕或（国），盗（肇）百蛰，具即其服，乍厥龢钟云音鈌鈌，以皇公，以受大福，屯鲁多，大寿万年。秦公才（在）立（位），（膺）受大命，眉寿无疆，匍有四方其康宝。』

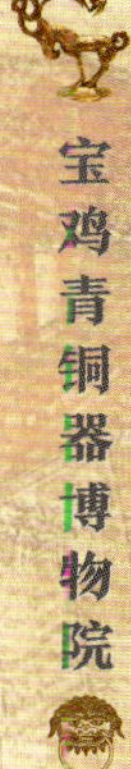

四耳簋

1981年陕西省宝鸡市纸坊头強国墓地一号墓出土

第四展厅——智慧之光

第四展厅面积606平方米，共展出文物160件。以单元叙说为逻辑构成，结合器物图文的静态展陈、漫画语言呈现的电子互动桌面、视觉冲击力强的宽幅系统、生动有趣的作坊体验，多层面多角度地诠释青铜器从制模翻范到铸造成器的完整工艺。青铜器是中国古代文明的重器，是代表中国古代物质文化最高峰的器物。

四耳簋——庄重典雅

四耳簋是一种盛食器。侈口卷沿，四兽耳，腹特深，腹壁近直，高圈足，颈部饰一周圆乳纹，圆乳三排，排列井然。簋身饰一周细直棱纹，上下有两道弦纹，下腹饰一周圆乳纹，圆乳四排。圈足上四组饕餮兽面，中有脊棱，兽面由两条对称的屈身夔龙组成，夔龙裂口，单角高耸，拱背，卷尾。兽耳与簋身分铸，以榫头套合，铸接方法十分精巧。四兽耳长方形长耳下垂，耳几乎触及地面。兽耳上部，兽头作浮雕状牛首，两耳侧耸，圆目，神态生动自然。牛头上耸立片状铜牌，上方下圆，中部有凹槽，铜牌凸起部分作牛角耸起，凹槽中有两突起扉棱，扉棱间夹一小牛首，铜牌背面亦饰一小牛头。兽耳下部正中饰小牛头，两侧有阴线勾勒的小鸟纹，垂耳两面有两道竖直的凹槽，饰有对称两牛头。四耳上总计装饰牛头二十四个。簋外底有阳纹图案。该簋铸造巧妙，装饰庄重典雅，可谓西周铜器中的珍品。

貘 尊

1974年陕西省宝鸡市茹家庄強国墓地二号墓出土

貘尊——传说中的“食梦兽”

貘尊（又称井姬盂罐）是中国西周时期的一种盛酒器皿。器内中空，背部开有一方形口子，上面扣盖。从造型看，貘的形体酷似羊，首部微微昂起，吻部向前伸，双目圆而有神，头顶有卷曲的双角，体态很是肥硕，四足却较短，卷尾呈半环形。貘的两侧肩胛及后臀部位饰有四组清晰的夔凤纹。

貘是一种似羊非羊、似猪非猪、身体肥胖的动物，在它的背上站着一只小小的老虎。小老虎四肢强健，行走自如，一副兽中之王的模样。貘是一种热带奇蹄目哺乳动物，这种动物目前在我国已经绝迹，但是古強国墓地有此器物出土，说明3000多年前宝鸡一带炎热多雨。

现实当中也有貘，是产于亚洲马来西亚、苏门答腊等地的哺乳动物。粗看有点像犀牛，体形比犀牛小很多，鼻端无角。中国已经没有了貘这种动物的踪迹了，但在考古中曾经发现过该动物的下颚骨。

《说文解字·第九下·豸部》中也说“貘：似熊而黄黑色，出蜀中。从豸，莫声”，且2002年考古工作者在贵州发现了7000年前的貘群化石，加之贵州一代曾经出现过非常适合貘这种擅长游泳的陆栖动物生存的温湿气候，所以基本可以肯定：中国古代的确存在过貘，貘尊也完全是古代手工艺者取材于现实而创作出来的一种酒器。

西府面食一绝

岐山臊子面

岐山臊子面，堪称陕西面食和西府面食一绝。其特点可以概括为九个字："薄、筋、光、煎、稀、汪、酸、辣、香"。

"薄、筋、光"指面条之质；"煎、稀、汪"指汤水温度要高，面要少，汤要多，油要多；"酸、辣、香"指调味之美。岐山臊子面与一般面条不同，薄如蝉翼，滚水下锅，莲花般转，捞入碗中，浇上臊子汤，只吃面条不喝汤。关中西府人，村里唱戏，或婚、丧、嫁、寿等红白喜事，或逢年过节，或走亲访友，都用臊子面款待宾客。臊子面在陕西关中地区身价颇高。除沿袭唐代"长命面"的有关习俗，如在生日做寿时必食外，每遇婚丧喜事，或逢年过节，都要以它来款待客人。

在岐山，擀长面为妇女必须掌握之本领，否则斥之为家耻。过去在陕西西府农村还有这样的习俗：新媳妇过门的第二天，要在婆家举行一个隆重的擀面仪式，让新媳妇当着客人的面上案擀面，以测试其技艺的高低。技术高超娴熟者，擀出的面厚薄均匀，切条细长，下到锅里不会断裂，这样的新媳妇，才能赢得大家的赞誉。故西府女孩儿从7岁起，娘便授其技艺，踩着凳子上案学擀面。

臊子面的臊子讲究将带皮五花肉切成丁，在热油中加辣椒、姜末、调料等煸炒，收干水分后，把大量柿子醋顺着锅边倒下去，热锅上顿时腾起一阵白烟。醋也就在这时炝熟了，没有了生醋的涩味而使口感变得更柔和，醋香与肉香也融合得更加完美。加水稍煮一会，改用文火煮至肉烂，即可加入其他配料如红萝卜丁、土豆丁、木耳丝、切成菱形块的鸡蛋薄片等，一大锅酸辣美味的臊子就做好了。

配臊子用的面，一定是用手工擀制。面团经过反复揉搓，把纤维全部拉开，韧性十足。然后擀成薄到透明的面皮，用铡刀铡成两分宽的丝，下锅煮熟，捞出后加上做好的臊子，即可食用。

凝视莹莹润有光
不同凡质千年藏
影骨非一亦非异
了如一月映三江
金银琉璃众宝器
精微工巧辉煌极
金缕袈裟待展开
天衣遍覆无边际
勤劳智慧叹先民
妙手所到如有神
密藏加护赖佛力
多劫能留稀世珍
千载胜缘逢盛世
好将佛事助文治

珍藏世界上唯一佛指真身舍利

法门文化景区

走进法门文化景区

走进千年古刹法门寺
您就如同穿越悠悠的历史长廊
踏上1230米长的佛光大道
您就好像走上一条佛光普照的成佛之路
登上148米高的合十舍利塔
您就仿佛置身于佛国的天堂
在这里，您可以瞻仰佛祖真身舍利
欣赏大唐神奇珍宝
追寻法门寺千年文化
领略古老文明的风采

法门寺因舍利而置塔，因塔而建寺，原名阿育王寺
隋文帝时改称“成实道场”
唐高祖李渊武德七年（625）敕建并改名“法门寺”
被誉为皇家寺庙
在历史古籍里有关于佛指真身舍利的记载
直到1981年，一场大雨造成了法门寺佛塔的倾倒
法门寺地宫的秘密得以解开
1987年考古工作人员在地宫里发现了四枚佛指舍利
从此，法门寺因出土了世界上唯一的佛指真身舍利而名扬天下

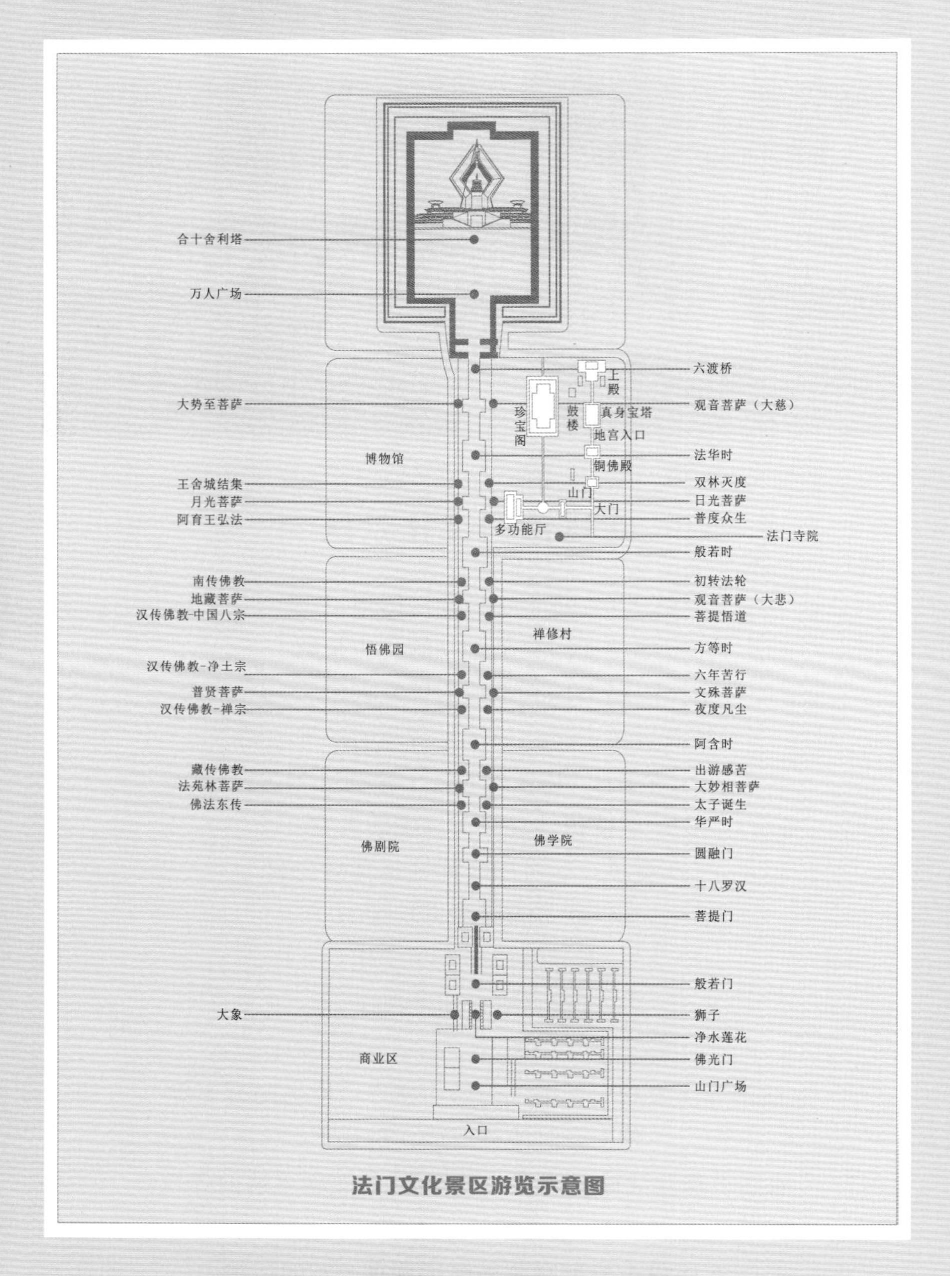

法门文化景区游览示意图

法门文化景区布局形式

法门寺保持了塔前殿后的格局，以真身宝塔为寺院中轴，塔前是山门、前殿，塔后是大雄宝殿，这是中国佛教寺院的典型格局。寺院的西院是法门寺博物馆，有多功能接待厅、珍宝阁等建筑。

法门文化景区概况

法门寺位于古周原的中心
陕西省扶风县城北10公里的法门镇
东距西安120公里，西距宝鸡96公里
北依岐山，南临渭水，与秦岭主峰太白山遥遥相望
地势坦荡，风景优美
古诗云
“面太白而千叠云屏，枕清渭而一条翠带”
这里曾是周人的祖庭和周秦文化的发祥地
号称“中国青铜器之乡”
汉唐时期，这里是东西方交通的要道
丝绸之路的重要驿站、古都长安对外开放的窗口
深厚的文化积淀、优越的地理环境
为法门寺文化的产生奠定了根基
1987年5月，一条消息震撼了世界
号称“关中塔庙始祖”的
陕西扶风法门寺宝塔下的地宫中发现了
佛祖释迦牟尼的真身指骨舍利
以及唐代宫廷为舍利供奉的大批
金银器、瓷器、琉璃器、丝织品、法器等
其数量之多、质量之精、品种之繁、等级之高举世罕见
刹那间，一股“法门寺热”犹如旋风
席卷了全国，震撼了世界

法门文化景区——佛教圣地

依托法门古寺而建，是由中国台湾著名建筑设计大师李祖原先生主持设计的。景区由山门广场、佛光大道、法门寺寺院、合十舍利塔以及许多的艺术佛像、园林雕塑小品等组成，全面展示了佛文化在哲学、政治、艺术等方面的成就，彰显了中华民族灿烂的历史。

法门寺院

山门铜佛殿——法门寺唯一古建筑

山门是一座庑殿式的仿唐建筑。进了山门后，迎面看到的大

陕西省宝鸡市扶风县法门镇

法门文化景区鸟瞰图

殿叫铜佛殿，建于1769年，后经历次修缮，现保存的是清光绪年间重修的建筑。

殿内供奉的主尊为佛教教主释迦牟尼的造像。在释迦牟尼的身旁，塑有两位比丘立像，年老者为迦叶尊者，年少者为阿难尊者，是释迦佛的两位弟子。迦叶因苦修行而著称，人称“头陀第一”；阿难为佛祖之堂弟，记忆惊人，人称“多闻第一”。释迦佛的两侧，塑有文殊菩萨和普贤菩萨，他们是释迦佛的两大胁侍菩萨。文殊菩萨手持如意，坐于狮座之上，为智慧的化身；普贤菩萨头戴宝冠，坐于白象之上，象征真理。

铜佛殿的东西两侧是十八罗汉，罗汉是小乘佛教修行的最高成果。佛涅槃之前，嘱咐他们常住世间为众生说法。在殿的后部，塑有韦驮天，为佛教的护法天神。

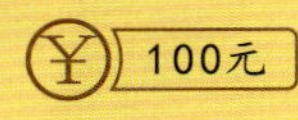
100元

西安城西客运站乘坐长途汽车前往法门文化景区。

真身寶塔

舍利宝塔——法门寺最高建筑

铜佛殿后耸立着法门寺最高建筑——仿明代八棱十三级舍利宝塔。塔高47米，平面为正八边形。原塔是明万历七年（1579），当地乡绅杨禹臣、党万良等组织乡民筹资修复的真身宝塔，历30年艰辛，于万历三十七年（1609）建成。

神秘地宫

1987年4月3日上午10时，考古工作组入驻坍塌现场，准备清理地基，此时的人们谁也不知道，谁也想不到，他们将要开启的是一座响彻全球、震惊世界的文化宝库。历史将永远不会忘记那个振奋人心的日子，那个让人心跳的伟大时刻：公元1987年4月3日上午11时，在塔基清理现场，突然传出了“呯、呯、呯”的声响，那是探铲碰到了硬物，“有情况！”，当人们刨开掩土，一块巨大的方形汉白玉石板地宫后室藻井石盖显露了出来，石盖一角已碎成两块，残角处裂出一条缝隙，考古工作者轻轻地撬开缝隙，当时里面一团漆黑，当用手电筒微弱的光线照进去后，立即反射出一道道耀眼的光芒，闪烁夺目，“一窑子金银啊！”在场的人们纷纷争睹这一惊心动魄的奇观。为了保证地宫珍宝的万无一失和发掘工作的顺利进行，藻井石盖打开后又封闭了，之后的日子里，考古工作者每天都沉浸在惊喜的快乐中。

法门寺地宫平面图

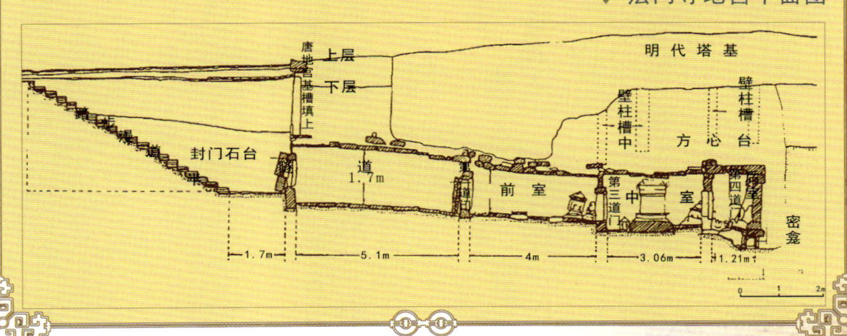

法门文化景区

佛指舍利

1987年发现于宝鸡法门寺地宫

佛指舍利——细密而泽，髓穴方大，上下俱通

法门寺地宫共出土了4枚佛指舍利，第一枚舍利为玉质的，面世于1987年5月5日凌晨一时，正好是阴历四月初八，即佛祖释迦牟尼2252年的诞辰日，是感应还是巧合？真是令人不可思议。这枚舍利原在唐懿宗所供奉的八重宝函内，放置在地宫后室正中。

第二枚舍利是1987年5月9日发现的，供奉于四重宝函内，原置于地宫中室中央，由外及内依次为汉白玉灵帐、盝顶铁函、雕花贴金木盒、鎏金双凤纹银棺，银棺内安奉第二枚舍利。

第三枚舍利是于1987年5月10日早晨8时发现的，供奉于五重宝函内，原藏于地宫后室秘龛中。五重宝函最外层是铁函，其里依次为镏金45尊造像盝顶银宝函、银包角檀香木函、嵌宝石水晶椁子、白玉棺。小白玉棺仅有6.5厘米长，呈乳白色，并泛淡青色，玉质细腻柔和，棱角分明，工艺非常精致。释迦牟尼佛真身指骨舍利就安奉在白玉棺中。这枚舍利为骨质，管状，高3.7厘米，外观为不规则六面体，内壁有六道沟槽，外壁呈灰白色，内壁呈暗黄色，有黑色斑和七星淡迹。这枚佛祖的真身指骨舍利，于2009年5月9日被安奉在合十舍利塔的地宫中，逢每月农历初一、十五从地宫中升起供人瞻拜。

第四枚舍利是1987年5月12日

第一枚佛指舍利（影骨）

第二枚佛指舍利（影骨）

第三枚佛指舍利（灵骨）

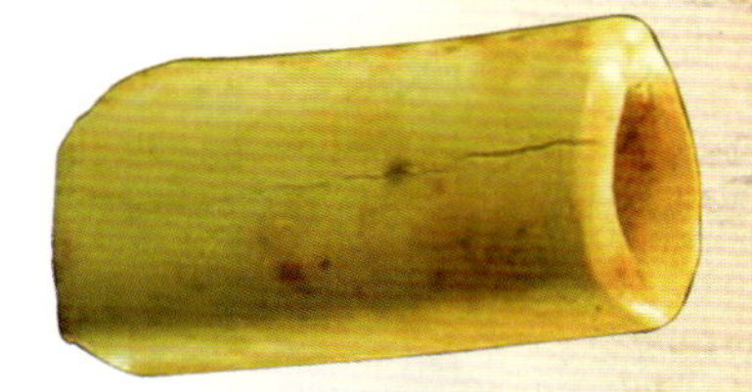

第四枚佛指舍利（影骨）

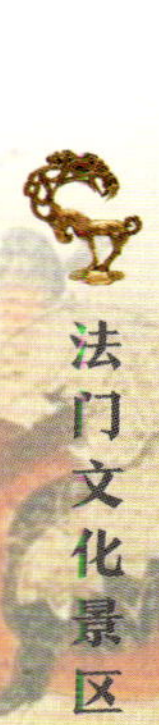

发现的，原藏于地宫前室汉白玉阿育王塔中，有三重宝函。是一枚似骨质的管状物，内孔方阔，外形为不规则六面体，灰褐色，其中三面各有一道人为的沟槽。

灵骨和影骨——一月映三江

这四枚舍利，其中第三枚是灵骨，也就是佛祖释迦牟尼的真身舍利，其他三枚均为“影骨”，即为保护第三枚真身舍利以假乱真而仿制的。中国佛教协会前会长赵朴初先生在《扶风法门寺佛指舍利出土赞歌》一诗中解释道：“凝视莹莹润有光，不同凡质千年藏。影骨非一亦非异，了如一月映三江。”这四枚指舍利为什么是一月映三江呢？古人有诗：“千江有水千江月，万里无云万里天。”如此说来，“灵骨”犹如天上的一轮皓月，影骨好比明月在地上江河中的倒影，因而，灵骨和影骨没有真假之分，都是作为佛教圣物，而被佛教徒所崇拜。法门寺出土的四枚佛指舍利是当今全球佛教界最高圣物。

大雄宝殿——能破微细深悲称大雄

大雄宝殿为寺庙的主殿，是1992年重修的唐风建筑，五进七间，总面积731平方米，为陕西省目前最大的佛殿。大殿门上匾额“大雄宝殿”四个大字为我国原佛教协会会长赵朴初生前所题。殿内主尊为五智如来，也就是密宗五方佛，自东向西依次为东方阿閦佛、南方宝生佛、中央毗卢遮那佛（即大日如来佛）、西方

大雄宝殿

法门寺珍宝馆

阿弥陀佛、北方不空成就佛，五佛并座，各事一方。两旁为十二圆觉、二十四诸天(即佛教的24个护法天神)。

法门寺珍宝馆——宫廷荣华 人间焕丽

法门寺珍宝馆陈列展示的是从法门寺地宫中出土的唐朝数位皇帝供奉的皇室绝世珍宝，其中国宝级、国家一级、国家二级文物200余件。地宫中共出土文物2499件，仅国宝级文物就有44件。时光流逝，岁月如梭，唐代帝王迎奉佛骨的盛况，被永远定格在了历史的时空中。

今天，当我们走进珍宝展示区，好像时光又倒流了一样，那一件件大唐皇室珍宝仿佛又把人们带回到了那个强盛、繁荣的辉煌时代。

八重宝函

1987年发现于宝鸡法门寺地宫

八重宝函——供奉第一枚舍利

八重宝函是安奉第一枚舍利的器皿，是整个地宫最重要的供奉物。出土时，外用一个大红锦袋包裹着，轻轻地揭去外表一丝丝、一片片的丝绸残痕，呈现在人们面前的是一具银棱盝顶黑漆檀香木宝函，用檀香木剔雕而成，函体外表四周以减地浮雕描金加彩的手法雕刻着释迦牟尼说法图、阿弥陀佛极乐世界图和礼佛图等极为精美的画面，是唐代木雕中罕见的佳品，遗憾的是出土时已经朽坏。其他七重由外向里依次是：第二重为鎏金四天王盝顶银宝函，钣金成型，通体鎏金，装饰四大天王形象；第三重为盝顶素面银宝函；第四重为鎏金如来说法盝顶银宝函，正面有如来说法图，背面是菩提树前的坐佛像；第五重为六臂观音盝顶纯金宝函，由纯金制成，正面有一尊六臂观音造像；第六重为金筐宝钿(diàn)珍珠装盝顶纯金宝函，纯金制成，镶嵌以金丝珠宝和绿松石；第七重为金筐宝钿珍珠装珷玞(wǔ fū)石宝函；第八重为宝珠顶单檐四门纯金塔，分塔身、塔座两部分，平面为正方形，塔身四面各有一火焰形门。八重宝函层层相套，锁钥俱全。

宝函上文化内涵丰富，人物众多，纹饰华丽，工艺精湛。其上錾刻有丰富的密教坛场、造像等，庄严肃穆，是研究唐代佛教及密宗曼荼罗的重要资料。

鎏金四天王盝顶银宝函　　宝珠顶单檐四门纯金塔

四重宝函

1987年发现于宝鸡法门寺地宫

四重宝函——供奉第二枚舍利

四重宝函用于供奉第二枚佛指舍利，原置于地宫中室中央，宝函四重，由外向里依次是汉白玉灵帐、盝顶铁函、雕花贴金木盒、鎏金双凤纹银棺。

汉白玉灵帐造于唐中宗景龙二年（708），曾供奉过被武则天迎奉的佛骨舍利。内外通体高浮雕菩萨、力士、莲花等。鎏金双凤纹银棺系钣金成型，纹饰鎏金。錾有金刚、力士、双凤衔绶等图案。

五重宝函

1987年发现于宝鸡法门寺地宫

五重宝函——供奉第三枚舍利

五重宝函里供奉第三枚佛指舍利，于1987年5月10日早晨8时发现。第三枚佛指舍利为骨质的管状物，外壁为不规则的六面体，上有自然裂纹，呈灰白色。内壁有六道沟槽，呈暗黄色，高3.7厘米。这枚舍利经过专家鉴定和史料佐证，是佛教徒苦苦寻找了2000余年的佛祖释迦牟尼的真身佛指舍利，安放在地宫后室秘龛内。

五重宝函最外一层是铁函，其里依次为鎏金45尊造像盝顶银函，银包角檀香木函，水晶椁子、白玉棺。释迦牟尼佛真身舍利就安奉在白玉棺中。为了保证前面铁锁的完整性，函盖从铁函后面打开，里面塞得满满当当，有一大一小两个水晶球、雕花金戒指、一串宝珠和几条绣花绸绢等，取掉这些，里面是一具鎏金银宝函。函底周围散落着许多微小的檀香木块，捡起来在放大镜下观察，竟然是一个个眉目清晰、形体比例适中的微雕小佛像，其中最大的不足一枚枣核，真是生动传神，栩栩如生。木函内是一只盖顶镶嵌有黄、蓝宝石的水晶椁子。水晶是珍贵宝石的一种，以其质地晶莹透明、色彩多样而被人们所喜爱。这件椁子以水晶琢磨而成，是一件设计巧妙、精雕细琢的水晶精品。打开水晶椁盖，里面是一具仅有6.5厘米长的小白玉棺。棺体小巧，形状很像沿用到今天的木棺，通体以白玉琢磨而成。整个玉棺棺体放置在棺床之上，小玉棺通体呈乳白色，并泛淡青色，玉质细腻柔和，棱角分明，工艺非常精致。释迦牟尼佛的真身佛指舍利就静躺在其内。

铁函　鎏金45尊造像盝顶银函　水晶椁子　白玉棺

三重宝函

1987年发现于宝鸡法门寺地宫

三重宝函——供奉第四枚舍利

第四枚舍利原藏于地宫前室汉白玉阿育王塔中，为三重宝函。第一重为汉白玉阿育王塔，由塔刹、塔盖、塔身、塔座四部分组成；第二重为鎏金铜浮屠，模铸成型，飞檐翘角，精致华丽；第三重为鎏金迦陵频伽鸟纹银棺，钣金而成，纹饰鎏金。

汉白玉阿育王塔高为78厘米，从上到下精雕细刻。塔盖为9层棱台，塔身为四面，每面中心设假门，门两侧各有一端庄秀丽的菩萨像，共8尊。朱红色的裙裤和粉绿色的披带，色泽鲜丽如同刚涂上一般。从雕刻手法及此器造型看，此塔是在盛唐时期雕造，而在晚唐咸通年间入藏佛指舍利时又重新进行了妆绘。

鎏金铜浮屠原置于地宫前室的阿育王塔内，高54厘米。模铸成型，由塔基、塔身、塔刹三部分组成，是唐代楼阁建筑的典型代表。法门寺珍宝阁就是由著名建筑设计师张锦秋女士依铜浮屠造型设计的。

鎏金迦陵频伽鸟纹银棺原置于鎏金铜浮屠内，用外罗里绢的丝绸夹袱包裹。棺体两侧壁各錾出两只迦陵频伽鸟。迦陵频伽本是一种能发出妙音的鸟，又译作美音鸟，或妙声，按佛教经义："此鸟发声微妙，胜于余鸟。听者无厌，喻大行大度众生。"传说释迦牟尼在传教时，逢供养日，迦陵频伽来做乐舞。在佛经中迦陵频伽演变为拟人之鸟，是吉祥的化身。

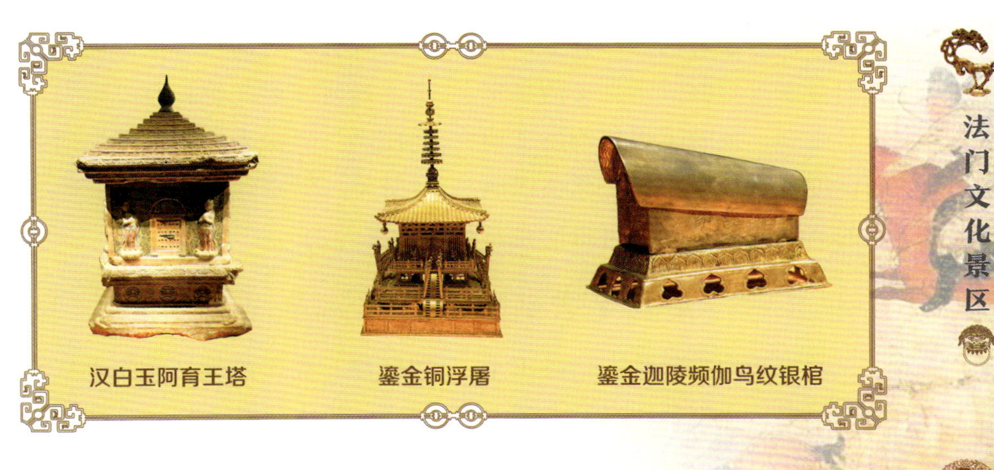

汉白玉阿育王塔　　鎏金铜浮屠　　鎏金迦陵频伽鸟纹银棺

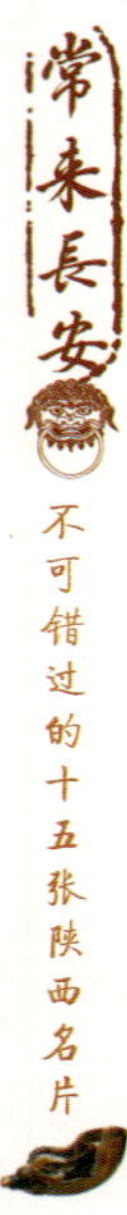

《法门寺历史文化陈列》展厅

大唐珍宝陈列——唐代皇室生活画卷

地宫宝库除佛教法器和供养器之外，更多的是唐皇室奉佛的世俗物品，包括皇室日常生活中所用之食器、茶具、熏香器、服饰、钱币以及各类珠宝杂件等，其中，以金银器与丝绸服饰类为大宗。极尽豪奢的奇珍异宝，向人们呈现出一幅鲜活生动的皇室生活画卷，反映了唐代物质文明的高度发达，表现出工艺美术制品的高超技艺。尤为可贵的是，同时出土的《物帐碑》可与实物逐一对应，文物又多自带铭文墨书，由此解开了许多难解之谜。皇室生活是社会生活的最高层面，人们由此看到了一个更为广阔无垠的生活场景和繁荣富强的大唐社会。对满目琳琅的国器重宝，地宫《志文碑》有“穷天上之庄严”“极人间之焕丽”的无尽赞美。

金银器——唐代皇家制作的最高水平

首先我们来欣赏法门寺出土的金银器，金银器因具有一种金碧辉煌、典雅玲珑、富丽堂皇的魅力，给人以高雅华丽之感，所以，在古代，金银器是专供上层统治阶级享用的，或者用于君臣间的赏赐、进奉以及对寺院的施舍，是财富、地位、权力和级别的象征。

唐代是我国金银器制作的最繁荣时期，历史学家称其为“金银器时代”。唐代金银器是我国古代艺术宝库中绚丽的瑰宝，在金银工艺的发展史上占有极为光辉的一页。其造型精巧优美，装饰丰富多彩，纹饰或典雅大方或富丽堂皇。前期金银器受中亚、西亚风格的影响，具有浓郁的异域色彩，中晚期以后，外来影响逐渐与中国传统的图案、造型融为一体，被博大精深的唐文化所吸收、融合。

法门寺地宫出土金银器121件（组），其中唐懿宗、唐僖宗父子供养的金银器就达100多件。这批器物器形雍容华贵，纹饰精美富丽，其数量之大、品类之多、等级之高可谓绝无仅有。且成组配套，产地明确，制作年代清楚，多有墨书等文字记录。这批金银器主要有宫廷作坊文思院打造的御用品和江南地区的贡品。

作为皇室之物，这批金银器精美无比，代表了时代的最高水平，凝聚着唐代工艺大师们的高超智慧和心血，特别是鎏金大银盆、鎏金银熏炉、鎏金银香囊等金银宝器，其造型之优美、纹饰之繁复、制作之精良令人拍案叫绝，赞叹不已。

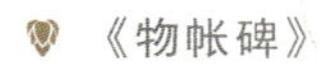
《物帐碑》

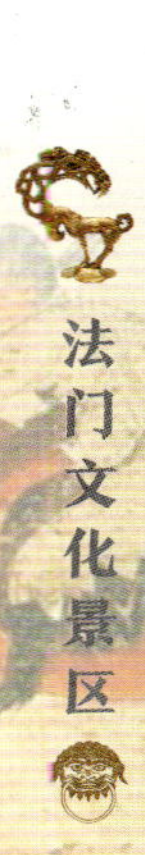

鎏金迎真身银金花双轮十二环银锡杖

1987年发现于宝鸡法门寺地宫

鎏金迎真身银金花双轮十二环银锡杖
——“持此杖即持佛身，万身尽在其中”

这件文物叫鎏金迎真身银金花双轮十二环锡杖。锡杖为比丘十八物之一，也就是比丘行路时应携带的道具，用以驱赶毒蛇害虫，或乞食时振动发出声响，使人听到。后世成为佛教法器之一。其用法极为严格，如见佛像时不得使杖头有声，不得以杖指人，或画地写字等等。锡杖是佛教最具权威的法器，佛教规定：迦叶佛所持为二股十二环，地藏菩萨所持为二股六环、释迦佛所持为四股十二环。

这枚锡杖等级最高，应属释迦佛所持，是佛教世界的权威象征，出土于地宫后室。锡杖长1.96米，重2.39公斤，用金2两。双轮四股十二环代表佛教基本教义中的“四谛”和“十二因缘”。从錾文可知，这枚锡杖是咸通十四年懿宗为迎送佛骨而令文思院专门制造的，比现藏日本正仓院号称“锡杖之王”的二股六环白铜头锡杖（长1.75米）等级更高，形制更宏伟，精美绝伦，古今罕见，堪称“佛门奇宝”，所以这枚锡杖才是真正的“世界锡杖之王”。

局部效果图

鎏金鸳鸯团花双耳大银盆

1987年发现于宝鸡法门寺地宫

鎏金鸳鸯团花双耳大银盆——线条流畅 构图丰满

这件唐代金银器艺术珍品出土于地宫后室，也是唐僖宗供佛用品。重量达6265克。此器浇铸成型，其外饰24朵莲花。是我国目前所见唐代金银器中最大最重的鎏金银盆。盆底外壁錾刻“浙西”二字，说明此盆为唐代浙西道(今江苏镇江)所生产。浙西道是唐代后期南方金银器的制作中心。大银盆集浇铸、模冲、煅打、錾刻、鎏金、铆接等先进工艺于一体，制作精美，造型宏大，纹饰工整细腻，线条舒缓流畅，构图丰满。特别是盆壁内外的錾刻装饰花纹完全相同，似乎是透雕而成，反映了唐代大师的高超智慧和工艺水平。

唐代皇子出生三天，宫中要举行洗儿礼，唐张谔《三日岐王宅》有诗：“玉女贵妃生，嫛婗（yī ní，婴儿）始发声。金盆浴未了，绷子绣初成”。大银盆上细密的鱼子纹，栩栩如生的鸳鸯，还有那一朵朵的石榴花，反映了当时人们祈求多子多福、和谐美满和追求幸福生活的美好愿望。而将此盆放置于地宫后室中部，其用途与佛教中四月初八的“浴佛节”有关，是以“浴佛盆”的形式进行供养。

捧真身菩萨像

1987年发现于宝鸡法门寺地宫

捧真身菩萨像——“八荒来服，四海无波”

这尊珍贵的造像出土于地宫中室汉白玉灵帐之后。高约40厘米，重1928克。整个造型由菩萨、莲台座上下两部分组成。菩萨头戴花蔓宝冠，双腿左屈右跪于莲台上，通体垂饰珍珠瓔珞。双手捧一荷叶形盘，盘上置一长方形鎏金银匾，匾上錾文。捧真身菩萨系咸通十二年(871)十一月十四日唐懿宗39岁生日时，专为其迎送佛指舍利而铸造的，是地宫内唯一有皇帝名号的文物。菩萨像制作精巧，工艺独特，装饰华丽，特别是人物图像造型优美、栩栩如生、金碧辉煌，堪称地宫出土文物中的极品，确系唐代皇室所供奉之等级最高的器物。

八棱净水瓶

1987年发现于宝鸡法门寺地宫

秘色瓷——破解瓷器千古之谜

秘色瓷最早见于唐代诗人陆龟蒙的《秘色越器》诗中，诗云："九秋风露越窑开，夺得千峰翠色来。好向中宵盛沆瀣，共嵇中散斗遗杯。"可见"秘色"瓷最初是指唐代越窑青瓷中的精品。据文献记载，相传五代时吴越国王钱镠命令烧造瓷器专供钱氏宫廷所用，并入贡中原朝廷，庶民不得使用，故称越窑瓷为"秘色瓷"。周辉《清波杂志》云："越上秘色器，钱氏有国日，供奉之物，不得臣下用，故曰秘色。"也有专家认为"秘色"唐代已有而非始于吴越钱氏。关于"秘色"究竟指何种颜色，以前人们对此众说纷纭，故而成为千古之谜。

1987年4月12日，考古专家在清理法门寺地宫中室文物时，在一个朽坏的木箱内发现了14件（原帐中记录的13件漏记了青釉八棱净水瓶，因此应为14件）瓷器，有碗、盘、碟等，器型较大而且规整，造型精美，胎质优良，釉色自然，制作精巧，器物口、腹、底浑然一体，宛若天成。地宫内《物帐碑》明确记载它们为秘色瓷，而其釉色也与古人记载相吻合，这就破解了一直笼罩在秘色瓷身上的种种谜团。这个中国陶瓷史研究的重大突破，让所有当时在场的专家喜不自胜、激动不已。

八棱净水瓶高21厘米，重615克；颈部细长，肩部丰满，肩腹部有八角竖向凸棱；通体青釉，釉质细腻，晶莹玉润；造型优美，大方别致，为唐代秘色瓷的代表作。

蹙金绣

1987年发现于宝鸡法门寺地宫

丝织品——唐代锦绣 精华荟萃

唐代是中国丝绸制造工艺发展的鼎盛时期，无论是花色品种，还是织造技艺都达到了空前的高度。当法门寺地宫被打开后，花团锦簇、五彩缤纷的丝绸世界令人眼花缭乱，丝织品几乎布满了整个地宫，五光十色的金丝袈裟、色彩斑斓的绣袱、灿烂夺目的加金织物等让人目不暇接，堪称“唐代皇家的一座地下丝绸宝库”。其中最为神奇的是出土的五件蹙金绣。

关于“蹙金绣”，史书中曾有记载，唐代大诗人白居易的诗中也有“蹙金绣”“盘金线”等词句，但从未见过实物。这批蹙金绣的出土令考古学家大开眼界，使人联想到杜甫“蹙金孔雀争麒麟”的诗句，实为权贵豪奢的真实写照。尤其在用捻金线圈边时，如画家用笔，圆韧挺拔，轮廓、线条流畅自然，色泽晕润由浅到深，如有生命，是出自高手的刺绣作品，堪称古今一绝，就是高科技的现代也很难做到。唐代黄金冶炼加工技术真是令人惊叹！以如此精细的捻金线加工的织物，富丽华贵，精美绝伦！

这五件蹙金绣是为捧真身菩萨特制的微形衣物，所用的捻金丝加工复杂，它的中间是一根蚕丝线，外面缠绕金丝，每米蚕丝上绕金丝三千圈。据考证，当今世界手工捻金线的最细直径为0.16毫米，而1000多年前，我们的祖先在这种蹙金绣上所用的捻金丝的直径平均只有0.1毫米，最细处直径仅为0.06毫米，比头发丝还要细，堪称古今一绝。刺绣针法精细纤巧，制作工艺精湛，质料考究，作为宫廷加金绣品，虽历经千载，依然色泽艳丽，灿然如新，不愧为丝绸史上的一大奇迹。

琉璃器

1987年发现于宝鸡法门寺地宫

琉璃器——外域之宝 价比金银

琉璃器即玻璃器，它是以铝和钠的硅酸化合物烧制成的釉料。中国春秋战国时期虽已有玻璃制品问世，但器形很小，多为饰物。其化学成分主要以铅钡为主，属于铅钡玻璃。古代中亚、西亚地区的玻璃制品化学成分主要以钠钙为主，属于钠钙玻璃。钠钙玻璃具有铅钡玻璃所不具备的许多优点。因此，这种古玻璃的用途和产量均远大于中国古玻璃。西汉“丝绸之路”开通后，“西方之国”玻璃制品及加工技术，先后传入中国，曾引起人们的极大惊异。但由于路途遥远、运输困难，得之不易。加之制作工艺的限制，长期以来，中国玻璃制品数量稀少，其价值可比金银，或更甚，向来被视为豪华奢侈用品，仅限于社会上层的帝王贵戚、达官显贵所使用。唐代大诗人韦应物在《咏琉璃》诗中写道：“有色同寒冰，无物隔纤尘。象筵看不见，堪将对玉人。”表达了唐人对琉璃器的珍爱。法门寺地宫后室共出土琉璃器20件，为唐僖宗迎奉佛骨时，为表虔诚而供奉的。主要包括盘、碟、碗、瓶、托等器，大都为生活用具。据专家认定，除茶托、茶盏为中国所产外，其余大部分从色泽、造型和纹饰等方面看，具有明显的中亚、西亚伊斯兰风格，为伊斯兰琉璃器，在地宫的文物中占有很大比重。比如盘口细颈贴塑淡黄色琉璃瓶和石榴纹黄色釉彩琉璃盘都是伊斯兰琉璃器中年代最早的珍品。

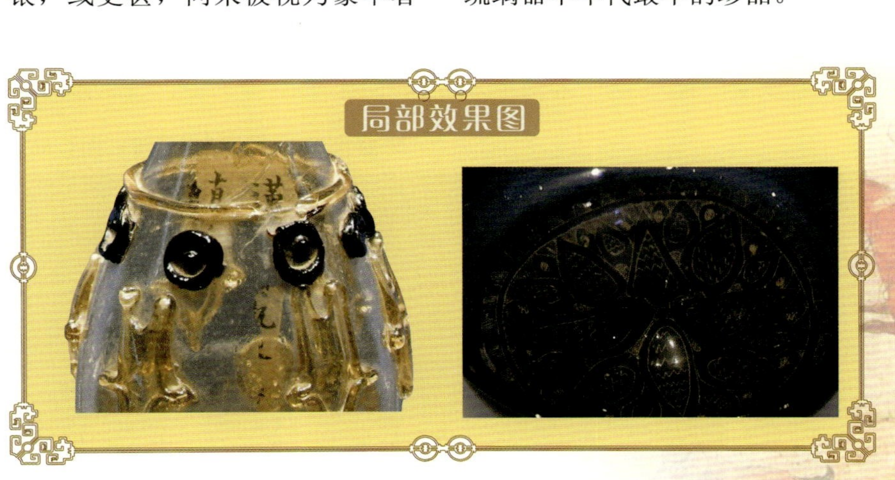

金银茶具——皇室御用之物

唐代饮茶之风极盛，“吃茶”之法十分考究，唐人将饮茶上升为一种文化，使饮茶与陶冶情操、养生延年、和谐人情、悟道参禅、激发文思及艺术享受融于一炉，形成博大精深、自成体系的茶道文化。唐代宫廷更是茶事兴盛，在文人和寺院僧侣茶道的基础上，形成了一种高度艺术化的茶文化活动和唐宫廷茶道。

法门寺地宫出土的这一套完整的唐皇室金银茶具，是唐代宫廷茶文化的一个历史缩影和真实再现。据地宫内《物帐碑》记载，这套茶具是唐僖宗的御用珍品（上面标注“五哥”，是唐僖宗的小名），作为国宝重器奉献给佛祖真身舍利，以示虔诚礼佛的心愿，与佛教中的茶供养相吻合。《物帐碑》记载，供奉茶具为：“笼子一枚，重十六两半。龟一枚，重二十两。盐台一副，重十三两。结条笼子一枚，重八两三分。茶槽子、碾子、茶罗子、匙子一副七事，共八十两……琉璃茶碗、柘子一副……”等。

地宫出土的这套茶具主要包括烘焙、碾罗、贮藏、烹煮、饮用等五类器皿，真实地展示了唐代制茶的工序与饮用的全过程。一般先将茶叶制成团茶、饼茶，放入茶笼烘焙干燥。在茶碾中用碢轴碾成粉末状，放入茶罗子细罗，罗底筛下的茶末落入抽屉中，收集存放于贮藏器以备用。用时，取些许茶末放入茶釜中，再注入滚开水烹煮，以茶则击拂，加盐、椒、姜等适量佐料，调成糊状，一并吃下。唐人认为只有这样才能品味出茶的色、香、味。

唐代 / 周昉 /《调琴啜茗图》局部

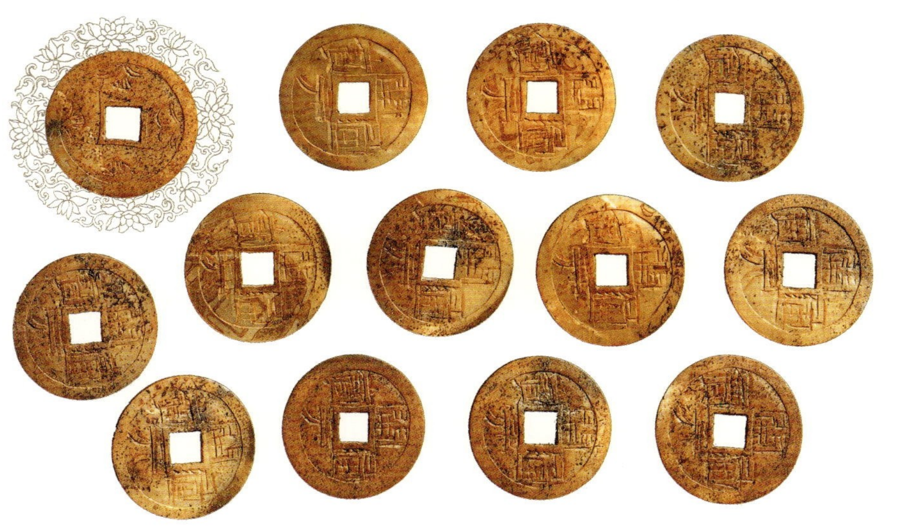

玳瑁币

玳瑁币——古代钱币珍品

玳瑁币是在地宫后室的银灯内发现的，是专用于供奉佛舍利的，共13枚，其中12枚上刻“开元通宝”四字，一枚上无字，刻有花瓣。制作精细，保存完好，是用玳瑁角质板打磨雕琢而成的。

玳瑁是一种珍贵稀有的海龟科爬行动物，产于我国黄海、东海、南海及热带、亚热带沿海，身似龟而嘴像老鹰的鹰钩嘴。背面角质板具有褐色和淡黄色相间的花纹，光滑，可做眼镜框和装饰品等。在唐代，玳瑁仅供皇室使用，因此，价值很高。佛教密宗将其列为七宝之一（七宝为：一金二银三珍珠四珊瑚五玳瑁六水晶七琉璃）。唐代皇室用玳瑁所制的供奉钱币属冥币，具有施财、供奉、吉祥之意，是我国考古发掘中惟一发现的，也是目前世界上所发现的最为珍贵的古代货币。

地宫地面下不到一米处的青石铺成的20级“踏步漫道”上，铺着厚厚的一层钱币。这就是民间如神话般流传而又无幸得见的“金钱铺地”，同时也有“钱雨”之谓。

金钱铺地不仅仅体现了信徒的虔诚与慷慨施舍，也是佛教最高的仪轨之一。地宫出土钱币共有25000多枚，跨越几个朝代，数量巨大。

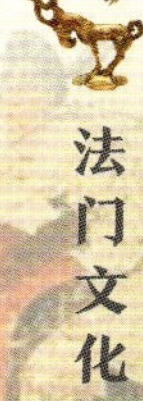

关中八大怪之一——面条像裤带

䞒䞒面

䞒䞒（biángbiáng）面是陕西面条最突出的代表，这个字你翻遍古今字典都查不到，但在大多数卖面食的饭馆门前，你都会看到一个偌大的招牌，上书一个斗大的字，笔画竟多达五十几画，陕西关中人不分老幼，都会脱口念出“䞒”字。

陕西“八大怪”中的一怪即“面条像裤带”，指的就是此面，是说其形之长、之宽、之厚也。事实上，秦地面条种类极多，又细又韧又长的岐山臊子面，是关中西部的代表作，而像裤腰带的䞒䞒面，则是关中中部和东部面条家族的面，它其实是扯面的一种，只不过扯得厚且宽而已。它的光滑度、柔韧度和耐嚼度，全是靠手揉出来的。揉好的面擀成铜钱薄厚的大张，再切成寸宽的长条，两手抻起一条面，双臂舞动，用力在案上甩击，发出一连串“biángbiáng”的响声，“䞒䞒面”正是由此而得名。

䞒䞒面基本制作工艺是：将面粉加水和成硬面团，而后再调软，用面杖擀成厚1～2毫米，切成宽约3厘米、长四五十厘米的面片。在案上拍击、不停拉扯后抛进锅中。煮过几滚后，捞起面盛入陕西人称之为“老碗”的粗瓷大碗里，撒上盐、辣椒面、花椒面、生姜末、葱花、蒜末，然后将半铁勺烧得焦热的清油“呲啦”往上一泼，顿时香气扑鼻，这时再调上酱油、醋，加上用菠菜、红萝卜丁放入油锅中煸炒的干臊子。一碗“油泼辣子䞒䞒面”便可尽情享用了。䞒䞒面的风味特点是：色泽艳丽，勾人食欲，光滑柔韧，筋道爽口。

相传康熙皇帝微服私访，路过陕西临潼鱼池村，康熙吃了房家做的䞒䞒面后称赞不已。询问做法，房家说了三句话：“红嘴绿叶玉石板，金色鱼儿浮水面，釜中两沸即成餐。”康熙回京后，就命御膳房厨师按三句制作秘诀烹制，但未成功，无奈只得下诏将房氏请进北京为他做䞒䞒面，这才饱了口福。

看朱成碧思纷纷
憔悴支离为忆君
不信比来长下泪
开箱验取石榴裙

中国历史上唯一夫妻皇帝合葬陵

乾陵

走进乾陵

在乾县境内
若极目西北方
只见苍茫的烟云衬托着三座挺拔峻峭的山峰
耸立于茫茫苍穹之下
呈北高南低之势

而假如你再从更高处俯瞰全貌
看到的这三座山峰恰似一位少妇披发仰卧
头北足南，悠闲地躺在蓝天白云之下
这里就是引人注目的
素有“历代诸皇陵之冠”和“睡美人”之称的
中国历史上唯一的
女皇帝武则天与她的丈夫唐高宗李治的合葬墓

乾陵还是唐代帝王“因山为陵”葬制的典范
陵园除了陵墓形制规模非常庞大外
目前依然保存着120余件精美绝伦的石刻
代表了唐代高度发展的经济水平和文化艺术
成为露天的盛唐石刻艺术展览馆
并因此而成为了闻名中外的旅游胜地

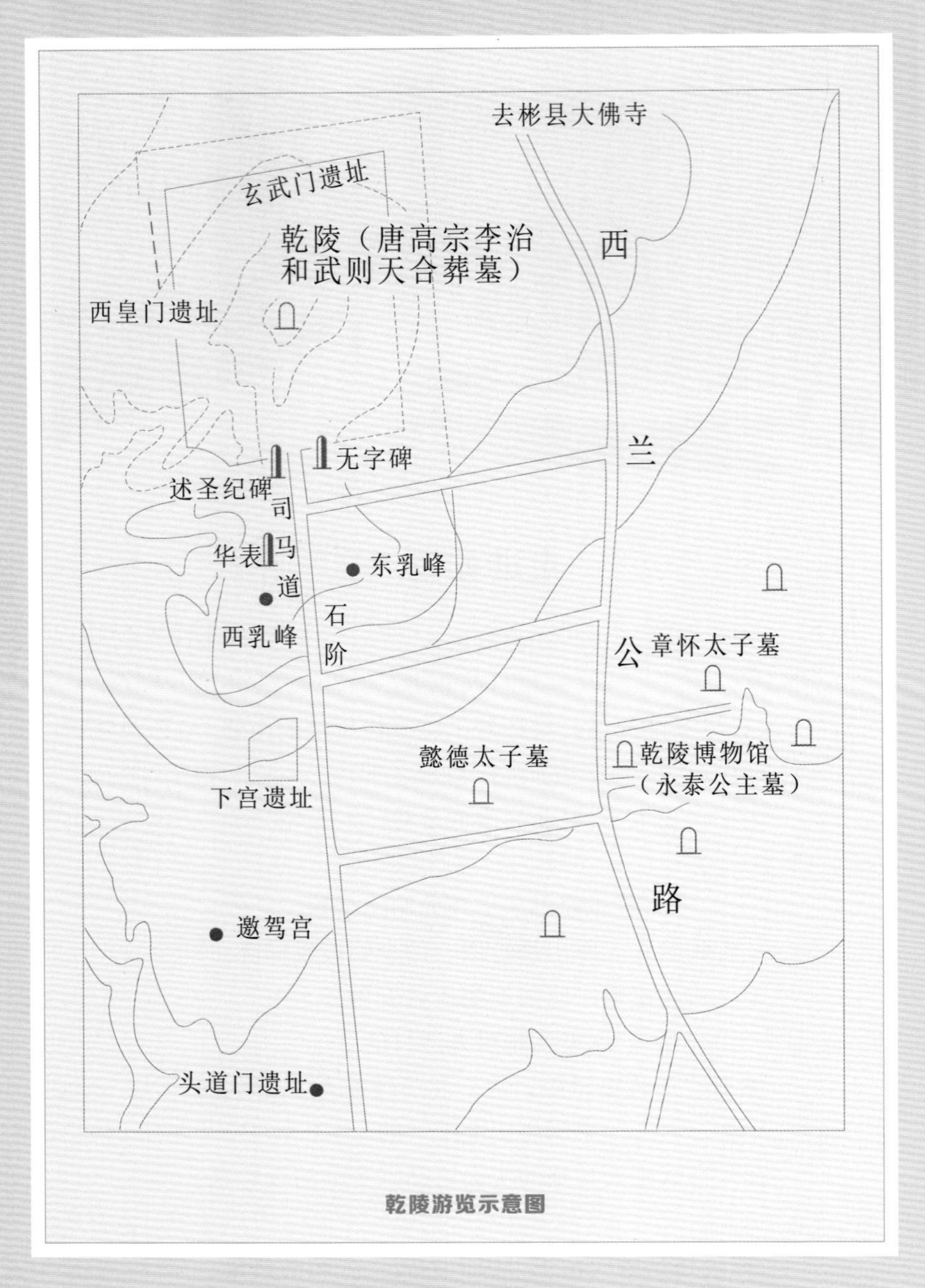

乾陵游览示意图

乾陵布局形式

乾陵地面建筑仿照唐代都城长安城营建，分为内城、外城和陪葬墓区三个部分（乾陵地面建筑不复存在）。最完整的就是内城朱雀门外神道两侧对称排列的一百多件大型精美的石雕。

乾陵概况

乾陵是陕西关中地区唐十八陵之一
位于陕西省咸阳市乾县北部
距离县城6公里的梁山上
为唐高宗李治与女皇武则天的合葬墓
陵园规模宏大
陵域占地“周八十里”（《唐会要》）
陵园有内外两重城墙
其中内城南北墙各长1450米，东城墙长1583米
西城墙长1438米
总面积接近240万平方米

乾陵建成于唐光宅元年（684）
神龙二年（706）加盖
采用“因山为陵”的建造方式
陵区仿京师长安城建制
除主墓外
乾陵还有17个小型陪葬墓
葬有其他皇室成员与功臣

乾陵是唐十八陵中主墓保存最完好的一个
也是唐陵中唯一一座没有被盗的陵墓

乾陵墓道口的发现——石破天惊

一千多年来，世上不知有多少人都想知道乾陵的准确位置，想窥探乾陵的秘密。但当唐末黄巢农民起义大军来到梁山，40万人找了整整一年半都没有找到墓道口的确切位置。相传五代时温韬曾驱动数万人明目张胆地挖掘乾陵，不料风雨大作，温韬以为是武则天显灵护陵，才断了发掘乾陵的念头。而北洋军阀孙连仲也曾带领大队人马盗陵，但当正准备盗墓时，忽然间天昏地暗，飞沙走石，他也因惧于“天怒”而罢手。

时间一直延续到了1958年，西安到兰州的西兰公路进行复修工程，需要大量石料。梁山附近的农民便到山上放炮炸石，没想到竟然炸出了乾陵的墓道口，在这极其偶然的情况下，乾陵的墓道口出人意料地暴露，半遮半掩地揭开了她神秘的面纱……

陕西省咸阳市乾县陵前村

8:30-17:30

乾陵

命运交错——说说乾陵的墓主人

唐高宗弘道元年（683年），武则天任命吏部尚书韦待价负责乾陵的工程，次年八月李治下葬，之后乾陵工程继续进行。唐中宗神龙二年（706年）5月，中宗李显下令将武则天葬入。此前一年，唐中宗还赦免了在武则天统治时期因为政治问题而被迫害致死的皇族，并且将他们重新厚葬，其中包括永泰公主李仙蕙、懿德太子李重润、章怀太子李贤三人。乾陵是两位皇帝的合葬陵墓，这座陵墓也是中国封建社会最鼎盛时期——唐代最繁荣昌盛时的遗存。另外，这两位墓主人的身世、经历以及二人之间的关系，可以说是错综复杂，也正是由于命运的巧妙安排、相互交错才成就了一个中国历史上唯一的女皇帝。

旺季：90元/人

在乾县坐2路公交车可达

唐高宗李治——开创永徽之治

唐高宗李治(628—683)，唐太宗李世民的第九子,字为善,贞观二年(628)出生。按照封建社会王位世袭继承制，太宗的帝位应该传给嫡长子，而不是第九子。唐太宗共有十四个儿子，长孙皇后生有三子。他们是长子承乾、四子泰、九子治。从史书记载看，已被立为太子的李承乾，“足有疾”，尤其“好声色，漫游无度”。而二儿子李泰却很有才干，深受太宗喜爱，因此引起李承乾的猜忌，承乾与李泰之间经常发生矛盾。贞观十七年(643)，太子承乾纠集齐王李佑、汉王李元昌、兵部尚书侯君集“谋反”。结果，承乾被废为庶人，侯君集被杀。在重新议立太子时，李泰跃跃欲试，有争立之心，引起太宗的反感。加之承乾与李泰之间曾有矛盾，为保李氏皇位稳定，不致伤及无辜，太宗

李世民反复权衡，最后钦定了李治为太子(《旧唐书》卷76)。

李治成为太子后，由于先天懦弱，唐太宗担心他守不住江山。于是从各方面培养训练李治，增强李治作为一国之君的能力。太宗每日上朝，让太子李治在旁边，“太宗每视朝，常令在侧，观决庶政，或令参议，太宗数称其善”。太宗让李治参与国家大事，学习如何处理国政，注重给李治传授统治经验。贞观二十二年(648)，太宗亲自作《帝范》12篇给李治，教其治国安邦的本领。所谓“修身治国，备在其中”。同时诏命长孙无忌、褚遂良辅助李治。太宗对李治说：“有无忌和遂良在，你不用担忧天下。”太宗对无忌和遂良讲：“我把李治托付给你们，你们要很好地辅佐和帮助他。”并不断苦口婆心地教给李治在他百年之后如何用人。

唐朝 / 佚名 / 《游骑图》

一代女皇武则天

武曌，即武则天，并州文水（今山西省文水县）人。唐朝至武周时期政治家，武周开国君主（690年－705年在位），也是中国历史上唯一的正统女皇帝、即位年龄最大（67岁）及寿命最长（82岁）的皇帝之一。

武则天为荆州都督武士彟次女。十四岁时进入后宫，为唐太宗才人，获赐号“武媚”。唐高宗时封昭仪，永徽六年在“废王立武”事件后成为皇后。上元元年（674）加号“天后”，与高宗并称“二圣”，参与朝政。高宗驾崩后，作为皇太后临朝称制。

天授元年（690），武则天称帝，改国号为周，定都洛阳，称“神都”，建立武周。武则天在位前后，“明察善断”，多权略，知人善任，重视人材的选拔，开创殿试、武举及试官制度。又奖励农桑，改革吏治。同时大肆杀害唐朝宗室，兴起“酷吏政治”。军事上收复并稳定安西四镇，一度使后突厥归降。晚年逐渐豪奢专断，渐生弊政。

神龙元年（705），武则天病笃，宰相张柬之等发动“神龙政变”，拥立唐中宗复辟，迫使其退位。中宗恢复唐朝后，为其上尊号“则天大圣皇帝”。同年十一月，武则天于上阳宫崩逝，年八十二。中宗遵其遗命，改称“则天大圣皇后”，以皇后身份入葬乾陵。其后累谥为“则天顺圣皇后”。

武则天画像

武则天智略过人，兼涉文史，颇有诗才。有《垂拱集》及《金轮集》，今已佚。《全唐诗》存其诗。

清朝／徐操／《唐后行从图》

悬念梁山——引人遐想的神秘乾陵

“巨坟云是旧梁山，山石崔嵬颇耐攀。南对乳丘思大业，下临后土望长安。”这是我国现代文史学家郭沫若先生游乾陵时创作的一首诗。乾陵位于乾县城北6公里的梁山上，距西安城80公里，修建于公元684年，前后经过23年时间才基本完工。整个陵园范围方圆40公里，周围还有王公贵族、皇族的陪葬墓17座，是陕西唐十八陵中规模最大、保存最完整的一座。这座千年如故的古冢神秘庄严，又因为特殊的墓主人更显得扑朔迷离，引人遐想。今天，能否揭开它的一角，参透这蕴藏深处的千年之谜呢？

乾陵选址

唐高宗李治驾崩于东都洛阳，而不在都城长安，当时许多大臣都主张将高宗就地葬于洛阳，而武则天“独违众议”，依据高宗生前的遗愿，将高宗灵柩运回长安，葬在乾陵。那么为何陵墓要选在乾陵呢？据说这跟乾陵的风水和地势“形胜”有关。

民间流传的乾陵选址的故事

民间流传着武则天选择陵址的故事。当年她诏令当朝闻名的两大术士走遍天下，选择陵址。一位是闻名天下的星相学家袁天罡，另一位是皇宫里专掌天文历法阴阳的李淳风。二人游遍九州，有一日袁天罡忽然见一处山峦上紫气冲天，恰好与北斗相交，他急忙奔上山峦，找准方位，顺手摸出一枚铜钱埋在山顶，良久方才离去；而李淳风则跋山涉水，沿渭水西行，一日忽见一座石山形状奇异，从正南北望，像一位美女躺在蓝天白云之下，李淳风摆太极、取其方位，将自己的发簪扎入山顶土中。

二人分别回朝向武则天交旨，都说陵址选在好畤县(今乾县)的梁山上。武则天派使臣和二人同去查看，到了梁山，使臣竟然惊奇地发现李淳风的那枚发簪正好扎在袁天罡所埋铜钱的方孔之中。武则天听后觉得不可思议，不由赞叹天下竟有这等奇事，真乃天意。她非常高兴，重赏了袁、李二人，决定把陵址选在梁山。

乾陵命名

乾陵的陵园规模宏大，气势不凡，与其他陵园相比，有许多自己的特点，其中之一，就是陵园的名称非同一般。

那么，为什么叫乾陵呢？

第一种说法认为：乾陵的取名跟封建社会的尊号、谥号制度有关。高宗的尊号为“大圣天皇”，武则天的尊号为“则天大圣皇后”，二人的尊号中都有“天”字。而《易经·说传》上称：“乾，天也”，《易经·天卦》里还有“乾为天”“为君、为父”的说法。乾为八卦之首，在古代，乾代表天。既然乾能代表天，那么就以乾定名了。

第二种说法认为：因乾陵的地理位置在长安城的西北方，按八卦学说，其方位属于“乾位”，故称乾陵。乾县其实也是由此而得名的。据历史考证，乾陵修建在前，唐昭宗乾宁二年（895）奉天县更名乾州，至民国二年（1913）改称乾县，之后县名基本没有变动。

据史书记载，唐弘道元年（683）十二月，高宗李治死于洛阳，次年五月，灵驾西还，八月葬于乾陵。因此乾陵一词最早作为唐人的称呼记入文献，大概始于684年初，也就是营建乾陵的过程中就已经确定了，因此乾陵是历史的称谓。

乾陵鸟瞰图

乾陵石刻——露天的盛唐石刻艺术展览馆

乾陵周围原有内外两重城墙，内城总面积近240万平方米，有城门四座，东青龙、西白虎、南朱雀、北玄武。乾陵陵园完善了唐太宗李世民开创的“因山为陵”的埋葬制度，其布局成为以后唐陵修建的定制和诸帝王陵墓的典范。今天，城墙及献殿、便房、回廊、阙楼等建筑已无存，保存至今的，是一批精美的大型石刻。共123件，计有华表、翼马（天马）、驼鸟、石马及牵马人、翁仲（直阁将军）、无字碑、述圣纪碑、石狮和六十一王宾石像等，代表了唐代高度发展的封建文化和石雕艺术，是露天的盛唐石刻艺术展览馆。

华表——朴素大方

华表又称神道石柱、桓表，位于神道的最南端，是唐陵神道开始的标志。华表起源于尧舜时期，最初为“谤木”或路标等，供国人题写政见。约春秋时期，华表开始用于坟墓。早期华表多为木质，魏晋朝时改为石质。乾陵华表高8米，直径1.12米，由底座、柱座、柱身、顶座及柱顶五部分组成。司马道前设置华表是作为陵墓的象征，远远望去，巍巍矗立，衬托出乾陵壮观肃穆的气氛。

翼马

翼马

翼马为一对，雕刻精美，风格独特。马身上有翼，因此叫作翼马。这对翼马昂首挺胸，两肋雕刻繁复，腹下镂空，前肢两侧的翅膀似层层云朵，重叠涡卷，宛如江中掀起的层层波浪，浪头旋绕，翅膀的肌肉一块块地突出出来，有驾云奔驰之势，臀部丰满，坚实有力，整个石刻造型协调，雕刻流畅生动，令人望而生畏。西侧翼马带有犍陀罗式的雕刻风格，东侧翼马带有阿旃陀式的雕刻风格。翼马又称天马，自古以来，人们即将天马当作瑞兽看待，马长翅膀是一种充满奇特浪漫想象的兽类形象。

鸵鸟

鸵鸟浮雕，身高1.8米，昂首挺颈，腿长颈直。此种高浮雕将鸵鸟形象活灵活现地刻于石上，给人以立体感，又避免了鸵鸟因腿细颈长而站立不稳的缺陷，工匠可谓别出心裁、匠心独运。自汉唐以来，鸵鸟由西亚及新疆进贡，带有纪念性质，物以稀为贵，有吉祥之意。同时，鸵鸟为沙漠中的猛禽，刻立于司马道，有着守卫帝陵的意义。

翁仲

石人

石人十对。石人也叫翁仲，传说翁仲姓阮名籍，是秦始皇时的大将，镇守临洮，威镇匈奴，但不幸病死。始皇竖翁仲像于咸阳宫前，后代的帝王刻立石翁仲于陵前司马道，以守卫陵墓。

石马及牵马人

石马及牵马人五对。马在中国古代地位非常重要，是古代最重要的交通代步工具。所谓“在天莫如龙，在地莫如马”，陵墓神道上设置马是要显示帝王生前的威仪。乾陵仪仗马分五对，整齐排列在神道两侧，象征帝王生前立于宫门之外的仪仗队。马都有鞍、镫、笼头雕饰。头有衔镳，马背设置鞍鞯。各马的细部不太相同。马鬃多为披鬃，也有插鬃和三花。马尾有垂尾，也有缚尾。

无字碑

有字的无字碑——空如白纸

无字碑位于乾陵朱雀门外东侧，是石刻的精华。高大雄伟，由整块巨石雕成，雕刻之精细，为历代墓碑所罕见。

“无字碑”通高7.53米，宽2.1米，厚1.49米，总重量达98.84吨。碑头刻有8条互相缠绕的螭龙，碑东、西两侧各刻有冉冉腾飞的“升龙图”一幅，升龙高4.12米，宽1.19米，其身躯矫健扭动，神态飘逸若仙，线条流畅，刀法娴熟。碑座长3.35米，宽2.65米，高1.10米，阳面是一幅狮马图线刻画，其狮昂首怒目，威严挺立；而马则屈蹄俯首，悠游就食。整座碑高大雄浑，雕刻精细，不失为历代石碑中的巨制，其实“无字碑”并非无字，如果仔细观察，上面密密麻麻刻了许多文字，是宋、金以来人们因“无字”之憾而添补的题识。武则天冲破男尊女卑的罗网，打碎封建时代的桎梏，一举登上皇帝宝座，生前唯我独尊，治国安邦，死后在她的碑上一个字都没有留下，耐人寻味。

局部示意图

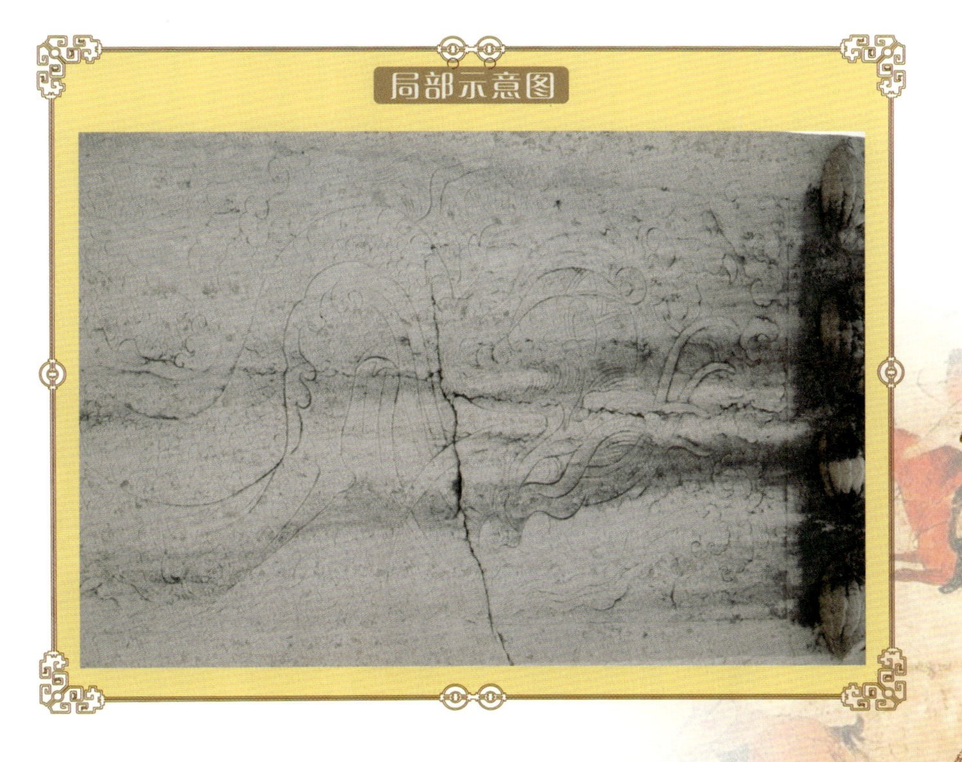

述圣纪碑

述圣纪碑——武则天亲自撰写

述圣纪碑高7.5米，长、宽各1.86米，总重89.6吨。碑文原5600字，现存1730余字，由武则天亲自撰文，中宗书写。内容主要是赞颂高宗的文治武功。在帝王陵前立功德碑是武则天的首创，同时也开这种制度的先河。

述圣纪碑共7节，故又称七节碑。七节碑顶为庑殿式，碑身5节，加上碑座共7节，暗寓七曜，即日、月、金、木、水、火、土7种物质。比喻高宗功德如日月星辰之光普照天下、光耀千秋。当年刻成后碑面漆黑，字填以金屑，金光闪耀，富丽堂皇。直到现在细看还可以看到个别字的金饰。

说到乾陵的碑刻，人们都对无字碑给予高度关注，因为它是属于武则天的。长期以来，人们常将唐高宗看作是一名“懦弱”的昏君，所以对述圣纪碑的关注也少一些。事实上，述圣纪碑是一件具有珍贵价值的文物，与中国现存的其他石碑相比，述圣纪碑比较特殊，它主要表现为：

1. 述圣纪碑的长篇碑文是由武则天亲自撰文，从文字数量上讲，是武则天一生撰诗文之最。

2. 述圣纪碑由唐中宗李显书写，就目前所知，这是李显留下的唯一一篇墨迹。

3. 碑文的内容为我们推测乾陵地宫的文化珍宝提供了线索。

4. 它开创了我国帝王陵墓前立功德碑的先例。

局部示意图

六十一蕃臣像——四海同归 蕃汉一家

六十一蕃臣像，置于朱雀门前两侧。唐高宗李治下葬时，有61个国家的使节或少数民族首领参加了葬礼，武则天为纪念当时的盛况，下令雕刻了六十一蕃臣像，置于陵前。这些石像绝大多数头部已被毁掉，现只有西边两尊有头。石像背部都刻有国家和官职、姓名，但大都已风化磨灭。

六十一蕃臣像是唐代波澜壮阔的中外交流史的标志，也是突出反映中外关系的乾陵石刻艺术的一大特色。唐朝是当时世界上最强大的国家，也是我国各民族统一的封建王朝最兴盛的时期，同世界各地300多个国家和地区有着往来。高宗驾崩后，举国哀悼，61个国家和地区派出特使或首领亲自参加安葬仪式。葬礼之后，武则天令工匠用写真的手法，雕刻了参加葬礼的那些使节或首领，立于朱雀门外两侧，东29尊，西32尊，按队列形式整齐排列。雕像和真人大小相似，穿紧袖衣，腰束宽带，足蹬皮靴，双手前拱，表示祈祷。从那时起，蕃臣石像已在乾陵墓前站立

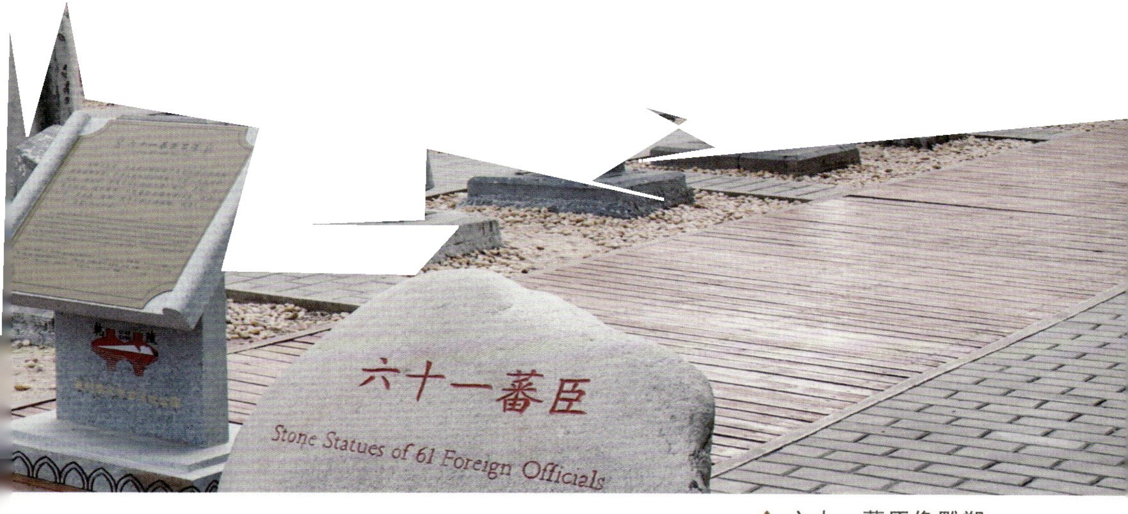

六十一蕃臣像雕塑

1300余年了。

蕃臣像的头哪儿去了？

关于头石损坏的原因众说不一，有的说鸦片战争后，外国侵略者到乾陵游览时，看到雕有他们国家使者和首领为中国皇帝侍卫的石像觉得有失尊严，所以打掉了头部，使人无法辨认；也有说千百年来，石人石马已变神成妖，黄昏后常常毁坏庄稼，吞食牛羊，当地百姓气极，遂将其头部打碎。还有说改朝换代，军阀混战，才是乾陵台殿烧毁、石刻破坏的真正原因。事实上这些石像损坏的时间史书中并无详细记载，如果仔细阅读无字碑上的文字，会发现在金天会十二年(1134)还对乾陵进行了维修，结果是“绘像一新，回廊四起”。直至明代，这里还是“蕃王俨侍立层层，天马排空势欲腾”，乾陵石刻并未遭到多大破坏。只是到了清代，石刻受损的记述时有所见。

石狮

石狮

在乾陵陵园内城四门前，各置有一对石狮，共有四对。朱雀门外的这对石狮，硬额浓眉，突目隆鼻，巨头卷毛，筋肉丰满，胸肌突起，昂首挺立，身躯后蹲，稳如泰山，表现出兽中之王凶猛异常、威武无比的神情，给人一种气宇轩昂、雄健挺拔、力大无穷的美感。它们给整个陵区增添了一种神圣凛然不可侵犯的气势，渲染了乾陵的威严和唐帝国的强盛。

狮子作为陵墓石刻始于东汉，唐朝时人们认为“狮子为兽中之王，以狮护门可固若金汤”。因此唐陵中都有把石狮置于陵园四门之外的习俗，石狮作为陵园四门的主守护者，正是从乾陵开始的。

封建社会，对石狮的雕刻有严格的要求。一般来讲，雄狮居左，右蹄下踩一石球象征寰宇统一，俗称狮子滚绣球；雌狮居右，右蹄下踩一只小狮，象征子嗣昌盛，俗称太狮少狮。

毕沅与唐高宗乾陵碑

石狮之北有一通碑，上写“唐高宗乾陵”，为清乾隆年间陕西巡抚毕沅所立。根据碑文我们知道，陵的主人是唐高宗，其实这是唐高宗和武则天两个皇帝夫妻的合葬陵，毕沅在碑上只提唐高宗而不写武则天，正说明了封建社会男尊女卑思想对人的禁锢。

乾陵地宫之谜

保存完好——令人神往的谜

乾陵不仅外观宏伟，内藏也十分丰富。据述圣纪碑碑文记载，唐高宗临死时，曾留遗言把他生前所喜爱的字画埋进墓内。加上武则天和唐高宗都处在唐朝的全盛时期，墓内陪葬品必定不计其数。

唐代帝王陵墓大部分被五代的耀州节度使温韬所盗，唯有乾陵因盗挖时风雨大作而幸免于难。新中国成立后考古勘查也证明，乾陵墓道全部用石条填砌，层叠于墓道口直至墓门，共39层。每层石条均用铁栓板固定，并以铅灌缝。在当时的历史条件下，要想挖开，确非易事。考古勘查还证明，陵墓四周没有盗洞，墓道的石条和夯土仍为原来合葬武则天时的样子。因此，乾陵有幸成为一座至今未被盗过的唐代帝王墓。

能否发掘——一个现代人争论不休的话题

在中国历代帝王陵中，乾陵是最特殊的一个，素有考古界的“三峡工程”之称，它不仅是唯一一座夫妻合葬的帝王墓，同时也是唐关中十八陵中唯一没有被盗的陵墓，在很长一段时间内，关于能否发掘乾陵，在社会各界掀起了一次又一次的争论。揭秘和保护，哪个更重要？保护者认为现在的文物保护技术跟不上，丰富的陪葬品一旦出土很快就会迅速风化遭到破坏，目前就技术因素而论，不具备发掘陵墓所需的必要条件；更为现实的还有文物保护的理念能否得到切实实施，从业人员是否具备处理文物保护难题的素质，持久的资金投入能否得到体制性的保证等等。

揭秘者认为乾陵随葬品丰富，发掘意义重大，不发掘不等于就是保护，我们这些年在发掘乾陵方面已经做了大量前期的准备工作，所以不要总是像其他一些文物，得知被盗后马上组织人员进行抢救性发掘，而是应主动、积极、科学地对待，这才是理想的考古发掘态度。可以深信，无论何时发掘乾陵，乾陵幽宫重启之日，必是石破天惊之时，届时盛唐文化的独特风采将举世瞩目！

彰显华唐——交错云集的乾陵陪葬墓

在乾陵脚下分布着大大小小17座陪葬墓，根据文献记载，并对其中的5座陪葬墓进行科学发掘后得知：这批墓葬的主人生前身份地位各不相同，有属于皇室成员的太子墓、公主墓，有诸王墓、王公大臣墓。其中皇室成员墓共有9座。

永泰公主墓——乾陵博物馆所在地

在乾陵陪葬墓中，最著名的是永泰公主墓、章怀太子墓、懿德太子墓。1960—1962年对永泰公主墓进行发掘，乾陵博物馆就建在了永泰公主墓的两侧。这些陪葬墓在五代至北宋时期被盗掘过，但仍然出土了几千件精品文物，分为俑、石刻、陶瓷器、壁画等五大部分，其中以三彩俑和器物、墓室壁画最为精彩。乾陵博物馆主要是由唐代陵墓分布图和墓葬中出土的唐墓壁画、唐三彩、陶瓷器皿、俑及石椁等一批文物精品的陈列所组成的，这些文物彰显出的是大唐盛世文化。

永泰公主墓券门

石椁线刻画

石椁线刻画——精细简练

在永泰公主墓室中的石门扉和石椁内外壁上，镌刻有阴线雕刻画30多幅，展柜中有几幅精选的线刻画的拓片。这些线刻画除了门窗、鸟兽、花草纹饰以外，主要是各式各样的人物造型，有持笏恭立的内官、手持鲜花水果的侍女，还有戏鸟、赏花等题材的图案，图案造型布局合理，线条疏密有致、纤细流畅，显示出了精确的绘画水平和雕刻技艺。古人有强烈的“事死如事生”的观念，这些线刻画无疑是墓主人生前宫廷生活的艺术再现。

陈列馆中放置的庑殿式大型石椁为复制品，真品位于永泰公主墓的后墓室当中，古代最主要的陪葬品都是被置入棺椁之间，以这个石椁复制品的形制大小还有墓主人的身份地位，我们可以猜想出这个石椁中当年极其丰富且数量众多的陪葬品。

永泰公主墓

皇室“号墓为陵”制度

乾陵的众多陪葬墓的结构和规模是各不一样的。九座皇室成员墓葬中只有懿德太子墓和永泰公主墓基本相同，是按照“号墓为陵”的制度营建的，呈现出大体一致的格局，两座墓无论是地面上的建筑设施，还是地下墓室的结构与规模，包括随葬品的数量和内容都表现出与众不同。这就是所谓的“号墓为陵”，是盛唐时期皇室一种极为特殊的埋葬制度，始于唐中宗初期，按此含义解释，它有两层意思，一是把陪葬墓称为陵，而不称墓；二是墓葬设计和随葬品按帝王等级对待，这就是人们常说的“号墓为陵帝王同”。不过，在唐代18座帝王陵的几百座陪葬墓中，仅在乾陵陪葬墓中出现这种制度，而且也仅仅只有懿德太子墓和永泰公主墓以此制度构筑，表现了乾陵陪葬墓的特殊埋葬形式。

永泰公主的身死之谜

永泰公主名叫李仙蕙，字秾辉，生于垂拱元年（685），是中宗李显的第七女，唐高宗李治和武则天的孙女。李仙蕙端庄艳丽，“使桃李之花为之逊色”，且才智聪慧，读书一目十行，中宗极其宠爱，封她为永泰郡主，食邑一千户。武周久视元年（700），她嫁与武则天的侄孙魏王武延基。永泰公主死时年仅十七岁，当时葬于河南洛阳，中宗复位后追封其为永泰公主，唐神龙二年（706）将尸骨由洛阳迁来陪葬乾陵。关于永泰公主之死，据《资治通鉴》记载，大足元年（701）九月她与其夫武延基及其兄李重润窃议朝政，参与议论武则天的男宠张昌宗、张易之兄弟“何得恣入宫中”，被二张告密。武则天大怒，下令将永泰公主李仙蕙、魏王武延基、懿德太子李重润等人“杖责而死”，也就是乱棍打死。

永泰公主墓的结构和规模

永泰公主墓位于乾陵东南2.5公里处。陵园东西宽220米，南北长363米，占地面积约8万平方米。南面有石狮1对、石人2对、华表1对。夯土而筑的陵墓封土呈覆斗形，高25米，陵墓由墓道、过洞、天井、便房、前后甬道、前后墓室等8部分组成。永泰公主的墓道长87.5米，宽3.9米，呈18度斜坡状，最深处距地面16.7米。墓道两边墙壁及天顶上均绘制有成组的反映宫廷生活和建筑式样的壁画近400平方米，内容丰富。1000多年以来，人们对大唐盛世的繁荣奢华只有无尽的想象，从这些壁画中，我们才又真实形象地接触到了大唐王朝的社会风俗和宫廷生活的画面。

前后墓室

墓道的后端是仿“明堂”建成的前后墓室，前后墓室由一道石门隔开。前墓室的作用相当于客厅，后墓室是放置石椁和尸骨的地方，象征的就是永泰公主和其夫武延基的寝殿。整个前后墓室，结构形状均为上圆下方。上圆象天，在淡青色穹庐形的顶部绘有日、月、星、辰等图案，还绘有许多小白点，是宇宙内星辰的代表。东边绘有一轮冉冉升腾的红日，下边衬托着连绵不断的群山和波涛汹涌的海水，红日内挺立着一只三足乌；西面一轮清辉冷艳的明月高挂太空，月内隐约可见“桂树蟾宫”“玉兔捣杵”“嫦娥起舞”“吴刚酿酒”，给人以无尽的遐思。下方法地，绘有唐代建筑，还有宫廷仕女人物图形。体现的是唐人“天圆地方”的宇宙观。

墓道壁画

永泰公主石椁

石椁

后墓室西侧是永泰公主和其夫武延基的石椁，长为3.82米，宽2.75米，高1.4米，整体由24块青石砌成。这些青石都是从关中渭北的澄城县地区运送过来的。石椁上还绘制有精美流畅的反映宫廷生活的线刻画。在左上方有一条宽30多厘米的切口，是盗墓贼为了盗掘椁内藏品而切割开的，可能因为墓室曾被盗掘过，还有千年以来地下水的侵蚀痕迹，石椁中的两具尸骨已不完整了，陵墓发掘时就只发现有少量零散的残骨。经鉴定除了有武延基的部分骨骼外，属于永泰公主的只有11块骨盆碎片。但很可惜，现在连这些残骨也已不知去向。

章怀太子墓

章怀太子其人——容止端雅 处事明审

章怀太子李贤，字明允，是高宗李治的第六子，高宗与武则

天的次子，原封雍王，后被立为太子，曾屡次奉诏监国，得到了高宗皇帝的手敕褒奖。李贤曾召集学者注《后汉书》。因注解中提到汉高祖刘邦死后，吕后临朝和外戚专权之事，武则天认为是在影射自己，永隆元年（680）八月甲子因有人在高宗面前告李贤喜好声色，高宗令人查问此事，结果在太子府中查出皂甲兵器一百多件。武则天以私藏武器、阴谋反叛的罪名将其废为庶人，流放到巴州。文明元年（684），武则天派丘神勣前往巴州逼其自杀，时年31岁。章怀太子一生的遭遇是悲惨的，错生在帝王之家，空有一腔治国安邦的热血和远大的理想抱负，在强大的母亲武则天威力的光环之下显得那么微不足道和黯淡无光。最终，在和母亲势力的抗争当中沉寂和消亡。据说生前他曾留下了这样一首五言诗："种瓜黄台下，瓜熟子离离。一摘使瓜好，再摘使瓜稀。三摘尤尚可，四摘抱蔓归。"这种对自己母亲的无尽怨懑以及郁郁不得志的没落心情和无奈之情跃然纸上。中宗复位之后，将其陪葬乾陵。睿宗景云二年（711）追封为章怀太子。

章怀太子墓的结构和规模

李贤墓发掘于1971年至1972年。陵园长180米，宽143米。封土为覆斗形，底边正方，边长43米，高18米。地宫全长71米，宽3.3米，深7米。墓道结构为四天井四过洞的等级规格。

墓中出土了壁画、彩绘陶俑、三彩器、陶瓷器、铜镜和石

章怀太子墓结构平面图

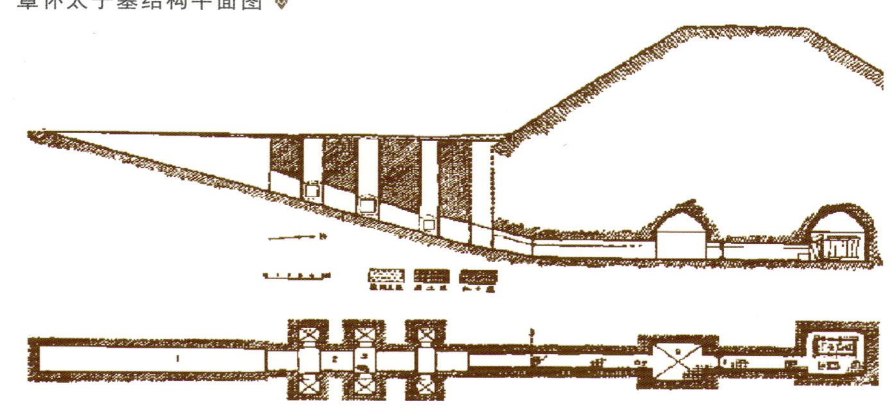

刻等文物600余件。其中壁画的数量众多，画面精美，墓内共有50余幅(组)壁画，面积达400多平方米，内容极为丰富，并且大都保存完好。壁画的题材主要反映唐代皇室成员的各种活动，东西壁面绘有狩猎出行、打马球、客使、仪仗以及青龙、白虎。墓室中描绘宫廷的歌伎舞乐、宫女逸情等。除此之外还出土了两合墓志：《大唐故雍王墓志之铭》和《大唐故章怀太子并妃清河房氏墓志铭》。

懿德太子墓

懿德太子其人

懿德太子李重润，是唐中宗李显的长子。因与永泰公主等人私下议论武则天而被处死在洛阳，并就地埋葬。705年，中宗追封其为懿德太子，迁至乾陵陪葬。

懿德太子墓的结构和规模

1971年7月至1972年5月，对懿德太子墓进行了发掘。墓全长100.8米，由墓道、6个过洞、7个天井、8个小龛、前后甬道和前后墓室等8部分组成，比永泰公主的5过洞、6天井、87.5米墓道以及章怀太子的4过洞、4天井、71米墓道都要大、长和高级，是“号墓为陵”中最为典型的一座，显示了中宗给予他的特殊待遇。懿德太子墓共出土各类文物1000余件，其中有陶俑、三彩俑、陶器和金、铜、铁器，以及欧体阴刻玉质填金哀册残片等，尤其是11片玉制哀册，是唐代改隋及隋以前竹木哀册的实物，字为欧体，阴刻填金，是文物中的精品。

懿德太子墓博物馆

《八豹图》壁画

在第一过洞东西壁上，各绘有四只神俊英武的豹子及四名牵豹武士。武士身穿黄袍，脚蹬长靴，左手牵豹，其中两人的腰际带有铁抓，当为驯豹工具。豹子朝前警望跨步疾走，长尾斜垂，给人一种凶猛桀骜之感，但驯豹人则显得悠闲自信，表明豹子已经训练有素，驯豹人胸有成竹。在人与人之间还绘有树木、山、石等，这就是蜚声世界的“八豹图”。

《列戟图》壁画——唐代等级制度

在第一、二天井的东西壁上，绘有4个大型戟架，每架十二杆，戟头下有虎头小幡，幡下面有红、绿、黄各色彩带。戟架前立两排仪仗队，每队十二人。唐代的列戟制度，表示爵位高低，列四十八戟的仪仗，属帝王级别的仪卫。这在陕西境内还是首次发现。

著名传统小吃

乾州四宝

乾州四宝是陕西省乾县的著名传统小吃，分别为锅盔、挂面、豆腐脑、馇酥，被评为“中华名小吃”及“陕西名小吃”，并且还获得国家商标局批准的注册商标“老乾州”。

乾州是乾县的旧称，因唐朝时，曾在这里设立州府的建制而得名。这里土地肥美，物产丰饶，盛产小麦。因而，这里的群众多以小麦为主要粮食，并能做出各种花样的面食，尤以锅盔、挂面而驰名。

前三宝是唐修建乾陵时，修陵官兵发明的饮食品种，馇酥是唐代祭祀食品，后传至民间。经历代不断改进，质量越来越好，色香味俱全，成为民间传统食品。乾州四宝是乾县饮食文化的代表，具有浓厚的关中饮食文化特色，深受大众喜爱。

乾州四宝现为陕西省第二批非物质文化遗产。

锅 盔

乾县锅盔制法独特，以精制面粉、温水、碱水和面。讲究把面和得很硬，甚至连手都揉不动，只能借助木杠，使出全身力气反复压揉面团。压成圆饼后，放在特制的巨型平底锅(陕西人称“鏊”)里，用麦秸火慢慢烙烤。烤烙时讲究勤翻勤转，即“三翻六转”，以微火焙熟。这样烙出的锅盔才外脆里酥，皮黄内熟，麦香扑鼻，而且放上十天半月也不会变味。

锅 盔

挂　面

乾县挂面用手工制作，细、白、筋、光，面丝均匀。加上烹饪时汤煎、油旺、醋酸，并以嫩韭黄、白菜心、鸡蛋饼切碎放入汤中做“漂臊”，色香味俱佳。酒后食用，更能解酒开胃，令人食欲大开。

挂　面

豆腐脑

豆腐脑本是中国各地都有的小吃。大概由于水土的关系，乾县豆腐脑以洁白细腻、如乳似脂而闻名四方。它色泽洁白，鲜嫩柔软；翻而不散，搅而不碎；香嫩可口，入口即化，加之作料考究，所以十分诱人。食用时从盛放的陶罐中舀入碗里，浇上适量调和汤，再撒上黄豆、榨菜末、香菜、辣椒油等，红黄绿白相间。吃起来咸辣清香，顺滑爽口，风味独特。

豆腐脑

馇　酥

馇酥也是乾县的一种小吃，早先为宫中食品，唐代祭祀乾陵时作为贡品，后来流传民间。其制作方法是：用大油和面，包以冰糖、青红丝、核桃仁等，将其包成馅饼状，入油锅煎炸，饼发起成泡，颜色金黄，酥甜可口。

馇　酥